The
Imagination
of
Law

法学
的
想象力

喻 中◎著

中国政法大学出版社

2023·北京

法学的洞察力。有一些题目，可能已经超越了法理学的专业范围。在专业之外讨论问题，发表个人私见，固然存在一定的风险。但是，法理学的专业精神，其实就包含了理性、审慎、节制的精神。我本着这样的专业精神，有所为，也有所不为；有所允诺，也有所拒绝，有选择地参与一些公共议题的讨论，或许也可以视为一个法理学者在履行他的社会责任。

当然，受到才、学、识三个方面的严酷限制，虽然"所见未必有是，但所知无不尽言"，而且，虽然"明知事过境迁，当时所说的话到了今天已经没有多少意义。但这是我'问学'生活中的一方面，不妨在这里报告一下"。——政治哲人萧公权在1969年完成的《问学谏往录》一书中表达的这个意思，倘若允许我借用过来，亦可以作为我此时此刻的想法。

喻　中

2022 年 9 月 3 日

目　录

----/CONTENTS/----

下　编

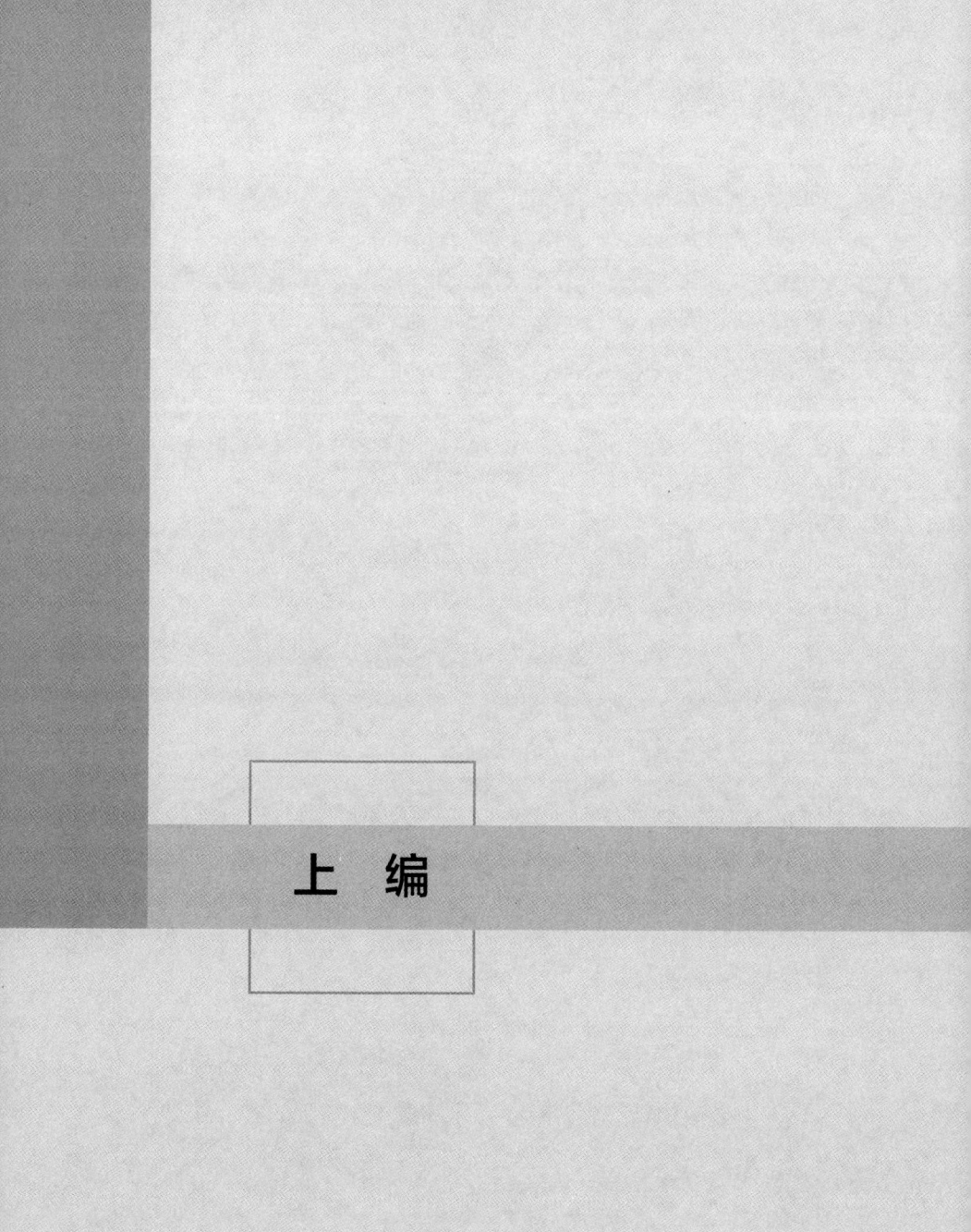

上　编

卡西尔与梁启超

在我的案头，有两部旧书：一部是恩斯特·卡西尔的《人论》，上海译文出版社 1985 年出版；另一部是梁启超的《清代学术概论》，上海古籍出版社 2005 年出版。这两部书的篇幅虽然都不大，但是，只要有闲暇，我都会略微翻阅一下，既是为了打发时光，同时也有把玩的心理，就像文玩家摆弄核桃或葫芦。

先说《人论》。它的作者卡西尔是德国的犹太人，生于 1874 年，早年受学于柯恩，后来执教于汉堡大学。希特勒当政以后，卡西尔流亡国外，先后在英国、瑞典、美国的大学任教，1945 年病逝于美国，享年 71 岁。卡西尔的学术视野极其宽广。在西方思想史这个领域，卡西尔写下了大量的著作，可以说，思想史是卡西尔著述的一个重心。我们可以把卡西尔看作是一个思想史家或哲学史家，但是，卡西尔更是一个原创型的哲学家。卡西尔创造的哲学可以被称为"文化哲学"。《人论》就是卡西尔文化哲学之精要，代表了卡西尔文化哲学的核心旨趣。《人论》是卡西尔生前出版的最后一本著作，在一定程度上，称之为卡西尔的"晚年定论"，似乎也是可以的。

顾名思义，《人论》的主题是人。然而，在人文学科乃至社会科学领域，哪一部著作不讨论"人的问题"？讨论的哪一个问题不是"与人有关的问题"？哪一部著作能够完全撇开跟人的关系？既然如此，《人论》关于人的论述，到底有何新颖特别之处？原来，卡西尔的《人论》以西方思想史上关于人的各种论述为基础，提供了一种关于人的个性化解释：人是符号的动物。各种各样的神话、宗教、语言、艺术、历史、科学都是人以自己的符号化的活动所创造的产品，这就正如《人论》第二章的末句所言："所有这些文化形式都是符号形式。因此，我们应当把人定义为符号的动物（animal symblli-cum）来取代把人定义为理性的动物。只有这样，我们才能指明人的独特之处，也才能理解对人开放的新路——通向文化之路。"这里的文化，就是人运用符号创造的文化。

人的创造就是人的劳作。《人论》告诉我们："人的突出的特征，人的与众不同的标志，既不是他的形而上学本性，也不是他的物理本性，而是人的劳作（work）。正是这种劳作，正是这种人类活动的体系，规定和划定了'人性'的圆周。语言、神话、宗教、艺术、科学、历史，都是这个圆的组成部分和各个扇面。"（第87页）每次看到这句话，我都会久久凝视。原来，人的特征或特质，人的本性或本质，都取决于人的劳作。无论是群体的人，还是个体的人，任何人都是由自己的劳作塑造而成的。你怎么劳作，你就是什么。卡西尔的劳作，就是全方位地研究人的存在，由此形成的《人论》，既有横向的宽度，更有纵向的深度，给我留下了难以忘怀的印象。

再说《清代学术概论》。就我的视野所及，在当下的读书界，这并不是一本热门著作。在梁启超（1873～1929年）的全部著作中，也不是影响最大的一部。至少，他的《新民说》《少年中国说》或《异哉所谓国体问题者》，更为公众所熟知，对社会与时代的影响，都要更大一些。但是，多年以来，我对《清代学术概论》一直存有特殊的偏爱。

这是一部只有五六万字的小书，也是无心插柳形成的一片"柳荫"。那是1920年，蒋方震以自己的《欧洲文艺复兴史》一书，向梁启超索序。本来，应人之请，写序一篇，即可了事。但是，梁启超不作如是想，正如他在《清代学术概论》"自序"中所言："泛泛为一序，无以益其善美，计不如取吾史中类似之时代相印证焉，庶可以校彼我之短长而自淬厉也。乃与约，作此文以代序。既而下笔不能自休，遂成数万言，篇幅几与原书埒。天下古今，固无此等序文。脱稿后，只得对蒋书宣告独立矣。"这就是《清代学术概论》的由来。其实，这部书还有一个间接的、同时也是更加根本的创作动机——就像"自序"开篇所写："胡适语我：晚清'今文学运动'，于思想界影响至大，吾子实躬与其役者，宜有以纪之。"这句话表明，写一部晚清之"今文学运动史"，早已成为梁启超念兹在兹的一个夙愿。蒋方震的请序，以偶然的方式催生了这部预料之中的必然之作。

立身于百年之后回望《清代学术概论》，它的吸引力首先在于它的文字：雅俗共赏，简捷明快，以这样的文字描述清学史，当然颇受欢迎。其次，这既是一部断代学术史，同时也是一部回忆录。考诸有清一代之学术，梁启超和他的老师康有为都是当事人。他借此书写南海圣人："今文学运动之中心，曰南海康有为。"（第65页）"有为之为人也，万事纯任主观，自信力极强，而持之极毅。其对于客观的事实，或竟蔑视，或必欲强之以从我。"（第66页）他也写自己："对于'今文学派'为猛烈的宣传运动者，则新会梁启超也。"（第69页）"其文条理明晰，笔锋常带感情，对于读者，别有一种魔力焉。"（第72页）这样的自画像，无论你是否认同，至少在学术史论著中是极为罕见的。此外，此书还有一个至关重要的特质：它也是一部"今文学运动史"。在名义上，今文学是传统中国的学问，但是，今文学可不是不偏不倚的纯学术。按照当下的学术划分，今文学是关于立国理据之学，它的实质是法哲学或法理学，当然也是政治哲学。

卡西尔与梁启超，分别诞生于1874年与1873年，是严格意义上的同龄人。他们在西方与东方分别写下的两部著作，自有一种让人低回不已的魅力，让人看到了学术的通透，看到了学术与思想的水乳交融，看到了学术思想源出于鲜活生命的血温与脉跳。

（原载《北京日报》2019年1月7日）

福柯与哈贝马斯

法国的福柯生于 1926 年，德国的哈贝马斯生于 1929 年。这两位堪称是同时代的思想家，各具魅力，在当代中国的学术界，受到了很多人的关注。其中，哈贝马斯享有高寿，至今依然活跃。数十年来，哈贝马斯与多位思想人物都有过思想争论，他与福柯的争论集中体现在现代性这样一个可以辐射多个领域、影响多个学科的主题。从法哲学的角度来看，理解福柯与哈贝马斯之间的争论，有助于透视法哲学的两种进路、两种传统。

福柯的哲学与哈贝马斯的哲学虽然都可以归属于欧陆哲学这个大的传统，但是，如果进一步细分，则可以看到，福柯的精神先驱主要是尼采，哈贝马斯则延续了黑格尔的传统。如果我们把哈贝马斯视为 20 世纪的黑格尔，那么，福柯则相当于 20 世纪的尼采。透过尼采与黑格尔的不同，我们可以体会哈贝马斯与福柯之间的一个根本性的差异：哈贝马斯可以归属于理性主义传统，福柯则可以归属于反理性主义的传统。这两个传统相互关联，都很重要。

哈贝马斯在《交往行为理论》一书中认定："言和行的理性历来是哲学探讨的主题，我们甚至可以说，哲学思维本身便产生于对体现于认识、言说和行动中的理性的反思，哲学的根本问题便是理性。"因而，现代性就是理性发展的产物，并且是以理性作为基础的。相比之下，福柯则更多地关注理性之外的各种非理性，譬如，疯癫就是其中之一。福柯希望通过疯癫这样的现象，更多地理解现代性的由来与处境，并以之应对现代性所面临的危机。他说："我所提出的问题是：人类主体怎么会把自身当作知识的对象？是通过什么样的理性方式和历史条件？以及付出了什么代价？我的问题是：

主体以什么代价才能讲述有关自身的真理？主体以什么代价才能讲述自身作为疯人的真理？把疯人说成绝对他者，不仅付出了理论代价，而且也付出了一种制度的乃至经济的代价。"这种从疯人、疯癫的角度来理解现代性，就出于尼采所代表的反理性的传统。

当代学者陈炎在《反理性思潮的反思》一书中，对反理性的传统有系统的论述。他在此书的"后记"中写道："反理性，绝不是摔一摔啤酒瓶，它必须以一个强大的理性作为其'反'的前提和背景。正因如此，叔本华从康德的体系中走了出来，孤身一人与黑格尔抗争；正因如此，尼采以反基督的面目出现，借助酒神的迷狂而冲出知识与道德的迷宫"，按照陈炎的表达方式，我们还可以接着说，正因如此，福柯以跳出理性的姿态，以解构的立场来应对现代性的危机。反基督的尼采有一句名言："上帝死了"，福柯留下的名言是："人死了"，福柯为这个论断提供的理由是："人和上帝有着奇特的亲缘关系，他们是双生兄弟而同时又视彼此为夫子；上帝死了，人不可能不同时消亡。"福柯所宣称的人之消亡，其实就是主体之死。福柯的这个观点，其实就是在尼采开辟的方向上再往前走了一步。

然而，正如陈炎所怀疑的："人的理性是否真的将我们带入了一个自由的王国而非生活的牢狱？然而离开了理性，感性的生命又将与野兽何异？"因而，绝不能从根本上背离理性主义的传统，这就是哈贝马斯的立场与方向。针对福柯的"解构"，哈贝马斯的方向是"重建"。他以"主体间性"，亦即主体—主体模式取代传统的主体—客体模式，以之应对福柯宣告的人之消亡；在反理性的思潮中，他试图以"交往理性"为理性开辟新的前景。然而，在福柯看来，在"交往理性"的背后，其实是权力关系。试想，谁在制定"交往"的规范？谁在掌握"交往"的主动性，谁在控制"交往"的节奏？你想跟他交往，他不愿跟你交往，你怎么办？你不想跟他交往，但又被迫跟他交往，你躲避不开，你与他之间的这种"主体间性"，其实是一种倾斜的、不平等的甚至是一种压制—服从关系的"主体间性"。这就是福柯的权力理论旨在揭示的交往关系。如果说，哈贝马斯试图通过交往理性重建现代性，那么，福柯则试图通过权力关系，为现代性画出一个剖面图。

对于法哲学的理论前景来说，按照哈贝马斯的进路，可以走向一种建构性、修补性的、"当事者"主义的法哲学，这种法哲学处在理性主义的延长线上，居于康德—黑格尔法哲学的延长线上。按照福柯的进路，可以走向一种解构性、颠覆性的、"旁观者"主义的法哲学，这种法哲学处在反理性主义的延长线上，居于叔本华—尼采法哲学的延长线上。从风格、趣味、精神来说，如果要在华夏固有的法哲学谱系中寻找哈贝马斯与福柯的对应物，那么，哈贝马斯允诺的法哲学相当于儒家的法哲学，福柯允诺的法哲学相当于道家的法哲学。

（原载《北京日报》2023 年 2 月 17 日）

人文学科与社会科学

在一些主流学术刊物上，我看到一种观点：在 20 世纪 80 年代以前，人文学科的学者较多地走在时代的前列；90 年代以后，社会科学的学者似乎显得更活跃一些，受到了时代的更多关注。但是，到了当下，又出现了某种逆转的趋势：较之于社会科学家，人文学者重新承担了某种相对重要的使命，原因据说是：社会科学的根基都源于西方，具有强烈西方背景的社会科学与中国的本土经验不怎么对接，社会科学因而面临着各种各样的难题。

初见这种观点，似乎可以从经验上得到某些印证。从 20 世纪的 50 年代到 80 年代，文史哲方面的代表性学者确实受到了更多的关注。20 世纪 90 年代以后，在社会科学领域内，经济学家、政治学家、法学家对时代发出了更多、似乎也更大的声音。但是，近几年来，一些研究传统文化的人文学者好像"更忙"了，他们似乎更符合"时代"或中国未来的需要。然而，这种经验性的判断可靠吗？到底应该怎样看待当代中国的人文学科与社会科学？在当下及未来的中国，到底更需要人文学科，还是更需要社会科学？

人文学科与社会科学的二元划分已经被体制化，它们之间的分野已成事实。现当代中国的人文学科，无论是文学、史学还是哲学，由于跟传统中国的学问都可以打通，因而从总体上显得更加厚实一些。百年中国产生的经典著作，见之于人文学科的，远远多于见之于社会科学的。像熊十力、马一浮、王国维、冯友兰、陈寅恪、钱锺书这样的代表性学者，都是人文学者。在经济学、政治学、法学等社会科学领域，要找到与这样一些人文学者比肩的人物，似乎还比较困难。背后的主要原因是，文史之学在中国，底蕴深厚，具有悠久的历史传统，适宜于大学者的生长，这就像在肥沃的土地上，能够长出参天大树。反观以经济学、政治学、法学为代表的社会科学，能够直接与传统学问对接的内容，相对较少。传统中国当然有经济思想、政治思想、法律思想，我们甚至也可以建构传统中国的经济学、政治学、法学。但是，传统中国没有自觉的经济学、政治学、法学，也不可能有现代意义上的经济学、政治学、法学。这些社会科学的范式、体系、概念，几乎都是 20 世纪初期从西方移植过来的。由于这个缘故，以及 20 世纪中国社会科学的实际情况，社会科学较之于人文学科，可能还存在着一定的差距。

因而，"忙"或者"不忙"，可能还不是一个关键性的指标。马一浮、陈寅恪、钱锺书，他们这些人，似乎从来都不忙。社会科学的范式主要来源于西方，恐怕也不是社会科学面临的实质性问题。佛教最初的根基在印度，并没有妨碍佛教特别是禅宗在中国的极度兴盛。问题恐怕还在于，现代意义上的社会科学在中国的历史尚短，积淀还不够，源出于西方的社会科学还没有实现与中国土壤之间的严丝合缝的融合。现代学科体制中的社会科学，并不因为它有一个比较明显的西方根源，它的作用就不能得到全面而有效的发挥。这是两个方面的问题，不能混为一谈。在这里，更值得我们思考的是，在当代及未来的中国，人文学科与社会科学各自的作用是什么？各自能够做出的贡献又是什么？

既然人文学科与社会科学的分野已经成为一种普遍性的事实，那么，两者之间必然存在着某些根本性的差异。大致说来，人文学科主要关乎"精神文明"，社会科学主要关乎"制度文明"。因此，人文学科包含的文学、历史、哲学，主要面向人的精神世界。文学关注的爱恨、美丑，史学关注的兴亡、衰荣，哲学关注的生死、存亡，其实都是精神性的内容。人文学科的普遍繁荣，将会直接滋养人的精神世界，使之变得丰沛、充盈、滋润。我们从文学的角度去研究陶渊明或《红楼梦》，从史学的角度去研究司马迁及其《史记》，从哲学的角度去研究老子与庄子，主要的意义在于"精神文明"，主要在于为我们这个社会提供更多的"精神产品"，让人的精神有所维系。

至于社会科学，主要关注人与人之间的交往关系，无论是经济关系、政治关系、法律关系，其实都是人与人之间的交往关系。在多维度、多层面的交往关系中，有的是个体与个体之间的交往，有的是个体与群体之间的交往，有的是群体与群体之间的交往。有的侧重直接的经济利益，有的侧重直接的政治权力，有的侧重法律上的权利与义务。但归根到底，都涉及各种各样的利益。社会科学的终极价值，就在于梳理、优化各种各样的交往关系。让人与人之间的交往关系更加有效、有序、有度。当下社会科学的范式虽然主要是从西方传过来的，但社会科学需要解决的问题，社会科学的功能，则不必区分东方与西方。只要能够促成更好的交往关系，那就是好的社会科学，否则就是不好的社会科学。

因此，在当下及未来的中国，不存在"人文学科与社会科学哪个更占上风"的问题。对一个健康发展的社会共同体来说，人文学科与社会科学都是需要的。它们各有各的价值，各有各的作用，也各有各的边界。两者不能相互替代。没有人文学科的滋养，社会共同体可能走向过度的功利化，甚至鄙俗化（战国时代，就有这样的弊端）；没有社会科学的支撑，社会共同体可能走向普遍的空疏与虚伪（晚明时代，王学末流大行其道，是社会衰败的重要根源，与社会衰败互为表里），因此，应当促成人文学科与社会科学的协调发展。

当然，从另一个角度来看，人文学科与社会科学的界限也不是绝对清晰的，两者之间也有一些交叉与重叠，譬如，法哲学既可以归属于人文学科中的哲学，也可以归属于社会科学中的法学。因而，人文学科与社会科学之间的融合，也是一个需要注意的维度。

（原载《北京日报》2017 年 11 月 6 日）

想象力与洞察力

当下，借助越来越完善的大数据与人工智能，从理论上说，任何学术信息几乎都可以轻松得来。《道德经》中说的"不出户，知天下"，似乎已经变成了现实。在这样的学术背景下，一个"以学术为业"的人，倘若要提升其学术能力，倘若要实现"不窥牖，见天道"，其中的关键环节，可能已不在于拥有多少资料，甚至也不主要在于他的勤勉程度，而是主要取决于他的想象力与洞察力。

对于学术研究来说，想象力与洞察力是同一种类型的能力，彼此关联，相互促进，并不能截然两分。但是，两者之间还是略有不同。其中，学术研究中的想象力，主要侧重横向拓展、别出心裁，主要体现为从此事物想象彼事物。中国近代学术史上有一则佳话，可以作为想象力的典型事例来重温。那是 1920 年，蒋百里的《欧洲文艺复兴史》一书甫成，向梁启超请序。梁启超提出："文艺复兴者，由复古得解放也，果尔，亦庶类之。吾试言吾国之文艺复兴而校其所以不如人之故可乎？"在征得蒋百里的同意后，梁启超"本此意为序，下笔不能自休。及成，则篇幅与原书埒。天下固无此序体，不得已宣告独立，名曰《清代学术概论》，别索百里为余序。"[1]

这几句话表明，梁启超的名篇《清代学术概论》乃是为他人著作写序的产物，真可谓"无心插柳柳成荫"。百年之后，我们再来探究这部《清代学术概论》的由来，则可以发现，这完全是想象力的产物：既然欧洲有一段文艺复兴的历史，那么，中国有没有一段历

---

〔1〕 梁启超："《欧洲文艺复兴史》序"，载《梁启超全集》，北京出版社 1999 年版，第 3065 页。

史可以称之为文艺复兴史？倘若回答是肯定的，那应当怎样叙述中国的文艺复兴史？提出并解决这样的问题，就是学术想象力的生动体现。试想，如果没有足够的想象力，他人来"请序"，写一篇四平八稳、不痛不痒的序文，即可交差。但梁启超的不同之处在于，他由欧洲的文艺复兴史想象中国的文艺复兴史。在他看来，如果说欧洲的文艺复兴发生在近代，那么，中国的文艺复兴就发生在清代；既然欧洲的文艺复兴可以写成一部专史，那么，中国的文艺复兴史更有专门论述的必要。这就是梁启超的逻辑，也是《清代学术概论》的创作动机。正是梁启超的想象力，促成了《清代学术概论》这部已经流传了一百年的学术名著。

从百年前的《清代学术概论》上溯至千年前的苏东坡的一篇文章，我们还可以体会想象力的另一种旨趣与魅力。那是 1057 年，22 岁的苏东坡参加科举考试，在《省试刑赏忠厚之至论》这一命题作文之下，为了论证古代君王的忠厚仁慈，苏轼在文章中写道："当尧之时，皋陶为士，将杀人，皋陶曰：'杀之'三，尧曰：'宥之'三。故天下畏皋陶执法之坚，而乐尧用刑之宽。"[1]后来，作为主考官的欧阳修向苏东坡询问这个典故的出处。苏东坡承认，这是他"想当然"的杜撰。按照当下的学术规范，这种"想当然"的杜撰是不能允许的。但是，千年之前的科举考试答卷，并非当下的"学报体"论文。不能以今律古，更不能以当下的学术规范苛责古人。在当时的欧阳修及其他士子看来，苏东坡的"想当然"并无不妥之处，反而是值得击节赞赏的想象力。因为，通过这种极富想象力的虚构，更好地论证了古代圣王的"忠厚之至"。这样的论证，不仅符合科举考试主事者的初衷，而且也宣扬了官方旨在强化的以"忠厚仁慈"为核心的意识形态。这就是苏东坡的想象力。

较之于想象力，洞察力主要侧重纵向深入、寻根问底。洞察力主要体现为学术思想上的穿透力，直抵问题的内核，用马克思的著名论断来说，就是要让理论达到"彻底"的效果。譬如，在法学领域，法的效力问题是一个基础性的学术理论问题。我们可以说，某

---

〔1〕《苏东坡全集》，北京燕山出版社 2009 年版，第 1227 页。

个法院针对某个合同纠纷作出的民事判决是有效力的，原因在于，这个民事判决是根据《合同法》作出的，《合同法》为这个民事判决的效力提供了实质性的依据。进一步追问：合同法的效力从何而来？我们可以回答：合同法是国家立法机关根据宪法制定的，宪法为合同法的效力提供了实质性的依据。如果还要进一步追问：宪法的效力从何而来？我们可以回答：因为宪法是全国人民代表大会以全国人民的名义制定的，所以宪法是有效的。在此基础上，我们还可以再追问：为什么全国人民制定的，它就是有效的？这就需要由人民主权理论、民主政治理论来回答。如此层层深入，就是法学研究中的洞察力。

关于宪法效力的终极依据，奥地利著名的法学家凯尔森也曾专门论及。他写道："如果我们问为什么宪法是有效力的，也许我们碰上一个比较老的宪法。我们终于找到这样一个宪法，它是历史上第一个宪法"，"这第一个宪法的效力是最后的预定、最终的假设，我们的法律秩序的全部规范的效力都依靠这一宪法的效力"。[1]凯尔森的这种分析，主要是从规范体系的内部来考察宪法的效力依据，体现了所谓"纯粹法学"的洞察力。把宪法效力的终极依据归于历史上的第一个宪法，这是一种学术洞察力；把宪法效力的终极依据归于宪法背后的其他政治理论，也是一种学术洞察力。虽然指向不同，但都是学术洞察力的体现。

洞察力的品性主要是锐利，想象力的品性主要是宽广；洞察力让学术研究趋于深刻，想象力让学术研究趋于丰富。在想象力与洞察力之间，也许可以作一些这种写意性质的区分。但必须承认，对于学术从业者来说，这两种能力其实是混在一起的，两者都是学术创新能力的重要支撑。因为，学术研究既需要厚度，也需要宽度。只有兼具厚度与宽度的学术研究，才能更有效地回应时代与历史对于学术研究的期待。

（原载《社会科学报》2020年9月3日）

---

〔1〕［奥］凯尔森：《法与国家的一般理论》，沈宗灵译，中国大百科全书出版社1996年版，第130~131页。

思想家与世界史

　　"司马迁之志"是一个颇具经典意义的学术思想史命题。按照通说，司马迁的志向，可不是成为今人习以为常的历史学家，而是要成为像孔子那样的思想家。因此，司马迁写《史记》其实有一个预期，那就是像孔子写《春秋》一样，写成一部具有思想指导意义的"经"书，而不仅仅是一部"史"书。从后来的情势、格局来看，司马迁的预期显然是落空了。孔子的《春秋》，在今文经学的视野中，几乎可以说是古典中国的宪法，甚至是居于宪法之上的高级法；但是，司马迁的著作却被后世定名为《史记》，尽管被列为二十五史之首，毕竟只是一部"史"书。

　　由孔子写《春秋》，由司马迁"继《春秋》"之志，可以发现，很多思想家都喜欢历史，尤其偏好详述或概括人类世界的历史。众多的思想家未必都留下了一部题为"世界史"的大书，但是，通常都免不了建构一种至少是写意性质的世界史。譬如黑格尔，就在《历史哲学》之"绪论"部分写道："世界历史从'东方'到'西方'，因为欧洲绝对地是历史的终点，亚洲是起点"，"世界历史就是使未经管束的天然的意志服从普遍的原则，并且达到主观的自由的训练。东方从古到今知道只有'一个'是自由的；希腊和罗马世界知道'有些'是自由的；日耳曼世界知道'全体'是自由的。所以我们从历史上看到的第一种形式是专制政体，第二种政体是民主政制和贵族政体，第三种政体是君主政体。"更具体地说，东方是"历史的幼年时期"，希腊是历史的"青年时期"，罗马国家是历史的"壮年时期"，至于日耳曼，则是历史的"老年时期"。与此同时，黑格尔还特别强调，"自然界的'老年时代'是衰弱不振的；但是'精神'的'老年时代'却是完满的成熟和力量"。这就是黑格尔建构的世界史。这种世界史把时间转换成为空间，把东方作为世界史的起点，绵延不绝的世界史经过希腊和罗马两个具有过渡性质的中间环节，最终抵达了成熟的日耳曼时代。黑格尔建构的这种世界史，完全是理念先行的世界史。

20世纪，另一个毁誉参半的德国思想家卡尔·施米特也建构了自己的世界史。施米特是一个法学家，更是一个放眼世界的政治思想家。因此，施米特在建构世界史方面的热情一点都不令人意外。他的《陆地与海洋》一书，篇幅虽不大，却有建构世界史的宏大志向，此书的副标题"世界史的考察"，已经透露了隐秘的"施米特之志"。在这部书的第三节，施米特告诉我们："世界史是一部海权国家对抗陆权国家、陆权国家对抗海权国家的斗争史。"这就是施米特建构的世界史。这种高度抽象的世界史有助于我们理解施米特的思想立场。通常认为，作为德意志第三帝国的"桂冠法学家"，施米特投靠纳粹政权是他一生的污点。在这里，没有必要为他开脱或辨污，但是，也可以为他的言与行提供一种解释，那就是，他对德意志的强大有一种不可遏制的向往与期待。在施米特建构的世界史中，显而易见，"陆权国家"的代表是德意志，至于"海权国家"的代表，则是二战之前的英国、二战之后的美国，以及更早的荷兰、西班牙、葡萄牙。从19世纪晚期至20世纪早期，作为"陆权国家"的德意志一直处于"海权国家"的挤压之中。这种来自"海权国家"的挤压在相当程度上塑造了施米特的思想旨趣。

从时间维度上看，在黑格尔与施米特之间，还有两个更加重要的德国思想家，那就是影响更大的马克思与恩格斯。1848年，30岁的马克思与28岁的恩格斯共同完成了《共产党宣言》。在这篇深刻影响世界的文献中，马克思与恩格斯也没有忘记建构世界史。就在这篇文献的第一节，他们以开宗明义的方式写道："到目前为止的一切社会的历史都是阶级斗争的历史。自由民和奴隶、贵族和平民、领主和农奴、行会师傅和帮工，一句话，压迫者和被压迫者，始终处于相互对立的地位，进行不断的、有时隐蔽有时公开的斗争，而每一次斗争的结局都是整个社会受到革命改造或者斗争的各阶级同归于尽。"这里所说的"一切社会的历史",就是世界史。在马克思恩格斯看来,一部世界史就是一部阶级斗争的历史。正是这样的世界史,为19世纪、20世纪的无产阶级革命提供了思想依据。

从古典中国的孔子与司马迁,从近现代德国的黑格尔与施米特,特别是通过马克思主义经典作家的思想方式,我们可以发现一个规律:思想家离不开世界史,思想家对世界史总是有一种强烈的依赖。原因何在?世界史的魅力在哪里?对于这个复杂的问题,章学诚的"六经皆史论"提供了简洁而精准的答案。章学诚的著名论断可以解释为:经的内容其实都是史。翻开"摩西五经"一看,其实都是犹太民族的早期史。由马克思开其端绪、由恩格斯最后完成的《家庭、私有制和国家的起源》一书,在外在形态上是史,但是,列宁在1919年的《论国家》一文中,却说它是"现代社会主义的基本著作之一",显然,列宁是把这部研究人类起源的"史"定位为现代社会主义的"经"。思想家为什么喜欢建构世界史?我的回答只有四个字:经由史出。

（原载《社会科学报》2020年1月2日）

曾经的东方与西方

近期出现了关于宪法及相关问题的思想论争。论争中的一方，有一个由来已久的前提性预设：一定要到西方去寻找智慧，尤其要到英美等国家去寻找真理。很多西方人也有这样的优越感，认为他们承担着启示、教导东方人的神圣义务。在这种看法的普遍性与它的真实性之间，有很大的距离。着眼于长时段和大历史，可以看到一个总体性的格局是：东方启示西方。在历史上，人类最高的智慧，总是源出于东方（包括"近东"与"远东"），然后再向西方扩散。

西方文明被概括为基督教文明，基督教对西方的塑造作用怎么高估都不过分。但是，对于西欧以及后来的北美而言，基督教恰恰是来自"东方"的智慧。基督教的圣城是耶路撒冷，耶稣诞生、成长与活动的地区就在现在的巴勒斯坦。按照西方人由来已久的地理观念，耶路撒冷、巴勒斯坦都属于"近东"，即地中海东部沿岸地区，亦即靠西方较近的东方。两千年来，源自"近东"的基督教、耶稣以及《圣经》，无可争议地成了西方世界的精神支柱，进而从根本上塑造了西方的政治、经济与文化。

有人可能会提出异议，基督教是西方文化的内核，怎么能说是东方的？我的回答是：东方与西方是相对的地理概念，在原初的意义上，耶稣与《圣经》居于西欧的东方。按照西方人固有的"西欧中心论"，耶稣与《圣经》就诞生在他们的东方。因此，就西欧与"近东"的关系来看，"近东"在精神上、文化上全面征服了西欧——虽然西欧在经济上、军事上征服了"近东"甚至是更广大的地区。

即使是在"远东"，中国固有的儒家文化对西方的启示也曾经得到了普遍的承认。在18世纪的法国，重农学派的领袖人物魁奈极为推崇中国文化，他对孔子给予了高度的评价，他认为："中国人把孔子看作是所有学者中最伟大的人物，是他们国家从其光辉的古代流传下来的各种法律、道德和宗教的伟大的革新者。"伏尔泰在《哲学辞典》"论中国"条文中，亦对孔子表达了崇敬之心，他说："我钻研过他的著作，我还作了摘要；我在书中只发现他最纯朴的道德理想，丝毫不沾染江湖色彩。"伏尔泰批评波绪亚的《世界史纲》，因为它完全不提东方，伏尔泰说："作为一个哲学家，要知道世界上发生之事，就必须首先注视东方，东方是一切艺术的摇篮，西方的一切都是由此而来的。"在《风俗论》中，伏尔泰又说："中国人最深刻了解、最精心培育、最致力完善的东西是道德和法律。"

德国的莱布尼茨也强调中国文化对西方的重要性，他说："我们在中华民族之中，发现了优美的道德。即在道德上，中华民族呈现着异样的优越。在工艺与技术方面，双方可以说是平等的；就思辨的科学而言，欧洲较为优越；可是在实践哲学方面，换言之，即在生活与人类实际方面的伦理与政治，我们实不足与中国相比拟。……我们的愚昧，使我们沉沦于不幸之中，同时我们自身，又创造了苦难。如果理性是一副清凉的解毒剂，那么中华民族便是首先获得此药剂的民族。"作为莱布尼茨哲学的继承人，沃尔弗相信中国哲学是世界上最古老的哲学，认为欧洲哲学中还没有可以和中国的道德政治哲学相比的东西。在题为《中国人的实践哲学》的演讲中，沃尔弗说："中国人的圣智，自古以来，即为世人所夸耀；中国人的根本法，也为世人所赞美。……一言以蔽之，君主与臣民之间，已经发生了光辉的德性的竞争。"

18 世纪的西方人对中国文化的高度评价到了 19 世纪以后虽然出现了走低的趋势，魁奈、伏尔泰、莱布尼茨、沃尔弗等人对中国文化的推崇虽然逐渐被人遗忘，但是，他们对中国文化的见解绝非荒诞不经。相反，在西方世界的问题越积越多、改与不改都很难的当下，重新定义东方、重新理解东方，重新发掘包括源出于"近东""中东""远东"的东方智慧，并把这些东方智慧进行创造性的转化，无论对于东方还是对于西方，都是有所裨益的。

（原载《环球时报》2013 年 6 月 13 日）

今日的中国与世界

在 19 世纪之前，中国作为一个相对独立的政治共同体，中国文明作为一种相对独立的文明形态，既有体系化的思想文化，也有与之相互关联的制度规范。但是，从 19 世纪末期开始，特别是从 1895 年开始，中国日渐失去了思想自信与制度自信，逐渐习惯于以仰视的目光看西方，走过了一段艰难而曲折的"向西方寻求真理"的过程。最初，是向日本学习。陈寅恪描述了当时的一个现象："群趋东邻受国史，神州士夫羞欲死。"后来，为了从源头上寻求西方的真理，中国人又逐渐把学习的对象从近邻的日本延伸至西欧和北美，留学西欧，留学北美，开始成为新的潮流。在一百多年之后的今日，应当如何看待这个过程？应当如何看待今日的中国文明与西方文明，应当如何看待今日的中国在世界上的位置？

毫无疑问，今日的中国仍需要学习、借鉴外国先进之处。不但要向西方学习，也要向南方（譬如新加坡、印度）学习，也要向北方（譬如俄罗斯）学习，甚至还要向东方（譬如韩国、日本）学习，甚至还要向更加遥远的拉丁美洲、非洲学习。海纳百川一直都是中华民族的一个传统，世界上一切优秀的、有价值的思想、文化、制度、器物，都应当成为我们学习借鉴的对象。但是，在思想文化上自我矮化的时代已经结束了，同时也应该结束了。今日中国向其他国家、其他民族、其他文化学习，就像一个健康的人，以"拿来"的态度，摄取各种营养成分，兼容并包，兼收并蓄。

因此，今日中国文明在世界诸文明框架内的位置，应当以历史的眼光来观察。在 19 世纪以前，中国文明是以俯视的眼光看待其他文明、其他政治共同体，以人类文明的中心自居。在 11 世纪，石介的《中国论》所描述的"中国—四夷"之格局，代表了传统中国自我确认的在世界上的位置。19世纪中后期以后，中国逐渐习惯于以仰视的眼光看待西方文化，认为自己的一切都不如别人，甚至汉字都不必保留，甚至中国的月亮都不如别国的月亮圆，自居于蛮夷的位置，似乎不是华夏，就只能是蛮夷；不是高高在上，就是"低到尘埃里"。21世纪以来，我们可以发现，无论是俯视的眼光，还是仰视的眼光，都是不恰当的。今日中国与世界上其他国家的关系，应当是相互尊重的平等关系，这种关系见之于"文明论"，可以用"文明平等论"来概括。

所谓"文明平等论"是指，在今日世界的诸文明中，中国文明与西欧文明、北美文明、南亚文明等文明形态处于平等地位。各种文明之间，虽有差异，但并无高低之分。在诸文明之间，既有某些可以通约的共性，譬如中国的恕道与西方的宽容，完全可以相互理解。但并立的各种文明必然存在某些个性化特征。既然是一种区别于其他文明的文明形态，必然存在其文明个性，这就像人，既是一种"类"的存在（共性），也是一种个体化的形态（个性）。马克思阐述的"自由个性"概念，可以用来论证文明个性的必然性。

中国文明作为一种个性化的文明，与世界上的其他文明处于平等地位，这种"各美其美、美人之美、美美与共"的格局意味着，任何文明都是独立生长的，任何文明都不能充当其他文明的尺度。中国文明不是评判西欧文明、北美文明、南亚文明的尺度，反过来，西欧文明、北美文明、南亚文明也不是评价中国文明的尺度，因为，每一种文明都有它的生命逻辑。

黑格尔认为："世界历史从'东方'到'西方'，因为欧洲绝对地是历史的终点，亚洲是起点。"[1]这种臆想出来的、理念先行的"历史哲学"，既是一种傲慢，更是一种偏见。东方文明有自己的起点，西方文明也有自己的起点。至于东方文明与西方文明各自的终点在哪里，没有人能够确指。至于东方文明与西方文明之间的交流与互动，自然是一种常态。而且，世界历史就是各种文明交流、互

---

〔1〕 ［德］黑格尔：《历史哲学》，王造时译，上海书店出版社2006年版，第95页。

动的历史。没有诸文明之间的交流与互动，怎么可能有世界历史？世界历史又怎么可能像黑格尔所说的那样始于亚洲、终于欧洲？

从形式上看，黑格尔的《历史哲学》与石介的《中国论》没有关联，后者主要辨析华夷之异，前者主要讲述历史进程；前者的视野比后者的视野也要宽得多。然而，两者在根本上，都在张扬一种文明等级论。按照石介的理论，中国或华夏高于四夷，中国或华夏代表了文明，四夷远远低于文明的水准线。按照黑格尔的理论，只有代表欧洲文明的德意志文明，才是最高的文明形态，其他文明即使有高有低，但都在德意志文明之下。显然，这两种理论，都体现了唯我独尊的文明观，都偏离了文明平等论。

但在今日的中国，今日的世界，恰恰需要强调"文明平等论"，这是一个基本的常理、常识。长期以来，在很多纷争、动乱甚至是战争的背后，都有一个思想文化方面的根源，那就是"文明平等论"的缺失。总有一些人看不到诸文明都是平等的，平等的文明都是个性化的，世界就是由诸多个性化的文明形态汇聚而成的。

（原载《社会科学报》2022 年 7 月 21 日）

国学经典的诱惑

置身于法理学研究者的行列，我对现代国学经典一直保持着浓厚的兴趣。国学经典与法学论著的关系是多维度的，其中的一个维度是：国学滋养心灵，法律安顿尘世。在传统中国，以"六艺"为核心的国学经典，既是哲学，其实也具有宗教的某些功能。而且，现行的中国法律、中国法治尽管具有新的形式，但在它的内核地带，传统中国的因素还是相当坚硬的。阅读国学经典，是理解现代法治的另一条路径。

一、新儒家与旧法家

《韩非子评论 与友人论张江陵》，上海书店出版社 2007 年出版，《十力丛书》之一，是熊十力对韩非子、张居正的评论。熊十力是现代新儒学的主要开创者，与马一浮、梁漱溟并称现代新儒家之"三圣"，熊十力作为偏重心性的形而上学大家，甚至可能是中国 20 世纪最具原创性的哲学家、思想家。熊十力既潜心于内圣之学，又留意于外王之学。熊十力既精于"推原《大易》"，同时也有"陶甄百氏"的宏愿。对法家人物韩非子、张居正的"陶甄"，代表了熊十力宏愿之一端。不难想象，作为新儒家代表人物的熊十力，很难认同韩非子的政治主张，他为韩非子贴上了"专制""极权主义"等标签，都是顺理成章的。但与此同时，熊十力又认为，在列国竞争的时代，韩非子对富国强兵的追求，具有足够的正当性。一方面，熊十力严厉地批判韩非子；另一方面，熊十力对韩非子的富强之术又保持了相当的敬意。要理解熊十力的这种自相矛盾，必须回溯此书写作的背景：20 世纪 30 年代、40 年代的抗日战争。当"中华民族到了最危险的时候"，在那样一个"新战国时代"，在那样一个催生了"醒狮派""战国策派"的时代，韩非子的富强之术就是最迫切地需要的理论资源。看到了这一点，才能理解一个新儒家对于旧法家的肯定。

二、国学核心地带的知识

《马一浮全集》第一册（上）（浙江古籍出版社 2013 年出版）主要收录了马一浮的《泰和宜山会语》以及《复性书院讲录》两种著作。通常认为，这两种著作是马一浮的代表作。马一浮没有写过今日流行的"学报体"论文，在《马一浮全集》中亦找不到今日常见的"学术专著"。在泰和、宜山两地留下的"会语"，在复性书院留下的"讲录"，还有"尔雅台答问"，从形式上看，就是马一浮"最正式"的著作了，比较系统地、集中地反映了马一浮的学术思想。阅读此书，我们至少可以知道，现在流行的所谓国学到底是什么。按照一般的解释，国学包括经、史、子、集等几个方面，朴学则是有清一代蔚为大观的国学。但是，马一浮认为，这种解释是不恰当的。在《泰和宜山会语》中，马一浮认为，国学就是六艺之学。六艺就是指《诗》《书》《礼》《乐》《易》《春秋》。六艺是孔子之教，是我国两千多年来一切学术之本源，其他学问都是六艺的支流，都是六艺派生出来的。按照马一浮的原话，那就是："六艺该摄一切学术"，"何以言六艺该摄一切学术？约为二门：一、六艺统诸子；二、六艺统四部。（诸子依《汉志》，四部依《隋志》。）"这种解释，可以说是关于国学的"最狭义"的解释。他还说："六艺不唯统摄中土一切学术，亦可统摄现在西来一切学术。举其大概言之，如自然科学可统于《易》，社会科学（或人文科学）可统于《春秋》。因《易》天道，凡研究自然界一切现象者皆属之；《春秋》明人事，凡研究人类社会一切组织形态者皆属之。"这种观点，想必不能得到众多"国学院"主事者的赞同。但是，这样的解释至少可以聊备一格，它提醒我们，什么才是国学核心地带的知识。

三、"危微精一"的本义

《周秦道论发微》收入张舜徽《周秦道论发微；史学三书平议》
（华中师范大学出版社 2005 年出版）。20 世纪 90 年代，我的同事韩雪枫教授向我出示了一册中华书局早些时候出版的《周秦道论发微》。韩雪枫教授是张舜徽先生的及门弟子，曾经在张先生的指导下攻读硕士学位。韩雪枫教授向我讲述了有关张舜徽先生的若干逸闻趣事。这是我在心理上走近张舜徽先生的一个极其偶然的机缘。从那时到现在，在将近 20 年的时间里，张先生的《周秦道论发微》一直是我经常翻阅的案头书。此书教导我什么叫周秦"道论"。此书阐明了"道"与"道经"的含义，认为"一"是"道"的别名。此书对《尚书·大禹谟》中的"人心惟危，道心惟微；惟精惟一，允执厥中"进行了全面而系统的解释，让我们明白了"危微精一"的本义。此书还阐明了"人心惟危""道心惟微"在南面术中的实际运用。读《周秦道论发微》以及张舜徽先生的其他著作，譬如《清代扬州学记》《顾亭林学记》《清儒学记》等，让我看到了一种做学问的范式，它不同于马一浮的"会语""讲录"，但也迥异于今日的"学报体"著述方式。

（原载《北京日报》2016 年 12 月 26 日）

四书结构管窥

《四书》是《四书章句集注》的简称，是朱子的代表作。在朱子身后，从元朝到明清，数百年间，《四书》长期充当了科举考试的标准教科书，堪称明清时期主流意识形态的重要载体。从结构或内容来看，《四书》由《论语》《孟子》《大学》《中庸》四篇文献构成。这样的安排并非朱子的首创。在朱子之前，程颐、程颢两兄弟已经选定了《四书》的范围，朱子的《四书》其实沿袭了"二程"的思想，《四书》的结构与内容其实是程朱的共识。那么，程朱为什么选出这四篇文献并把它们汇聚成《四书》？见于《四书》的这种结构是由一个什么样的理据支撑起来的？显然是一个值得索解的思想史主题。

先看《四书》反映了哪些人的思想。在四篇文献中，《论语》代表孔子的思想，《孟子》代表孟子的思想，《大学》一般认为是曾子的作品，《中庸》通常被归到子思的名下。这就是说，《四书》的结构是根据孔子、曾子、子思、孟子这样一个人物谱系编排而成的，《四书》主要记载了孔子、曾子、子思、孟子的思想。在程朱看来，这"四子"代表了儒家学说的正统与正宗。在"四子"中，孔子作为儒家的大宗师，其地位自不必说。孔子的弟子及再传弟子那么多，为什么单讲曾子、子思、孟子？这就涉及儒家的道统问题。其实，早在唐代，韩愈就勾画了一条线索，他认为，儒家道统是一线单传，从尧、舜、禹开始，下传汤、文、武，然后是周公和孔子，孔子之后是孟子，孟子死了以后，这个道统就中断了。按照韩愈的这个看法，孟子是儒家道统最后的象征。这样的观点显然影响了程朱以及《四书》的结构。

像韩愈一样，《四书》也是以孟子作为儒家道统的末端；与韩愈不同的是，《四书》把孔子作为这个道统的开端。这就是说，儒家之道主要是孔孟之道。显而易见，在唐宋时期，孟子的地位得到了很大的提升，孟子成为与孔子并称的儒家圣人。孟子的地位为什么上升得这么快？有一个根本性的背景在于：佛教对于中国思想格局的影响。一般认为，佛教是从公元 2 世纪开始传入中国的。在佛教传入中国的早期，其影响并不大。但到了唐代，佛教的影响就非常大了。佛教对中国思想的影响，随着佛教与中国固有文化的不断融合而逐渐加深。惠能代表的禅宗，特别是惠能的《坛经》，就是佛教与中国固有文化深度融合的产物。因此，程朱理学，在相当程度上其实就是儒家、道家、佛家深度融合的产物。所谓"半日静坐，半日读书"之类的说法，其实都可以表明，到了宋代，佛学、佛教已经深度塑造了中国人的思想世界与心灵世界。这就是孟子地位提升的基本背景，也是《孟子》入选《四书》的重要原因，为什么这样说呢？

原来，孔子之后，儒分为八，曾子只是其中之一，但曾子传子思，子思又传孟子。按照这样的线索，孟子之学只能代表孔子之学的一个分支。所谓孔子之学，主要就是仁礼之学[1]，孔子之学的关键词是仁与礼。但是，孟子之学的关键词却是仁（或仁义），这是孟子对孔学中关于"仁"的那一部分的发挥。至于孔学中的"礼"，主要是由荀子来发挥的。把孟学与荀学加起来，也许可以表达孔学的主干部分。但是，朱子不喜欢荀子，他说，荀子全是申韩，他把荀子与申不害、韩非子归为一种类型。由此可知，荀子发挥的孔学中的礼法之学，并不为朱子所看重，但是，孟子发挥的孔学中的仁义之学，却受到了朱子的高度推崇。

孟子之学为什么符合朱子的期待？根本原因在于：孟子之学主要是心性之学，偏重内圣，着眼于提升人的境界、胸怀，强调对人的精神世界、心灵世界的滋养，旨在培养人的浩然之气。这样的学说，当然不同于佛学——无论是逻辑起点还是终极目标都相距甚远。

---

[1] 喻中："仁与礼：孔子的二元规范论"，载《法律科学（西北政法大学学报）》2019 年第 5 期。

但是，在中国固有的学说体系中，孟子之学与佛学更容易对接，具有更多的共通性。所谓"朱子道，陆子禅"之类的说法，以及梁启超所见的"王学在万历、天启间，几已与禅宗打成一片"[1]，就都描述了陆王心学与佛学之间的这种亲缘性，相对于"陆子禅"，朱子与禅的关系虽然可能稍远一些，但也很可能就是五十步与一百步的关系。这就是朱子偏好孟子、排斥荀子的主要原因。

　　既然把孟子作为儒家道统的标志性人物，那么，在孔子与孟子之间，就需要有一些"连接性"的人物。因为子思是孔子的嫡孙，又是孟子的老师或太老师，那么，把子思作为孟子之前的一个环节，显然是恰当的。曾子在辈分上居于孔子与子思之间，他既得到了孔子的嫡传，又是子思的老师，因此，把曾子放在孔子与子思之间，也是很恰当的。正是这样的排列与结合，决定了《四书》的结构。这样的结构既有所接纳，也有所排斥。譬如，荀学虽然传承了孔学中的礼学，但在《四书》中却被忽略了，这是《四书》结构的偏颇之处。正是因为这样的偏颇，《四书》长于内圣，短于外王。这样的偏颇，即使是像程朱这样的圣贤，恐怕也是疏于省察的，因为他们置身于佛教文化高度浸润中国文化的宋代，他们对于佛教文化失去了必要的反思能力，就像水里的鱼对水的性质习焉不察，对水失去了必要的反思能力。清代阮元有言，学术当于百年前后论升降，然而，由《四书》的结构来看，学术还当于千年前后论沉浮。

（原载《北京日报》2019 年 12 月 30 日）

---

〔1〕　梁启超：《中国近三百年学术史》，江苏人民出版社 2015 年版，第 38 页。

六经要旨蠡测

关于先秦学术史的梳理，举其要者，有庄子的《天下篇》，有荀子的《非十二子》，还有《淮南子·要略》。相比之下，司马谈的《论六家要旨》对后世的影响似乎更大，背后的原因或许在于，《天下篇》《非十二子》评析的对象主要是诸子，《论六家要旨》评析的对象主要是六家。司马谈为各家分门别类，分别冠名，体现了某种更加自觉的学派意识。比较这几种"文献综述"，庄子、荀子、司马谈虽然都有自己的偏好，虽然在评析诸子百家的时候既有所扬也有所抑，但毕竟还是在评析普天之下的学术，因而带有某种"纯学术"的性质。与这种个性化的评论大异其趣的是，自汉武帝开始，儒术独尊之后的六经（或五经，因为乐经有所佚失，但乐记毕竟还是留下来了），则属于官方正式认可的"经"。如果说"六家要旨"，司马谈已经予以论列，那么，关于"六经要旨"，又当如何评析呢？

这是一个宏大的问题，很难"一言以蔽之"。但是，就像司马谈的《论六家要旨》一样，以写意的方式，蠡测六经之要旨，未尝不可以作为理解六经的另一种方式。作为铺垫，这里不妨先看《天下篇》关于六经的解释："《诗》以道志，《书》以道事，《礼》以道行，《乐》以道和，《易》以道阴阳，《春秋》以道名分。"这就是说，《诗》关乎情志，《书》关乎政事，《礼》关乎行为，《乐》关乎和谐，《易》关乎阴阳，《春秋》关乎名分。这样的解释大体上是中肯的。这样的解释也得到了现代新儒家代表人物熊十力的认同。他在 1951 年写成的《论六经》这篇长文中有一个评判：六经之中，"其广大渊深微妙之蕴首在于《易》，次则《春秋》，又次则《诗》《书》《礼》《乐》诸经。（《乐经》未全亡，《乐记》即《乐经》

也。）庄生深于经者"，《天下篇》对六经的评析，"其于六经各以一二字总括其旨，皆足以包通全经，含藏万理"〔1〕，因而值得详细阐释。职是之故，熊子关于六经要旨之论述，实以《天下篇》作为依据。熊子把《易》置于六经之首，实在是因为，熊子乃现代中国的形而上学大师，《易》满足了熊子在形而上学层面上的智识追求。

再看司马迁的解释。在《史记·太史公自序》中，叙述了其父司马谈关于六家的观点之后，司马迁对六经也有所评论，他说："春秋，上明三王之道，下辨人事之纪，别嫌疑，明是非，定犹豫，善善恶恶，贤贤贱不肖，存亡国，继绝世，补敝起废，王道之大者也。易着天地阴阳四时五行，故长于变；礼经纪人伦，故长于行；书记先王之事，故长于政；诗记山川谿谷禽兽草木牝牡雌雄，故长于风；乐乐所以立，故长于和；春秋辩是非，故长于治人。是故礼以节人，乐以发和，书以道事，诗以达意，易以道化，春秋以道义。拨乱世反之正，莫近于春秋。春秋文成数万，其指数千。万物之散聚皆在春秋。"这是司马迁的"论六经要旨"。司马迁的论述有一个明显的特征：在六经中专门突出《春秋》的地位。就这段话的结构来看，司马迁先说《春秋》，再说六经，然后又说《春秋》，既以《春秋》作为起始，又以《春秋》作为终结，这样的结构其实可以透露出"司马迁之志"：他写《太史公书》（亦即《史记》）其实隐藏着"继《春秋》"之志。由此可知，司马迁眼里的六经，并非彼此并列的六经；在六经之中，《春秋》享有更高的地位，它代表了"王道之大者"。其余五经，《易》展示变化，《礼》指示行为，《书》揭于政治，《诗》昭示风俗，《乐》宣示和谐。

与熊十力一样，现代新儒家的另一个代表人物马一浮也很推崇六经。在他看来，国学就是六经（马一浮称之为"六艺"）之学。在《泰和宜山会语》中，马一浮分论六经之要旨："凡言象数者，不能外于《易》也"，"凡言名分者，不能外于《春秋》也。文学、艺术统于《诗》《乐》，政治、法律、经济统于《书》《礼》，此最易知也"。他又说："哲学思想派别虽殊，浅深小大亦皆各有所见，大

---

〔1〕《熊十力全集》（第5卷），湖北教育出版社2001年版，第664页。

抵本体论近于《易》，认识论近于《乐》，经验论近于《礼》；唯心者《乐》之遗，唯物者《礼》之失。凡言宇宙观者皆有《易》之意，言人生观者皆有《春秋》之意，但彼皆各有封执而不能观其会通。"〔1〕

马一浮从哲学、文学、艺术、政治、法律、经济等角度论六经之要旨，为我们理解六经提供了新的视角。如果以人为中心，可以发现，六经都是围绕着人而展开的。其中，《易》主要展示了人世生活的变迁。从时间维度来看，变是一种常态。所谓贞下起元，所谓否极泰来，都彰显了一个永远处于变迁过程中的人类历史。因此，《易》的主题可以概括为"时间中的人"。《诗》主要展示了人与自然的关系：自然如何牵引人，人如何面对自然。天地之间，都属于自然的范围；天地之间，也是人生活于其中的空间。因此，《诗》的主题是"空间中的人"。《书》主要展示了政治的形成及其逻辑，历代圣君贤相的言行，就是政治的写照。因此，《书》的主题可以概括为"政治中的人"。《礼》是人的行为规范，主要规定"可以做什么""应当做什么""不得做什么"，这是人与人之间的交往规范。以现代的语言来说，《礼》的主题是"法律中的人"。《乐》主要调整人的情感世界，譬如高雅的"韶乐"让人积极向上，让人充满正能量；低劣的"郑声"将会拉低人的品格与境界，《乐》主要指向人的情感，因此，《乐》的主题是"情感中的人"。最后再说《春秋》。有人说，传统中国的《春秋》相当于现代的宪法。这种说法有一定的道理，但也不是太精准。实际上，《春秋》主要在于确立一套判断是非、善恶的终极标准。按照公羊学的观点，它的权威性比现代的成文宪法还要高一些。它相当于宪法之上的高级法背景。法理学、政治学中有"自然法"一说，《春秋》就相当于传统中国的"自然法"，它传递的是一套核心价值体系。因此，《春秋》的主题是"价值中的人"。这就是我所理解的"六经要旨"。

（原载《人民法院报》2021 年 11 月 26 日）

---

〔1〕《马一浮全集》（第一册上），浙江古籍出版社 2013 年版，第 18 页。

论"王者无外"

自 20 世纪 80 年代以来,"改革开放"一直都是我们这个国家的方向。"改革"先不说,这里只说"开放"。谈到"开放",有人可能会认为,我们国家的"对外开放"是从 20 世纪 80 年代开始的,此前的历史似乎都没有"对外开放"。在 20 世纪上半叶,甚至在更早的 19 世纪,在海禁大开之前,虽然也有很多外国人进入中国,但那种局面好像是被迫形成的,是外来的"坚船利炮"撞开国门的结果,是半殖民地的象征。似乎在 20 世纪 80 年代以前,"对外开放"并不是中国的传统。然而,这种印象的普遍性与它的真实性恰恰相反。

就中国的传统文化来说,与其说它是一种封闭的文化,还不如说它是一种开放的文化。这种开放可以从三个层次来说。首先是器物的层次。譬如马铃薯、西红柿之类的食物,二胡、钢琴之类的乐器,都是对外开放的产物。这种层次的开放很简单,也很容易,自然而然,通常也不会遇到什么障碍。其次是制度的层次。譬如海关制度、现代企业制度,也是对外开放的产物。当然,外面传来的制度,有些可以被接受,有些则因为水土不服,不能被接受。最后是文化、思想、精神的层面,有人可能会认为,这个层面代表了一种文化、一种传统的内核,是一个民族必须固守的核心层面,很难改变。对此,我的看法是,有些国家、有些民族可能是这样,对于我们这个国家、这个民族来说,则是另一种状况。

着眼于大历史,在中华民族的对外开放史上,先后出现了两次高峰。一次是从"西天"传来的佛教。从汉代开始,来自"西天"(即印度)的佛教传入中国,经过数百年的融合,到了唐代,已经内化成为中国人的一种精神哲学。慧能所代表的禅宗，就是这种精神哲学的代表。唐代的很多君主，都把佛教作为自己的精神指南。禅宗的根源是印度佛教，但它在唐宋以后，成了一种典型的中国精神。宋明理学，其实就是儒、佛、道融会贯通的产物。另一次是从"泰西"传来的西学。从 19 世纪晚期开始，来自欧洲的思想学说传入中国，对中国的思想世界、精神世界产生了更大的影响。无论是 20 世纪的上半叶还是下半叶，我们这个国家正式宣扬的指导思想其实都是外来的，这是毋庸置疑的。

那么，一个历史漫长、文化传统悠久的民族，为什么能够把外来的思想作为我们这个民族的指导思想？原因在哪里？这是一个极其重大的思想主题。很难"一言以蔽之"。但是，有一个最根本的原因在于：在华夏固有的思想文化传统中，并不严格划分中国与外国，并没有中国与外国的界线。"中国"这个词在西周初年就出来了，但是，华夏固有的"中国"并不是跟"外国"相对应的，而是跟"四夷"相对应的。《礼记·礼运》称："故圣人耐以天下为一家。"这就是说，天下作为一个整体，既是一个政治单元，也是一个文化单元，更是一个命运的共同体。在普天之下，任何具体地点生成的思想与精神，都属于"天下"或"一家"所共有。天下之外，一无所有，这就正如《春秋公羊学》所强调的："王者无外。"所谓"王者无外"，就是说，普天之下都是圣王教化所及的范围。普天之下，在不同的地方，在文明的等级上有高低之分，有"华夏""蛮夷""禽兽"之分，但都属于一个共同的普天之下。圣王对于这个共同的普天之下，都承担了教化的责任。那么反过来说，普天之下的精神、文化，也都属于天下共有的文化。按照中华民族这些根深蒂固的固有观念，任何精神与思想，只问好坏，无问西东，不论中外。对于这样的思想传统，李泽厚曾经以"实用理性"来概括。这固然言之成理，其实更加根本的原因还在于"王者无外"。

正是在"王者无外""以天下为一家"的思想传统中，华夏文化一直都是一个生机勃勃的文化，它善于广采博纳，吸收消化，永远以开放的姿态面对各种事物。在这样的思想传统中，开放乃是一个顺理成章的选择。

新儒家如何评论旧法家

新儒家的含义不止一种。相对于先秦儒家、汉代儒家，宋代儒家也可以称为新儒家，譬如张君劢的《新儒家思想史》一书，就把宋儒称为"新儒家"。不过，在今天的语境下，我们谈论新儒家，主要是指现代新儒家。现代新儒家已有三代或四代的划分。如果要说第一代，通常是以熊十力、马一浮、梁漱溟作为代表。他们三人甚至被称为新儒家"三圣"。"三圣"之中，马一浮学养醇厚，颇受学林推崇，在新儒家"三圣"中具有代表性。那么，马一浮如何看待传统的法家呢？在先秦时代，儒家与法家总是相互批判，长期纠缠不休。到了20世纪，作为新儒家的代表人物，马一浮如何评价旧法家的代表人物呢？这显然是一个值得略加探究的问题。

马一浮对法家的评论，以老子作为铺垫。他说，老子"虽常下人，常后人，而实自贵而贱人，但人不觉耳"。这个见解很深刻。老子反复宣扬"水之道"，反复要求"人往低处走"，其实老子自己具有相当强调的精英意识，甚至颇具当下所说的"高冷"或"孤冷"之风格。可以想象，正是他"自贵而贱人"的意识，让前去问礼的孔子觉得难以企及，在极度仰慕之余，甚至生出"其犹龙耶"之感叹（《史记·老子韩非列传》）。由此看来，老子的一个突出特点，就是看不起人；他谁都看不上。这是马一浮眼里的老子。

接下来再说法家，"法家如商鞅、韩非、李斯之流，窃取其意，抬出一个法来压倒群众，想用法来树立一个至高无上的权威，使人人皆入他彀中，尽法不管无民。其实他所谓法，明明是他私人撰造出来的，不同儒家之天秩、天讨，而彼方自托于道，亦以众人太愚而可欺了，故至惨刻寡恩，丝毫没有恻隐。苏子瞻说其父报仇，其子杀人行劫，法家之不仁，不能不说老子有以启之。合阴谋家与法家之弊观之，不是'其失也贼'么？看来老子病根所在只是外物，他真是个纯客观、大客观的哲学，自己常立在万物之表。若孔子之道则不然，物我一体，乃是将万物摄归到自己性分内，成物即是成己"。[1]

马一浮的这段话论及好几层关系。首先，与老子相比，法家代表人物也想居于高位。"人人皆入他彀中"，就是人人都归他辖制，他高居于众人之上。然而，老子是在精神上居于高位，老子是在精神上看不起人，老子是在精神世界里"一览众山小"，老子是精神上的高人逸士。法家人物却是要在现实的政治生活中居于高位。打个比方来说，法家人物仿佛戏中人，老子仿佛冷眼看戏的人。这就是他们的区别。显然，在两者之间，马一浮倾向于认同老子，坚持不愿认同法家。

在法家与儒家之间，马一浮"褒儒贬法"的态度更加明显。在当下这个强调法治的时代，法是一个积极而正面的因素。但是，在马一浮看来，法家制定、实施的法没有正当性，不是一个正面的因素，因为法家之法是"压倒群众"的。法家重视法，是出于"拥法自重"的目的，就仿佛一些武人或军阀拥兵自重。马一浮认为，法家之法，出于法家人物私人的撰造，是为了满足他们的私人欲望，这就是问题的症结。相比之下，儒家治世所凭借的天秩、天讨，则具有丰沛的道义基础：建构秩序是根据上天的旨意，讨伐不端也是根据上天的旨意。这就是说，儒家是按照上天的意志来解释这个世界的，并进而改造这个世界的。按照现代的政治理论与法律理论，马一浮所说的天秩、天讨，大致可以对应于自然法。至于法家之法，大致相当于实在法或人定法。在这里，马一浮虽然没有直接论述自然法与实在法的关系，但他关于法家之法与儒家之法的划分，确实蕴含了这样的二元观。

客观地说，正如马一浮所见，法家之法确实是人造之法。法家着眼于新的政治格局、社会现实，通过创制法律、实施法律的方式，

---

〔1〕《马一浮全集》（第一册上），浙江古籍出版社 2013 年版，第 39 页。

追求富国强兵的现实目标。众所周知，为了让这些新创制的法律能够为公众所信服、所遵循，商鞅还专门安排了一场著名的"南门徙木"活动。商鞅以"利诱"的方式，充分利用了世人作为"经济人"的本性，以推行体现法家主张的法律，商鞅的选择大致反映了法家的思维共性。大致说来，马一浮对法家之法的认知，在事实层面上是可以成立的，但是，马一浮对法家的评价，却存在着可以商榷之处。譬如说，"抬出一个法来压倒群众"，就不甚妥当。法家之法，并非都是"压倒群众"之法。法家之法既有"威"的一面，也有"恩"的一面，恩威并重或现代人所说的"胡萝卜加大棒"，才是关于法家之法的比较全面的概括。

法家之法确实是法家人物制定的，但是，法家人物制定、实施法律的目的，主要还是为了富国强兵，并不完全是为了维护他们的私人利益。在法家人物主导的政治、经济、军事改革过程中，法家人物展示了他们的政治才华，但是，真正获得实际利益的还是他们的君主。早期的魏文侯，后来的秦孝公、秦始皇，都是在法家人物的辅佐下获得了较大的成功，至少从短期效应来看，这些君主才是法家理论与实践的真正受益者（按照《过秦论》的事后总结，秦始皇是法家理论的受害者）。法家人物，说到底也只是君主们雇佣的"职业经理人"而已。

马一浮对于法家人物的批评，其实反映了他自己的儒家立场：只有孔子之道才是至道，物我一体，成物就是成己。相比之下，客观、超然、冷眼的老子只重外物。法家人物则是以偏执、偏颇的方式，继承与发展了老子的理论。韩非子的《解老》《喻老》既是关于老子的注疏与研究，同时也是对老子的拓展与延伸。不仅韩非汲取了老子的思想。在马一浮看来，商鞅、李斯之流，也都"窃取"了老子之意。这就是说，老子是源，法家人物是流。

马一浮看到了老子与法家之间的源流关系，其实，孔子与法家的源流关系同样值得注意。众所周知，子夏是孔子的著名弟子，他的名字在《论语》中反复出现。孔子辞世之后，"儒分为八"，在这个"分散"的过程中，子夏去了魏国的西河，培养了一大批法家的早期人物。如果说，子夏是法家的重要导师，那么，孔子则可以称为法家人物的"太老师"。从这个角度来看，孔子既是孟子、程朱、陆王的渊源，又何尝不是法家的渊源之一？马一浮把孔子与法家人物及其理论实践完全割裂开来、对立起来，其实反映了马一浮理解的孔子，已是一个理想化的孔子。

既然法家人物居于孔子的对立面，那么，法家之书还有没有价值？马一浮说："诸葛武侯教后主读《商君书》，谓能益人神智，或是对症下药。《商君书》只有昏人神智耳，安在其能益人？益人神智者，佛书足以当之矣。武侯疏于经术，治蜀多用法家，特其君臣之际，诚恳恻恻，差有儒者气象。"〔1〕这就是说，像《商君书》之类的法家著作，根本不能益人神智，只能昏人神智。要求后主刘禅研读《商君书》，完全开错了书单，然而，这正是诸葛亮的问题所在：法家味道偏多而儒者气象偏少。

马一浮对于诸葛亮的这个评价，是可以理解的。他的正面观点是，倘若要益人神智，就应当读佛家之书。这样的观点表明，马一浮作为孔子之道的继承人与守护者，对佛家是高度认同的。其实，马一浮的生命形态，就在儒与佛之间。马一浮一半是儒家，一半是佛家。马一浮作为新儒家，其实是综合了儒家与佛家之后的新儒家。新儒家之新，就是儒家吸纳了佛家之后的法家新形态。

新儒家对旧法家的态度是一面镜子。通过马一浮对于法家人物以及其他相关人物的评论，我们既可以看到法家人物、法家思想的某些侧面，也可以折射出像马一浮这样的现代新儒家所秉持的思想旨趣。

（原载《人民法院报》2021 年 11 月 12 日）

---

〔1〕《马一浮全集》（第一册下），浙江古籍出版社 2013 年版，第 600~601 页。

重估法家学说的价值

自汉代以来，法家学说总体上居于被批判的地位。清末以降，随着"君主专制"成为人人喊打的过街老鼠，法家学说经常成为专制主义的代名词。这种关于法家学说的认知，遮蔽了法家学说的正面意义。法家学说作为中国传统文化的一个组成部分，它的价值需要重新评估。

首先，法家学说确实主张"尊君权"，但未必就主张孟德斯鸠所说的专制。在《商君书》《韩非子》中，"尊君权"是一个基础性的理论观点，这是没有疑问的。但是，我们需要弄清楚，法家学说为什么"尊君权"？"尊君权"的目的是什么？如果不尊君权，行不行？回到商鞅寄生于其中的政治环境，可以看到，"尊君权"是一个正当的、积极的政治原则与政治方向。因为，在春秋战国的背景下，各个国家必须拥有足够的硬实力，才能在争霸与兼并格局中维持生存。为了提升综合国力，就需要强化政治中枢对于国家资源的整合能力。在商鞅的时代，妨碍政治中枢统一领导的政治势力是世袭贵族（世卿）。世袭贵族与君主的关系是小宗与大宗的关系，或者是兄弟与兄长的关系，甚至是叔侄关系，最典型的事例是西周初年的管叔、蔡叔与周成王的关系。正是由于世袭贵族的普遍存在，以及世袭贵族对国家资源的大量占据，严重削弱了君主或政治中枢对于国家资源的整合能力。换言之，在传统贵族政治的背景下，国家资源是高度分散的，国家资源的整合度极其有限，国家的对外竞争能力就得不到保障，低下的对外竞争能力将导致亡国的悲剧。正是在这样的格局下，法家代表人物提出了尊君权而抑贵族的主张。法家对"法""术""势"的强调，都是服务于尊君权、抑贵族的。当然，法家最终的目标还是为了整合力量，积极应对残酷的国际竞争。这就是法家"尊君权"的逻辑。在商鞅、韩非的生活世界里，在那种严酷的国际竞争条件下，无论是君主还是法家，都不大可能追求孟德斯鸠在《论法的精神》一书所定义、所描述的专制政体："既无法律又无规章，由单独一个人按照一己的意志与反复无常的性情领导一切。"这样的政体，不仅会受到法家学派的反对，恐怕也很难得到其他学派的赞成。事实上，我们在历史上，恐怕也很难找到一个"既无法律又无规章"的政体。

其次，法家学说与君主立场并不完全一致。法家人物固然希望得到君主的信任，继而获得"用世"的机会，这是法家人物的一个特征（其实也是儒家人物具备的特征，譬如孔子、孟子）。法家人物为了获得君主的信任，为了建功立业，确实为君主利益的增进与巩固提供了若干建议，其中包括上文提到的抑制世袭贵族，以及各种各样的"南面术"，等等。在这样的关系格局中，法家人物既相当于君主的谋士，也相当于董事长聘用的总经理。就君主与谋士的关系来看，法家人物、法家学说肯定会维护君主的利益，法家人物会与君主站在一起。但是，从社会关系来看，法家人物与君主的一致性仅仅是雇员与雇主之间的一致性，雇员服务于雇主，当然会为雇主的利益而效力。但雇员与雇主之间也有立场上的差异。因为他们的利益还是有差异的。法家人物作为国家治理的"职业经理人"，在追求现实功利、富国强兵、以法治国的过程中，通常具有高度的理性。但是，君主未必时时刻刻都能保持高度的理性，譬如，君主可能会考虑与世袭贵族的关系，可能会珍惜宗族关系、血缘关系，从而可能违背法家人物所设计的政治策略、政治规则。正是在这里，法家立场与君主立场出现了背离。譬如，慎子就抱怨君主，称君主"立法而行私，是私与法争，其乱甚于无法"[1]。韩非子对君主势力也有不满的时候，以至于出语极端："智法之士与当涂之人，不可两存之仇也。"[2]韩非所说的"当涂之人"，就是国家的实际主政者，这

---

[1]《慎子·逸文》。
[2]《韩非子·孤愤》。

当涂之人，要么是君主支持的人，是君主的代理人，要么就是君主本人。谁是朝廷上最大的当涂之人呢？只能是君主。因此，法家人物、法家学说与君主意志、君主立场还是有差异的。

再次，法家学说呈现出功利甚至鄙俗的色彩，在相当程度上，其实是儒家视角照观下的结果。倘若我们超越儒法两家的立场，则可以发现，法家学说注重现实功利，近似于现代所说的社会科学；儒家学说注重理想境界，近似于现代所说的人文学科。孔子讲"仁"，孟子讲"义"。孔子说："君子喻于义，小人喻于利"，甚至"朝闻道，夕死可矣"〔1〕。义利之分、王霸之辨，都是儒家学说的核心思想。按照儒家的义利观、王霸观，只有追求道义才是正当的，追求功利就不具有正当性。按照董仲舒的说法，就是要"正其谊不谋其利，明其道不计其功"〔2〕。这种侧重对道义、境界、心性的追求，侧重对"浩然之气"的追求，实际上是一种哲学的、宗教的、美学的、人文的追求，其价值主要在于安顿人的精神世界、心灵世界。这样的心性儒学，虽然不是儒家学说的全部，却是传统中国儒家学说尤其是思孟学派、宋明理学的核心、主流、主体。相比之下，法家学说远离心性、仁义，一心一意"谋其利"、想方设法"计其功"。因此，法家强调的富国强兵、以法治国，都是极具现实性的政治问题。法家学说讲经济、讲政治、讲法治、讲军事、讲外交，都是功利性的主题，可以归属于经济学、政治学、法学、军事学、国际关系，都属于现代的社会科学，较之于心性之学或现代的人文学科，确实不够飘逸、高蹈，但却为国家治理所必须。

最后，法家学说寻求富强与功利，既有"国富论"，也有"民富论"，这两种价值目标之间形成的理论张力，提高了法家学说的理论涵盖力与理论解释力，亦可以支撑法家学说的现代意义。其中，三晋法家倾向于"国富论"。譬如商鞅，就对国富与民富进行了严格的区分，进而强调国富，反对民富。《商君书·弱民》称："民弱国强，民强国弱。故有道之国，务在弱民。"国强就是藏富于国，弱民

〔1〕《论语·里仁》。

〔2〕《汉书·董仲舒传》。

就是反对藏富于民。韩非子也反对"民富",据《韩非子·六反》:"老聃有言曰:'知足不辱,知止不殆。'夫以殆辱之故而不求于足之外者,老聃也。今以为足民而可以治,是以民为皆如老聃也。故桀贵在天子而不足于尊,富有四海之内而不足于宝。君人者虽足民,不能足使为天子,而桀未必以天子为足也。则虽足民,何可以为治也?"可见,三晋法家的富强论具有"国富论"的色彩。与之形成对照的,是齐法家的"民富论"。按照《管子·治国》篇:"凡治国之道,必先富民。民富则易治也,民贫则难治也。奚以知其然也?民富则安乡重家,安乡重家则敬上畏罪,敬上畏罪则易治也。民贫则危乡轻家,危乡轻家则敢凌上犯禁,凌上犯禁则难治也。故治国常富,而乱国常贫。是以善为国者,必先富民,然后治之。"这样的富强理论与国家治理学说,优先强调"民富",体现了"民富论"的追求。置身于新的历史条件下,倘若能够创造性地融会这两种理论,也许可以促成"国富"与"民富"之间的动态平衡。

以上诸端表明,法家学说实为中国古典的社会科学,是今日中国的社会科学应当吸取的古典资源。在当代中国的社会科学走向中国化的进程中,重估法家学说的价值正当其时,确有必要。

(原载《检察日报》2019 年 11 月 20 日)

法家研究的五个向度

法家是中华优秀传统文化的一个重要的组成部分。关于法家的研究，已经是一个持续了两千多年的学术思想主题；在"法家学"的演进史上，积累的文献可谓汗牛充栋。在这样的背景下，尤其是在这个古今中西深度融会的时代，法家研究如何在已有的基础上推陈出新？法家研究到底该往何处去？更加重要的是，如何对法家理论予以创造性转化、创新性发展？确实是一个值得专门探讨的主题。对于这个基础性、前提性的问题，可以从五个方面来回答，或者说，新时代的法家研究可以往五个方向去，那就是：往深处去、往高处去、往宽处去、往实处去、往远处去。

往深处去，就是往深处挖掘，寻找在法家言辞、法家行动的表象下面所隐藏的机理，尤其是隐藏的逻辑。法家人物都是现实主义者，他们在先秦时代应运而生、应势而成，他们的理论、行动较为显著地塑造了先秦及以后的华夏文明的走向。自 19 世纪末期以来，法家思潮再次勃兴，并蔚为大观。鉴于法家在历史上的巨大影响，要推进关于法家的理论研究，就不能简单地重述法家人物的言论，尤其不能止步于梳理：先秦法家人物说了什么，而应当着眼于揭示法家言辞、法家行动背后的逻辑。如果说，先秦各家学说都是"务为治"的学说，那么，法家对"治"的追求，与其他各家对"治"的追求，到底是在何处出现了分野？在法家内部，管仲、商鞅、申不害、慎到、韩非、李斯等人，他们每个人的理论逻辑与行动逻辑，到底有何差异？彰显法家内部的差异以及法家与其他各家的差异，特别是各家在理论源头上、逻辑起点处的根本差异、根本分歧，是法家研究往深处走的必然选择。

往高处去，就是要提升法家理论的伦理品质，弥补或夯实法家理论在德性方面可能存在的问题。自先秦到当下，法家理论一直面临各种各样的负面评价，譬如早先的"刻薄寡恩""仁义不施"，晚近的"伸张君权""维护专制"，等等，都是较为常见的负面标签。法家面临的众多非议表明，法家理论尚未有效地论证自身在理论品质上的应有高度。然而，从商鞅、申不害、韩非等人的言行中，可以体会到，他们有强烈的担当意识，甚至有以身许国的精神，他们甚至还在践履"苟利国家生死以，岂因祸福避趋之"的理念。早期的管仲，还得到了孔子的肯定性评价，这就很不容易。这些都说明，法家人物及其理论，在伦理、德性方面，很可能并不像批判者所说的那样不堪。因而，法家研究的一个着眼点在于：重新解释法家所秉持的德性，法家人物对德性的理解及其践履，应当得到重新理解与评估。从这个方向来看，让法家理论回归应有的伦理高度，让法家理论走出长期被污名的泥淖，是法家研究不可回避的主题。

往宽处去，就是要拓展法家理论的视野与宽度。在法家研究中，如果仅仅只看到《商君书》《韩非子》这样的文献，那还是很不够的。法家研究是诸子学的一个组成部分，同时也可归属于历史学，特别是思想史中的一个更加具体的专门史，这是法家研究的常规路径，固然有待于进一步深化。但是，法家研究还可以走向更宽的领域。我在多年前写过一篇小文章，题为《法家学说与社会科学的中国化建构》，我在此文中试图表达的一个观点是，法家学说是中国古典的社会科学。如果这个观点可以成立，那么，法家研究可以通往现代学科体系中的各门社会科学，甚至可以通往各门人文学科。一方面，可以在政治学、法学、经济学、社会学的视野中拓展法家理论；另一方面，也可以在文学、历史学、哲学的视野中研究法家理论。此外，精研经史之学的蒙文通认为，法家包括兵家、农家、纵横家，这就意味着，还可以从军事学、农学以及政治学框架下的国际政治、外交等视野中研究法家。由此，法家研究之路就可以越走越宽广。

往实处去，就是要往实际、实践中走，把古老的法家研究与当代中国的具体实际相结合。法家研究如果不能与当代中国的实际情况相结合，如果不能回应当代中国的现实需要，它的理论意义是要打折扣的。当然，回应当代中国的现实需要，绝不意味着要把法家研究成果都写成"决策咨询报告"，那是不可能的，也是不必要的，学术研究的使命与对策研究的使命毕竟是不同的。但是，这并不意味着，法家研究可以完全不理会当代中国的具体实际。包括法家研究在内的任何人文社会科学，都会直接或间接地回应特定时代的需要，差别只在于：有的回应更加直接一些，有的回应更加迂回一些。然而，恰恰是那些更加迂回地、间接地回应现实的理论，才可能为现实提供更加持久、更加基础性的支撑。从这个角度来看，法家研究如果要往实践、实际的方向走，可以有两种选择：较为直接地回应实践的需要，较为间接地回应实践的需要，两者都是可欲的。

往远处去，就是要立足长远，要有面向未来的意识。当代中国的法家研究，处于两千多年法家研究的延长线上。从源头上说，法家萌生、兴起于周秦之际，同时也是在周秦之际的巨变过程中敲响了那个时代的鼓点，奏出了那个时代的理论强音，进而成了那个时代的显学。在两千多年之后的当下，我们研究法家，有必要在回顾两千多年的法家研究史的同时，注意远处，从历史发展的未来看法家研究的现在。不一定要看到未来的两千年。在这个瞬息万变、急剧变迁的时代，如果能够前瞻两百年，那就相当可观了。如果我们往远处看，就可以看到，至少在可以预测的未来，如果列国并立的时代会经历一个相当长的历史时期，那么，法家研究就有了一个坚实的基础。说到底，法家理论是应对列国并立态势的理论，只要人类还处于列国并立的时代，法家研究就有它的现实针对性，法家理论就有它的用武之地。针对列国并立时代研究法家，大体上可以体现出面向未来的法家研究之旨趣。

在 21 世纪的当下，如果要问法家研究向何处去，那么，我的回答就是：往深处去，往高处去，往宽处去，往实处去，往远处去。这五种方向，既列举了法家研究的五个向度，也为当下及其未来的法家研究提供了五个方面的可能性。

（原载《中国文化研究》2022 年第 1 期）

中国模式中的法家因素

从 20 世纪 80 年代开始，直到当下，数十年间，关于中国模式的讨论一直弥漫于多个学科、多个领域。不同时期、不同专业的学者持续不断地关注中国模式，有一个重要的原因是：中国的政治制度、经济制度、社会制度与文化制度经受了时间的检验，一直保持了政治的持续稳定，特别是实现了经济的较快发展。近年来，围绕着中国模式这个主题，尽管存在着各种各样的观点，但中国模式毕竟是一个现实性的存在，甚至还产生了理论聚光灯式的效应。在这样的背景下，更加全面地理解中国模式，不仅具有理论意义，而且具有现实意义。

把中国模式与法家关联起来，就有助于更加全面地理解中国模式，当然也有助于深化对法家的理解。着眼于此，我们可以提出一个相对聚焦的问题：如何理解中国模式中的法家因素？尤其是，在当下及未来的中国模式中，源远流长的法家因素占据了一个什么样的地位？显然，这样的问题颇有诱惑力，有必要从不同的角度、侧面做一些初步的探讨。

立足于考察中国模式中的法家因素，下文首先正面分析法家主张的富国强兵、以法治国与中国模式的关系，这有助于从富强、法治的角度理解中国模式中的法家因素。其次，论述法家传统与儒家传统的互补性，旨在表明，当下及未来的中国模式既需要吸取儒家的思想资源，也需要吸取法家的思想资源。再次，为了揭示法家思想资源对于中国模式的意义，还有必要厘清关于法家思想的一些流行观点。最后，从一个更加宽广的视野中看，还有必要着眼于儒法传统与外来文化的关系，为理解中国模式中的法家因素建构一个更加宏观的框架。

一、富国强兵与法治主义

在数千年的传统中国，没有人会关注"中国模式"这样的问题。中国模式的提出，是因为有中国模式之外的其他模式，可以作为比较与对照。在19世纪以前，除了中国固有的且让中国人习以为常的政治、经济、社会、文化模式之外，传统中国人无法想象，还有其他的可以与中国模式分庭抗礼、并驾齐驱的模式。因此，着眼于长时段、大历史，中国模式是近现代的产物，是中国融入世界的产物。如果像梁启超在《中国史叙说》中那样，把中国的历史划分为"中国之中国"（"自黄帝以迄秦之一统"的"上世史"）、"亚洲之中国"（"自秦一统后至清代乾隆之末年"的"中世史"）与"世界之中国"（"自乾隆末年以至于今日"的"近世史"）这样三个段落，[1]那么，中国模式的提出，是中国进入"世界之中国"这个历史段落的产物。

在20世纪早期，孙中山提出的三民主义，具有一定的代表性，在一定程度上、一定范围内，表达了那个时代的中国人所理解的中国模式。20世纪中叶以后，中国强调独立自主、自力更生，其中隐含的旨趣是，我们要独立自主地探索中国自己的发展道路、发展模式。在1949年以后的三十年里，中国经历了一段曲折的探索过程。自20世纪70年代末期以来，持续不断的改革，依然是对中国模式的探索。因为，改革的实质就是探索、摸索、尝试。人们今天所看到的中国模式，其实也是近代以来不断尝试、不断探索的结果。

经过长期的改革与探索，中国初步形成了自己的模式。那么，应该如何描述现在呈现出来的这个中国模式呢？对于这个宏大、宏观的问题，各个方面都有很多论述，有的着眼于政治，有的着眼于经济、社会与文化，各种论述都有自己的侧重点，这里暂不予以详细的评析。但是，有一点应当引起注意，那就是，现在的中国模式较为明显地吸纳了传统中国固有的法家因素。因为，在当今已经呈

---

〔1〕《梁启超全集》，北京出版社1999年版，第453页。

现出来的中国模式中，至少包含了这样几个要点：第一，追求富国强兵，建设一个富强的国家。第二，坚持依法治国，建设一个法治的国家。这两个要点，既是传统法家的核心主张，在相当程度上，也是今日中国的实践，同时还是我们这个政治共同体已经形成的基本共识，而且，这样的共识还见于中国宪法文本中的正式规定。此外，还有第三点，那就是，要加强和改进政治中枢的整合能力。这既是传统法家的主张，也是今日中国的实践。这几个方面表明，当前中国模式，从历史与文化的层面上看，包含了较多的法家因素。

先秦法家理论及实践的兴起，有一个基本的背景：列国竞争。春秋战国时代，在弱肉强食的生存竞争格局下，先秦法家的核心目标是富强。只有富强的国家，才能生存下去；如果不能走向富强，就只有走向灭亡。先秦法家代表人物通过推动变法，创制并实施新法，刻意奖励耕战，就是为了实现国家富强，进而追求在列国竞争中实现自保，甚至还能享有某种优势地位。譬如，在"三家分晋"之后的韩国，由法家人物申不害具体主持国家事务，其间，他"内修政教，外应诸侯，十五年。终申子之身，国治兵强，无侵韩者"。[1]还有秦国，在法家人物商鞅的辅佐下迅速崛起，并在后来的长期兼并战争中最后胜出。这些历史事实，都表明了先秦法家理论及实践对于富国强兵的有效性。

到了19世纪中后期，走出天下体系、进入万国体系的古老中国，亦即梁启超所说的"世界之中国"，在与东西方国家的交往过程中，总是显得力不从心，行为被动，处境艰难。到了20世纪上半叶，一些政治、思想人物（譬如常燕生）在求索过程中发现，古老的中国已经置身于第二个战国时代或新战国时代。在新战国时代如何实现救亡图存？人们最容易想到的"路径依赖"，就是先秦法家曾经走过的道路。譬如，梁启超在1904年写成的《中国法理学发达史论》一文中就认为："法治主义，为今日救时唯一之主义。"[2]梁启超在这篇文章中所说的"法治主义"，其实就是先秦法家学说。梁启

---

〔1〕（汉）司马迁：《史记》，中华书局2006年版，第395页。

〔2〕《梁启超全集》，北京出版社1999年版，第1255页。

超及 20 世纪上半叶兴起的新法家的一个洞识，就是让我们正视"新战国"这个现实。从 19 世纪末到抗日战争时期，在长达半个世纪的时间段落里，"新战国"这个概念具有很强的解释力，几乎可以作为分析各种问题的一个前提。如果不考虑列国之间的竞争，如果不考虑国家富强、国家存亡，当然可以不理会法家学说，但是，能够把国家安全、国家存亡置之度外吗？

为了追求国家富强，20 世纪初期开始兴起的新法家强调"法治"或"法治主义"，从而在法治与富强之间，建立起某种因果关系：法治是因，富强是果。这里的"法治"，根据《管仲》一书中的表达方式，就是"威不两错，政不二门。以法治国，则举措而已"。[1]《管子》书中所说的"以法治国"与当下的依法治国，虽然在表述上略有差异，如果从字面上"较真"，当然可以找出两者之间的差异。但是，就其基本指向来看，"以法治国"与"依法治国"是一致的，两者都强调一断于法，都希望通过法律明确地告诉各类主体：可以做什么，不能做什么，必须做什么，从而为各类主体确立一套明确的、赖以遵循的行为规范。这就是法家及新法家张扬的法治。这种旨趣的法治，可以支持当下的依法治国。这种风格的法治，也许可以称为形式化的法治，但同时也是最朴实、最根本、最具基础性的法治。

应当看到，无论是先秦法家还是新法家，都不是当代学科体系、学术体系中的法学家。因此，不能以当代的专业法学家的取向来衡量、评价先秦法家（譬如商鞅、韩非）或新法家（譬如陈启天、常燕生）。先秦法家固不必论，因为他们本来就是一些政治实践者或政府管理专家。就是 20 世纪初期兴起的新法家，也不能等同于当下的专业化的法学家。新法家主要是一些谋求国家富强的政治实践者，因而具有强烈的实践品格和现实感。新法家的追求是国家富强。新法家对法治主义、以法治国的强调，是服务于国家富强这个根本目标的。因此，从根本上说，新法家的法治理论是政治家的法治理论，

---

[1]（唐）房玄龄注，（明）刘绩补注：《管子》，刘晓艺校点，上海古籍出版社 2015年版，第 318 页。

法治是他们考虑政治问题的一个方面、一个维度，他们的法治理论始终都是他们的政治理论中的一个组成部分。从这个角度来看，当下的依法治国与法家的关怀、旨趣，具有很大的共通性。而且，新法家并不是一个定型的、凝固的思想流派，在依法治国不断深化的当下，法家理论，尤其是第三期的法家理论，[1]还有相当大的生长空间。

虽然，无论是先秦时期的法家学说，还是百年以来的新法家思潮，都不足以单独解释当下的依法治国，但是，在"新战国"的背景下，法家因为其固有的旨在回应战国格局的特质，必然成为中国模式中的一个因素。

二、法家因素与儒家因素

逐渐呈现出来的中国模式包含了比较丰富、比较明显的法家因素，这并不是在多种选项中自由选择的结果，而是国际竞争格局约束下的必然选择。在古今之间稍做比较即可以发现，无论是先秦时期还是现代中国，国家的主政者都必须加强和改进政治中枢的整合能力，如果不能做到这一点，国家内部无法整合，内部秩序无法建立，遑论参与国际竞争？要整合内部秩序，就离不开规则，所以要依法治国，所以要靠法治，因为法治靠得住些。更重要的是，置身于一个国际竞争时代，如果不能有效地实现富国强兵，在先秦，则可能社稷不保；在当代，就可能被开除"球籍"[2]。换言之，中国模式中的富强与法治，其实是国内与国际两个方面的条件严格约束下的产物。

为了应对战国格局，先秦法家追求富国强兵的一些措施能够产生实际效果。特别是在短期内，特别是在比较严酷的战国背景下，如前所述，春秋战国时期一些国家的实践也表明，先秦法家的理论及实践甚至能够产生立竿见影的效果。

---

〔1〕 喻中：《法家三期论》，法律出版社 2017 年版，第 21 页。

〔2〕 "球籍"是毛泽东用语，详见毛泽东："增强党的团结，继承党的传统"，载《毛泽东选集》（第 5 卷），人民出版社 1977 年版，第 296 页。

但是，从另一个角度来看，先秦法家的理论及实践也存在一些固有的缺陷，那就是：在总体上偏于功利，没有让政治达到应有的高度，或者是把政治从应有的高度拉到了一个相对较低的水平。在汉代初期，贾谊的"过秦论"总结秦亡的教训，被秦国、秦朝奉为指导思想的法家思想似乎难辞其咎，特别是贾谊所讲的"仁心不施，而攻守之势异也"，[1]更是引起了广泛的共鸣，人们很容易得出这样的结论：法家因为刻薄寡恩，简直就是"仁心不施"的代名词。不过，在此应当注意的是，其一，贾谊的论断不一定很公允；其二，法家的实践与法家的理论不一定很吻合；其三，法家也是多元化的，都是法家人物，李斯与韩非的政治品格就有明显的差异；其四，哪怕是同一个法家人物，他的理论也是立体的、多层次的。譬如商鞅，他与秦孝公的接触就很有戏剧性：商鞅先讲"帝道"，再讲"王道"，最后才讲"霸道"，正如商鞅向孝公的宠臣景监所言："吾说君以帝王之道比三代，而君曰：'久远，吾不能待。且贤君者，各及其身显名天下，安能邑邑待数十百年以成帝王乎？'故吾以强国之术说君，君大说之耳。然亦难以比德于殷周矣。'"[2]由此看来，像商鞅这样的法家人物，其理论储备也是多元化的，他既知"帝道"，也知"王道"。尽管我们可以从多个方面为法家提供辩护，但是，法家的理论与实践，特别是法家的实践形态，从总体上看，在精神层面上的感召力还是显得弱了一些。

随着汉代的兴起，特别是在"独尊儒术"之后，中国历代政权，基本上不会把法家写在自己的旗帜上。历代政权公开宣扬的旗号都是儒家。但是，我们应当注意到，"独尊儒术"实际上也是一个策略性的表达。如果仅仅依靠单纯的儒家，特别是像孟子这样的儒家，同样很难成就一种有效的国家治理模式、政治模式。汉代的政治就不是纯粹的儒家模式，用汉宣帝的原话来说，那就是："汉家自有制度，本以霸王道杂之，奈何纯任德教，同周政乎！"[3]由此可见，

---

〔1〕 方向东译注：《新书》，中华书局2012年版，第7页。

〔2〕 （汉）司马迁：《史记》，中华书局2006年版，第419页。

〔3〕 （汉）班固：《汉书》，中华书局2007年版，第69页。

哪怕是在秦二世而亡的现实背景下，"汉家"也不会"纯任德教"，也会杂用各种制度。

儒家存在的问题，特别是后期儒家存在的问题，或许可以用一句比较极端的话来揭示："无事袖手谈心性，临危一死报君王。"[1]这当然是一种极端的概括，带有夸张的成分，但也可以揭示儒家的某种精神与风格。如果是这样的儒家，那显然是不够的，这样的儒家显然不足以实现治国、平天下的目标。儒家"谈"的"心性"，当然很好；用于修身，也很适宜；但如果仅仅依赖"心性"治国、平天下，可能就勉为其难了，因为它把复杂的政治问题、治理问题进行了过度简单化的处理。朱熹在《答陈同甫》中有一个结论："千五百年之间，正坐如此，所以只是架漏牵补，过了时日，其间虽或不无小康，而尧、舜、三王、周公、孔子所传之道，未尝一日得行于天地之间也。"[2]如果我们从另一个角度看朱熹在此表达的遗憾，那就是，一千五百年的历史已经表明，纯粹的、原教旨意义上的尧、舜、周、孔之道，是很难付诸实践的，如果要把这样的"道"不折不扣地"行于天地之间"，几乎是不可能的。因此，哪怕是在传统中国的条件和背景下，仅仅依赖朱熹所期待的儒家之道，也不足以解决一个政权面临的内外问题。

只有把儒家与法家结合起来，才能够把实际政治问题处理好。因此，从汉到清，在两千年的政治实践中，无论是君主个人还是整个执政团队，在事实上都必须儒法结合，才能把事情办妥、办好、办成。当然，也有一些人确实偏好原初的、纯粹的、原教旨意义上的孔孟之道或儒家教义，愿意信奉、遵循孟子所说的"何必曰利？亦有仁义而已矣"，[3]这样的人可以立言，可以立德，可以作为高洁之士（譬如令人钦佩的李二曲，还有更具典范意义的海瑞），但是，这样的人很难满足日常政治的需求，很难成为有效的政治行动

---

〔1〕（清）颜元：《颜元集》，王星贤、张芥尘、郭征点校，中华书局1987年版，第51页。

〔2〕（宋）朱熹：《朱子全书》（第21册），朱杰人、严佐之、刘永翔主编，上海古籍出版社、安徽教育出版社2010年版，第1583页。

〔3〕杨伯峻译注：《孟子译注》，中华书局2012年版，第2页。

者，甚至不能成为合格的政治行动者。卓有成效的政治行动者，尽管有例外，但在常态情况下，往往是那些儒法兼备的人，譬如世人景仰的诸葛亮，就集中地体现了儒法兼备的特点；曾国藩也是饱受推崇的人物，然而，"曾国藩深于宦术，兼综儒法"。[1]这些人物可以表明，传统中国的模式，总体上可以归属于儒法模式，正是在这个意义上，传统中国也可以称为儒法国家。在儒家与法家之间，儒家提供意识形态的支撑，提供国家政权的正当性依据，甚至还可以提供心灵、精神方面的安慰。至于法家，则满足了各种各样的现实性、功利性方面的需要。打个比方，这就仿佛一桩成功的婚姻，儒家提供的相当于形而上的爱情，法家提供的相当于形而下的油盐柴米。

按照现代的学科划分，儒家学说与人文学科具有更多的关联性，文学、历史、哲学都偏好研究儒家人物、儒家典籍。法家学说与社会科学具有更多的关联性，包括政治学、法学、经济学在内的社会科学，对法家人物、法家典籍有较多的关注。分而述之，法家追求富国强兵，其中的"富国"，恰恰就是亚当·斯密的经典名著《国富论》的主题。法家讲的"术"，大致相当于政治学中的"领导科学"或"管理学"。法家讲的"以法治国""一断于法"相当于今天的依法治国，是一个可以归属于法学的核心主题。对于传统中国来说，儒法两家都是必须的，一家都不能少。儒法合流之后的儒法国家、儒法传统，就是这样形成的。

传统中国儒法合流的模式，对于当下及未来的中国模式的启示在于：不能仅仅依靠法家，也不能仅仅依靠儒家。法家的功能，儒家不具备；同样，儒家的功能，法家也不具备。但是，如果能把儒家与法家结合起来，大致就可以满足一个政治共同体的基本需要。因此，中国模式的未来，既要充分吸收儒家的思想理论资源，也要注意吸收法家的思想理论资源。

三、法家思想与专制政体

从先秦时代开始，一直到今天，法家遭遇了许许多多的批评。

---

[1] 王元化：《清园夜读》，书林出版有限公司 1996 年版，第 152 页。

早期的批评，主要是说法家刻薄寡恩、功利鄙俗。在现当代，法家遭遇的批评主要是"专制"，人们习惯于把"专制"之类的负面标签贴在法家身上。

譬如，在六十多年以前的 1959 年，萧公权曾经写过一篇《法家思想与专制政体》，他在这篇文章中写道："法家思想对中国帝制体系的发展，亦扮演一个十分重要的角色"，具体地说，"秦朝是帝制中国的第一个专制王朝，其主导思想与政治运作完全根据法家思想"，因此，如果要"对中国帝制体系作合理而正确的说明，是应将专制政体的影响力归功于法家思想"。[1]萧公权的这个看法颇具代表性，或许可以代表一个时代的观点。传统中国的很多人不喜欢法家，主要是因为法家与儒家背道而驰；近代以来的很多人不喜欢法家，主要是因为法家与专制同向同行，正如萧公权所说的：传统中国的专制政体主要是法家思想促成的，法家思想与专制政体甚至是捆绑在一起的，法家思想应当对传统中国的专制政体负责。

然而，法家思想与专制政体的关系毕竟是一个复杂的问题，也许不像萧公权说得那样简单，也许还有进一步分辨的必要。首先，什么叫作"专制政体"？按照孟德斯鸠的经典解释："专制政体是既无法律又无规章，由单独一个人按照一己的意志与反复无常的性情领导一切。"[2]如果我们认同这样的权威界定，那么，传统中国的政体到底是不是孟德斯鸠所说的专制政体，可能还是一个疑问。一方面，传统中国一直有大量的"法律与规章"。繁琐不堪的礼，从《周礼》到《朱子家礼》，所在多有。还有像《贞观律》《永徽律》那样的律，见于历朝历代。众多的礼与律，都是货真价实的"法律与规章"。现代学者譬如程树德的《九朝律考》，已经对传统中国的一部分"法律与规章"进行了专门的研究与呈现。另一方面，传统中国的君主也必须遵循相当多的规范。譬如，在确立储君这样的问题上，君主就必须遵循具有宪法性质的政治惯例或"君主继承规

---

〔1〕 萧公权：《迹园文录》，中国人民大学出版社 2014 年版，第 48~57 页。

〔2〕 〔法〕孟德斯鸠：《论法的精神》（上册），张雁深译，商务印书馆 1963 年版，第 265 页。

则"。明代的万历皇帝朱翊钧，就是因为不能"按照一己的意志"选择他喜欢的皇三子常洵作为太子，以取代皇长子常洛，长时间与臣僚闹情绪，据说，"皇帝决心以顽强的意志和臣僚作持久的对抗，臣僚不让他立常洵为太子，他也不立常洛为太子，甚至不让常洛举行冠礼以便向翰林院的官员就读。像这样双方坚持达十年之久"。[1] 这个颇有戏剧性的事例表明，在传统中国的政体中，君主绝不可能"由单独一人按照一己的意志与反复无常的性情领导一切"。简而言之，能否以孟德斯鸠所说的"专制"来描述、定性、解释传统中国的政体，可能还有进一步探讨的必要。

换一个角度，即使暂时不提"专制政体"这个概念，仅仅是讨论法家思想与传统中国政体的关系，也有必要做进一步的辨析。因为，从法家的角度来看，始于春秋的传统中国至少可以分为两个不同的时期：一是春秋战国时期；二是从汉至清的大一统时期。法家思想是在春秋战国时期全面兴起的，以商鞅、申不害、韩非为代表的法家人物，都是春秋战国时期的人物。法家思想也只有在春秋战国时期，才成为一些诸侯国君奉行的主导思想。秦朝当然也奉行法家思想，但秦朝只不过是秦国的延伸，且仅仅延伸了十几年。自汉代以后，直至 19 世纪，除了个别时期的个别人物，在政治主流中，在国家意识形态层面，法家思想几乎都处于隐而不显的状态。法家思想为什么在大一统的时代隐而不显？法家思想为什么在春秋战国时代颇受青睐？一个根本的原因就在于：法家思想是应对战国格局的思想，是列国竞争时代才迫切地需要的思想。在大一统的时代，法家思想的地位相对下降。这么说来，从汉至清两千年来的中国政体，无论它是不是"专制政体"，都不能完全"归功于"法家思想。

因此，要理解法家思想，必须看到一个现实性的约束条件：它主要是应对战国格局的思想。国与国之间，存在着残酷的生存竞争，稍不留意，就会出现"不得保其社稷"的严峻后果。这是理解法家思想的一把钥匙。法家人物不浪漫，法家人物不讲境界、心性，法家人物也不养浩然之气，法家人物的现实感，法家人物的焦虑感，

---

〔1〕〔美〕黄仁宇：《万历十五年》，中华书局 1982 年版，第 76 页。

都由此而滋生。为了解决一个国家在战国背景下的生存问题，法家思想的主要着眼点就在于：整合国家内部资源，提升国家的国际竞争能力，用梁启超的话来说，那就是，"万国比邻，物竞逾剧，非于内部有整齐严肃之治，万不能壹其力以对外"。[1]法家代表人物向君主提交了无数的决策咨询报告，说来说去，核心关切可以概括为：如何加强政治中枢的整合能力，如何提升国家治理能力，如何实现富国强兵。在法家看来，一个国家必须在有效整合内部资源的前提下，把一个国家的全部力量拧成一股绳，劲往一处使，才可能"壹其力以对外"，这个国家才可能在战国背景下首先维持生存，进而占据某种优势地位。这就是法家的逻辑。

从汉至清两千年，历代君主一直居于天下共主的地位——至少在理论上居于这样的地位。在这种大一统的背景下，在历代君主的视野里，虽有华夷之分，但没有平起平坐、彼此对等、在同一个层次上相互竞争的政治单元，于是，法家思想失去了针对性。这是法家思想在两千年间一直上不了台面的一个重要原因。两千年间，法家著作只能充当"子书"，儒家的一些文献却上升成为"经书"（特别是其中的《春秋》，甚至上升到宪法的地位），原因也在这里。

但是，从19世纪中叶开始，随着一个"新战国时代"的再次浮现，随着"总理各国事务衙门"在1861年的正式成立，随着"理藩"转向"外交"，随着"夷务"变成"洋务"，法家思想也随之出现了一个复兴的趋势。19世纪末、20世纪初，章太炎、梁启超等人，率先为法家人物及其思想翻案正名，后来又有"大江会""醒狮派""战国策派"的先后兴起，都不是偶然的。这些此起彼伏的思想潮流，都可以归属于或隐或显的法家思潮。这些法家思潮的兴起，绝不是偶然的，更不是某些思想人物标新立异或突发奇想的产物。这些法家思潮的兴起，归根到底，都是因为源于先秦时期的法家思想，从根本上回应了中国在"新战国时代"的思想需求。

法家理论及实践的精神与风格，是改革、创新、追求实效。中国模式的成功，离不开法家的政治智慧。在当代，儒家学说的影响

---

〔1〕《梁启超全集》，北京出版社1999年版，第1255页。

力在不断上升。在新儒家的一些代表人物看来，儒家是中国模式的一个选项。按照蒋庆的说法，"中国今后具有中国文化特色之政治礼法制度当由'政治儒学'重构"。[1]这种看法自有其逻辑，值得给予同情式的理解。不过，如前所述，仅仅依靠儒家学说，哪怕是"政治儒学"，也是不够的。然而，如果能把儒家与法家结合起来，如果能够同时吸取儒家和法家的智慧，中国模式就可以获得更加丰沛的历史文化资源。

如果说，在中国模式中，离不开儒家因素与法家因素，儒法传统及其蕴含的历史文化资源与当下及未来的中国模式具有紧密的联系，那么，外来的自由主义传统呢？在中国模式中，儒法传统与外来的自由主义传统的关系如何理解？

四、儒法传统与自由主义

从中国模式的角度看外来的自由主义传统及其与儒法传统的关系，是一个复杂而庞大的主题，这里不能全面展开。在这里，我们只看外来的自由主义传统中的一个重要标志、重要基点，那就是法官独立。我们且把法官独立作为自由主义传统中的一个标志、基点或纽结，考察自由主义传统与儒法传统的关系。

自20世纪80年代以来，很多学者都注意到自由主义传统中的法官独立。其中，英国16至17世纪的柯克法官尤为著名。1612年，在柯克法官与英国国王詹姆士之间，发生了一场冲突。詹姆士认为，他与他的代理人有权直接审理普通法法院的案件。柯克法官不能同意国王的这个要求，"他记下了一次同詹姆士的谈话如下：国王接着说，他认为法律是基于理性的，他本人和其他人跟法官一样也都有理性。对此，我回答说，确实是这样，上帝恩赐陛下以丰富的知识和非凡的天资，但陛下对英王国的法律并不熟悉。对于涉及陛下臣民的生命、继承权、货物或其他财物的案件并不是按天赋的理性来决断的，而是按特定的推理和法律判决的。人们要懂得法律必须经

――――――――――

[1]　蒋庆：《政治儒学：当代儒学的转向、特质与发展》，福建教育出版社2014年版，第13页。

过长时的学习并具有实践经验……对此，国王勃然大怒，并说，如此说来，他必须受到法律的约束了。他说，这种说法构成了叛国罪。对此，我说，勃莱克顿说过：'国王不应服从任何人，但应服从上帝和法律'"。[1]

即使国王以叛国罪相威胁，柯克法官的回答依然掷地有声，而且，这番回答激起的回响，四百多年来，一直不绝如缕。流传至今的这个极其生动的历史事件，让柯克成为自由主义传统中法官独立的象征。相比之下，在中国历史上，在儒法传统中，一向没有法官独立的传统。在古代中国，地方上甚至没有专职的法官，只有"兼理司法"的知县、知府之类的行政官员，这未免让一些人感到遗憾。然而，在中国的儒法传统中，虽然没有自由主义传统中的法官独立，却有另一个古老的传统足以与之比肩，那就是史官独立。

春秋时期，在齐国当权的大臣崔杼杀害了齐庄公。据《左传·襄公二十五年》："大史书曰：'崔杼弑其君。'崔子杀之。其弟嗣书而死者，二人。其弟又书，乃舍之。南史氏闻大史尽死，执简以往。闻既书矣，乃还。"[2]这个事件还见于《史记·齐太公世家》："齐太史书曰'崔杼弑庄公'，崔杼杀之。其弟复书，崔杼复杀之。少弟复书，崔杼乃舍之。"[3]由此我们看到，第一个被杀的史官，加上第二个被杀的史官，再加上第三个幸免于难的史官，以及第四个"执简以往"的史官，足以构成一个"史官群像"，他们不畏权势、前仆后继的独立精神，较之 17 世纪的柯克法官，有过之而无不及。尤其值得注意的是，齐国的史官，既在鲁周公（姬旦）开创的传统中，也在齐太公（吕尚）开创的传统中，如果说鲁周公是儒家的元圣，那么齐太公则可以视为法家的始祖。[4]从这个角度来看，史官独立的传统处于儒家传统与法家传统的交汇点上。

---

〔1〕 ［美〕乔治·霍兰·萨拜因：《政治学说史》（下册），刘山等译，商务印书馆 1990 年版，第 509~510 页。

〔2〕 王守谦、金秀珍、王凤春译注：《左传全译》，贵州人民出版社 1990 年版，第 949 页。

〔3〕 （汉）司马迁：《史记》，中华书局 2006 年版，第 203 页。

〔4〕 详见喻中："论吕尚的法理学——兼及中国功利主义法学的起源"，载《法学杂志》2018 年第 9 期。

对于儒法传统中的史官独立与自由主义传统中的法官独立之间的关系，梁启超在 1926 年至 1927 年之间所作的《中国历史研究法（补编）》中，略有提及，他说："现在人喜欢讲法官独立，从前人喜欢讲史官独立。"在儒法传统中，史官独立的形成，"自然是国家法律尊重史官独立，或社会意识维持史官独立，所以好的政治家不愿侵犯，坏的政治家不敢侵犯，侵犯也侵犯不了。这种好制度不知从何时起，但从《春秋》以后，一般人暗中都很尊重这无形的纪律，历代史官都主张直笔，史书著成也不让皇帝看"。梁启超还说："除了这点独立精神以外，史官地位的高贵也很有关系。""史官在法律上有独立的资格，地位又极尊严，而且有很好的人才充任，这是中国史学所以发达的第二原因。"[1]

中国史学发达的原因，这里暂且不论。史官独立的制度始于何时？博雅如梁任公，都说"不知"，我就更是不得而知了。《汉书·艺文志》有言："古之王者世有史官，君举必书，所以慎言行，昭法式也。"[2] 这里的"古之王者"，到底是什么时候的"王者"，班固也没有说明。不过，既然春秋时期已经出现了史官独立的经典形象，我推测，至迟在西周初年，就已经建立了这样的史官制度。因为，《史记·晋世家》已有这样的记载："武王崩，成王立，唐有乱，周公诛灭唐。成王与叔虞戏，削桐叶为珪以与叔虞，曰：'以此封若。'史佚因请择日立叔虞。成王曰：'吾与之戏耳。'史佚曰：'天子无戏言。言则史书之，礼成之，乐歌之。'于是遂封叔虞于唐。"[3] 这里的"史佚"就是记载君主言行的史官，他居然有足够的权威把周成王的一句戏言，扭转成为一项正式的国家重大决策。这个"史佚"的独立与强硬，足以给人留下深刻的印象。

梁启超主要是从"中国历史研究法"的层面上，论及儒法传统中的史官独立，同时顺便提到自由主义传统中的法官独立。然而，倘若着眼于中国模式中的本土因素与外来因素，深入剖析自由主义

---

〔1〕《梁启超全集》，北京出版社 1999 年版，第 4868~4869 页。

〔2〕（汉）班固：《汉书》，中华书局 2007 年版，第 328 页。

〔3〕（汉）司马迁：《史记》，中华书局 2006 年版，第 240 页。

传统中的法官独立与儒法传统中的史官独立之间的关系及异同，却是一个颇有意义的题目。简而言之，两者之异主要是形式上的：那边是审理案件的法官，这边是负责记录的史官，角色、身份都不一样。两者之同主要是实质上的，因为，两者都履行了一个相同的职能：对权力的监督与制约。具体地说，在自由主义传统中，以柯克为象征的法官可以顶住君主的压力，甚至可以排斥君主对案件的管辖权，进而独立自主地对司法案件做出判决。同样，儒法传统中的史官，也可以顶住君主或权臣的压力，秉笔直书，把君主或权臣的言行载之史册，传之后世。君主或权臣有了嘉言懿行，当然希望史官淋漓尽致地记录下来。但是，当君主或权臣有了不当的或错误的言行，倘若史官也如实记录，君主或权臣就会有压力。在这种情况下，儒法传统中独立的史官就像柯克那样的法官一样，充当了监督、制约君主或权臣的一种重要的制度角色。

在传统中国，哪怕是在诸侯力政、相互攻伐的春秋战国时期，哪怕是奉行法家学说的君主或权臣，依然想在历史上留下一个好名声，依然不愿意被押上历史的审判席。然而，在历史的审判席上负责裁决的人，恰恰就是史官。《史记·孔子世家》称："《春秋》之义行，则天下乱臣贼子惧焉。"[1]《孟子·滕文公下》称："孔子成《春秋》而乱臣贼子惧。"[2]此后，这个著名的论断以大致相似的表达方式，在《汉书》《后汉书》《旧唐书》《新唐书》《宋史》《金史》等典籍中多次出现。这个反复重复的论断可以解读为：作《春秋》的孔子，既相当于一个独立的史官，其实也相当于一个独立的法官，他的《春秋》是对乱臣贼子的最终判决，所以让乱臣贼子畏惧不已。这就是儒法传统中的史官独立，它较之于自由主义传统中的法官独立，具有更加深远的思想意涵。

五、结语

古今之间的中国，虽然从 19 世纪中期开始，就逐渐经历了一场

〔1〕（汉）司马迁：《史记》，中华书局 2006 年版，第 240、330 页。
〔2〕杨伯峻译注：《孟子译注》，中华书局 2012 年版，第 166 页。

根本性的变革与转型，然而，在一定程度上，在数十年间逐渐形成的中国模式依然是中国传统在"转型过程中的延伸"或"延伸过程中的转型"。传统中国毕竟是一个儒法国家，中国传统不妨视之为儒法传统。外来的文化虽然已经汇入中国模式，虽然已经在中国模式的框架下发挥了一定的甚至是较大的作用，虽然已经产生了一定的甚至是较大的影响，甚至还促成了固有的儒法传统与时俱进、升级换代，这些都是不容置疑的。但是，在可以预见的将来，中国模式始终都离不开儒家与法家这两种固有的传统因素。

在这里，儒家暂且不论，只就法家而言，它在当下及未来的中国模式中，不仅会持久地发挥作用，甚至还会发挥更大的作用，我们的理由在于，先秦时代兴起的法家理论及实践，归根到底是应对战国格局的产物，然而，当下及未来的世界，却是一个比先秦时代更加复杂的新战国时代，对于这个新的战国时代，蒋庆称之为"隐性的'战国时代'"。[1]实际上，无论称之为新战国时代还是"隐性的'战国时代'"，都是可以成立的。所谓新战国时代，主要是说，中国人在先秦时期经历了一个战国时代，19世纪以后，中国人又经历了第二个战国时代，因此称之为新战国时代；所谓"隐性的'战国时代'"，主要是针对以前盛行的公开的武力争夺、军事掠夺而言的。概而言之，不论是哪种说法，都指出了这个时代所具有的"战国"性质。按照历史规律，当下及未来的中国模式既然是在一个新的、隐性的战国时代逐渐形成的，那么，在中国模式中包含法家因素，几乎可以说是一个历史的必然。

（原载《哲学探索》2022年第2辑）

---

〔1〕　蒋庆：《政治儒学：当代儒学的转向、特质与发展》，福建教育出版社2014年版，第334页。

新旧法家异同论

在华夏文明史上，法家是一个古老的传统，它的萌生甚至可以追溯到商末周初的吕尚。自吕尚以降的三千多年间，法家传统一直或隐或显地流淌在中国的历史长河中，极其深刻地塑造了华夏的文明秩序。因此，如果要重新认识中国的文化传统，那么，重新认识法家就是一个不可或缺的任务。重新认识法家当然面临多种多样的路径，而着眼于古今之变，比较新旧法家之异同，则是值得尝试的一种路径。下文希望通过这样的比较，既有助于重新认识法家，也有助于在一个相对具体的环节，推进对华夏文化传统的再认识。

一、法家及其新旧之分

要辨析新旧法家之异同，首先面临的一个问题是，既然法家可以分新旧，那么，谁是旧法家？谁又是新法家？然而，就在我们试图区分新旧法家之际，一个更加基础性的问题随之浮现出来：谁是法家？法家是谁？如果要拉出一个名单来，如果要让这个名单得到普遍性的认同，可能就比较困难了。

你可以说商鞅是法家，这当然没有问题。韩非作为先秦法家的集大成者，大概也没有问题。试想，如果商鞅、韩非这样一些人的法家身份都有问题，那么，法家之名可能就立不住了。然而，除此之外呢？韩国的申不害虽然是韩非的前辈，但是，他的着眼点主要是"术"。慎到呢？有人说他是法家，但也有人说他是道家。荀子是儒家的"季圣"，但是，朱熹却说他"全是申韩，观《成相》一篇可见。"朱熹的这个观点，该如何评析？据说，诸葛亮与张居正也有强烈的法家色彩，那么，他们是不是法家？还有管子其人与《管子》

其书，以及《管子》其书所代表的管子学派，似乎都可以归属于法家，但是，其中的道家因素也比较明显。

看来，在先秦诸子中，很多人的身份都是双重的，甚至是多重的，要给这个群体中的一些人贴上单一的"法家"标签，可能比较困难。有一些人，可能是跨越了道家与法家的"道法家"，譬如慎子、管子，算不算这样的人？还有一些人是跨越了儒家与法家的"儒法家"，后世的诸葛亮、张居正，算不算这样的人？这就提出了一个问题，哪些人可以归属于"法家圈"？似乎这个问题不弄清楚，不但新旧法家之异同讲不清楚，甚至需要重新认识的"法家"到底是谁，都变得含糊起来了。

也许应当重温这个堪为常识的事实，那就是，法家之名，严格说来，首出于司马谈关于六家的划分与命名。司马谈并没有指认谁是法家，他只是说，法家"严而少恩"，但精于"正君臣上下之分"。所谓"严而少恩"，是指"法家不别亲疏，不殊贵贱，一断于法，则亲亲尊尊之恩绝矣。可以行 时之计，而不可长用也"；所谓"正君臣上下之分"，主要是指"尊主卑臣，明分职不得相逾越"。按照司马谈的界定与论断，法家的优长之处，在于确定君臣之间的上下、尊卑关系，这是法家的主要贡献。法家不分亲疏，不分贵贱，一断于法，相当于今天所推崇的平等原则，在法治原则的层面上，则相当于今天的法律面前人人平等，然而，在司马谈看来，这恰恰是法家的短板或劣势。这就是司马谈理解的法家。

如果按照司马谈的这个具有经典意义的描述，严格说来，汉代以后其实是没有法家的。因为，从汉至清的"一断于法"，都是"别亲疏""殊贵贱"的。由"议亲、议故、议贤、议能、议功、议贵、议勤、议宾"构成的"八议"，显然体现了亲疏有别、贵贱有等的原则。再看《红楼梦》描述的法律世界，其中，亲与疏、贵与贱的差异也是非常明显的：同样是主子，譬如，都是贾政的儿子，"正出"与"庶出"就不同，王夫人生养的贾宝玉就比赵姨娘生养的贾环高贵；同样是奴才，"贴身丫鬟"的地位就高于"粗使丫鬟"。再看《三国演义》，在赤壁之战中，关羽正式立下了军令状，却在华容道上擅自放走曹操，但是，作为执法者的诸葛亮也没有把他怎么样。你说诸葛亮到底是不是在"别亲疏""殊贵贱"？如果是，诸葛亮还算法家吗？退一步说，诸葛亮还具有法家的主要特征吗？如果回答是否定的，或者再退一步，如果回答不那么肯定，那么，在汉代以后，你可能就找不到一个真正的法家了。至于清末以后，作为正式制度的君主已经不复存在，当然就更没有"明君臣上下之分"的法家了。

然而，如果宣称汉代以后没有法家，显然又是不合适的。在司马谈之后，法家之名屡屡出现。虽然，在某些时候，人们也用"申韩"或"商韩"指代法家。清末以后，还兴起了一个新法家的思潮。在20世纪70年代中期，还有一场声势颇为浩大的"评法批儒"运动。在更多的、不特定的时候，还有人（譬如朱熹）把法家或"申韩"作为一个负面标签贴在别人（譬如荀子）身上。这就是说，从先秦至当下，法家都是有的。

那么，哪些人算法家呢？回顾历史，可以看到，自先秦以来，几乎没有人自称法家。有很多人自称是儒家，也有很多人自称是道家，但是，很难看到某个人自称是法家。这个现象表明，中国历史上的法家，基本上都是"被法家"的，换言之，所谓"法家"，基本上都是一些人为另一些人"贴牌"或"贴标签"的结果。于是，在"谁是法家"这个问题上，就引起了无穷无尽的争议。不同的观察者划定的法家，其范围、边界总是不一样的。从这个角度上说，如果要比较新旧法家，首先应当解决的问题，就在于确立一个标准，以之判断一个人是不是法家。前面提到的太史公的界定当然具有权威性，但恐怕还没有达到尽善尽美的程度。像法家的典型人物商鞅那样，促成一个国家从封建制转向郡县制、从世卿制转向官僚制、从礼治转向法治，这样几条，因为过于语境化，也很难作为判断一个人是不是法家的普遍标准；像法家的集大成者韩非那样，主要关注"法、术、势"，以这样几条来评判一个人是不是法家，可能也失之机械化。

在这种情况下，如果立足于抽取法家的精神实质，也许可以看到，法家与儒家、道家不同的地方，集中体现在三个方面：第一，追求富国强兵，在列国竞争的格局中维护国家安全；第二，强化政治整合，保障政治中枢对国内各种资源的控制；第三，注重以法治国，通过法的创制与实施以实现国家的核心目标。这三点，既可以作为法家的精神实质，也可以作为法家的构成要素，是法家区别于儒家、道家的关键所在。

譬如，相对于商鞅、韩非追求的富强与国家硬实力，孔子、孟子主要追求仁义与道德上的感召力，庄子主要追求身心的自由与精神上的超越性。相对于法家凭借"法、术、势"的政治控制，儒家注重德性教化，道家强调无为而治。以法治国是法家的一个要素，为了实现特定的国家目标，法家习惯于"变法"。法家的"变法"既包括制定新的法，也包括实施这些新的法。譬如，"商鞅变法"就可以视为法家变法实践的典型事例。相比之下，儒家偏重保守旧的传统。在20世纪70年代中期的"评法批儒"运动中，为什么会以革新与保守区分法家与儒家？原因就在这里。至于道家，则倾向于"批判法学"之风格，譬如《庄子》中的名言："故绝圣弃知，大盗乃止；擿玉毁珠，小盗不起；焚符破玺，而民朴鄙；掊斗折衡，而民不争；殚残天下之圣法，而民始可与论议。"由此可见，道家对于法的态度主要是批判。

按照这样的划分，法家主要盛行于列国竞争时代。在大一统的时代，法家的思想与实践当然也是存在的，但主要是以"阴"或"隐"的方式存在，人们常说的"阳儒阴法"，就揭示了法家在大一统时代的存在方式。为什么在大一统的时代，法家强调的富国强兵不宜写在旗帜上？也不宜理直气壮地张扬？根本的原因就在于，法家与大一统、天下体系、华夷关系这样的"宪制"格局不太匹配。试想，你代表华夏，你是普天之下的共主，你怎么好意思在周边的蛮夷面前过度地"秀肌肉"、过度地耀武扬威？

《左传·宣公三年》载："楚子问鼎之大小轻重焉。"王孙满作为周王室的代表与发言人，他的回答是："在德不在鼎。"意思是说，要成为天下之主，主要在于德性。另据《论语·季氏》，孔子的名言是："远人不服，则修文德以来之。"远人对你不服，你得"修文德"，你不能单凭刀枪予以制服。刀枪可以服人之口，但不能服人之心。华夏君主作为天下共主，虽然可以适度地"秀肌肉"，但毕竟不能单凭武力建立天下共主的形象，这背后的一个原因在于，王道与霸道是有差异的，普天之下的共主是需要德性来支撑的。华夷之辨，主要是文野之辨，同时也是"文化"与"武化"之辨，而"武化"与"蛮化"又靠得比较近。因此，如果只知武力，只是凭借武力，那就远离了王道，进而掉进了所谓霸道的下滑路线。如果跌落到如此地步，你作为华夏君主，还能自称是天下共主吗？你的这个场面就撑不起来了。这就是法家在天下体系、华夷格局中的处境。

但是，到了19世纪中叶，以两次鸦片战争作为标志，意味着天下体系中的华夏变成了万国体系中的国家。随着美国人惠顿的 *Elements of International Law* 于1864年被译成中文的《万国公法》，随着天下体系的坍塌与万国体系的再现，法家开始重新获得了它的正当性。与此同时，儒家在意识形态领域的支配地位则开始动摇，最后还出现了"打倒孔家店"这样的极端言论。这是一个"此消彼长"的过程，在儒家逐渐跌落、消退的同时，法家则经历了一个逐渐上升、上涨的过程。譬如，在第二次鸦片战争中辞世的魏源，就被人讥讽为法家，这种负面的评价恰好可以表明，代表了清代学术思想新风尚的魏源，已经在不知不觉之间，预示着法家的复兴。文艺理论中有"国家不幸诗家幸"之说，从法家的角度来看，我们似乎也可以说，"王朝不幸法家幸"，所谓新法家，就是这样兴起的。

简而言之，如果我们把春秋战国时代的法家称为旧法家，那么，在19世纪中晚期，随着华夷关系转向中外关系，在这样的背景下复兴的法家，就可以统称为新法家。

二、新旧法家之同

先秦兴起的旧法家与晚清兴起的新法家，有什么相同之处？结合上文关于法家的精神实质或构成要素的概括，可以从三个方面来把握新旧法家之同：

（一）从富国强兵看新旧法家之同

新旧法家都追求富国强兵，都追求以经济实力与军事实力为主要指标的国家硬实力。在旧法家那里，经济实力主要依赖农耕，军事实力主要依赖"守战"的工具、军人的勇气、打仗的谋略，等等。

所以，商鞅特别强调耕战两手抓、两手硬。如果用《商君书》中的篇名来说，那就是"农战"。其中的"农"代表经济上的追求，"战"代表军事上的追求。这两个方面，都应当通过"更法"（《商君书》首篇之篇名）来保障。

商鞅既讲"法"，也讲"农"，还讲"战"，着眼于此，经史之间的蒙文通阐述了一种"大法家"的观念：兵家、农家、纵横家都属于法家。在《法家流变考》一文中，蒙文通引证了贾谊《过秦论》中的一句话："当是（孝公）时，商君佐之，内立法度，务耕织，修守战之备，外连衡而斗诸侯，于是秦人拱手而取西河之外。"在此基础上，蒙文通指出："立法度，所以为法也；务耕织，所以为农也；修守战，所以为兵也。又外连衡而斗诸侯，则商君得非亦纵横之流耶！盖法家莫不以富国强兵为事，故非徒'不别亲疏，不殊贵贱，一断于法'而已也，又有其所以富强之工具焉，则农、兵、纵横之术是也。农以致富，兵以致强，而纵横则为外交术：皆法家之所宜有事者。"这个观点是很有见地的，因为兵家、农家以及纵横家都可以服务于由"农战"支撑起来的富国强兵。

新法家同样也把富国强兵作为自己的核心追求。如前所述，魏源曾被视为法家，而他最著名的观点则是"师夷长技以制夷"。这个命题的核心指向，就在于提升国家的军事能力。随后，由清政府推动的洋务运动，特别是其间兴办的近代工业，主要目标就在于提升国家的军事能力与经济能力，说到底，还是"富国强兵"的本色。严复是中国19世纪晚期、20世纪初期的得风气之先者，美国学者史华兹研究严复的专书，却以"寻求富强"作为严复最显著的特征。张謇是1894年考取的状元，他通过儒家的科举考试脱颖而出，最后却把自己的人生精力奉献给了实业。虽然，我们不能把张謇称为法家人物，然而，一个在科举考试中获得了最高桂冠的儒家士子，却主张实业救国，走上了一条以经济建设、实业经营为中心的人生道路，不能不说，这实在是一个极具象征意义的历史事实，其象征意义可以从不同的角度来解读，从新旧法家比较的角度来看，则象征着新法家的兴起以及新旧法家对富强的共同追求。

（二）从政治整合看新旧法家之同

新旧法家都强调政治整合，都注重强化政治中枢对国内资源的整合与控制。在旧法家那里，普遍强调"强公室，杜私门"。譬如，在李斯的《谏逐客书》中，就回顾了这样一段法家历程："昭王得范雎，废穰侯，逐华阳，强公室，杜私门，蚕食诸侯，使秦成帝业。"法家所说的"强公室"，就是要强化朝廷的权威性、控制力；法家所说的"杜私门"，就是要压缩、限制国内的贵族势力，这些贵族势力就相当于国家内部的一个个"小山头"。因此，"强公室，杜私门"的实质，就是要强化政治中枢的整合能力，让政治中枢能够把国内的政治资源、经济资源、军事资源及其他资源统筹起来。试想，如果国内的诸侯势力过大，独立性太强，如果一个国家的政治中枢不能把各种资源整合起来，以应对列国之间残酷的生存竞争，对于国家政权来说，那是很危险的。我们再看《韩非子》这部书，它为君主支了无数的"高招"，其中既有宏观的，也有微观的，说来说去都有一个共同的意思：君主如何才能加强对各方面的控制。这些"高招"当然会考虑君主的安危，但是，在"家国一体"甚至是"君国一体"的历史背景下，强化君主的控制能力、整合能力，本身就是在强化国家政治中枢的控制能力、整合能力。

再看新法家，它强化政治整合的观念与意识也是非常强烈的。1904年，梁启超写了一篇《中国法理学发达史论》，这篇长文提出了一个著名的论断："速于今日，万国比邻，物竞逾剧，非于内部有整齐严肃之治，万不能壹其力以对外"，于是，"法治主义，为今日救时唯一之主义"。这个论断包含了丰富的信息：其一，梁启超在此所说的"法治主义"，其实就是旧法家所秉持的主义、主张；其二，他强调的"万国比邻"，就是列国之间"物竞"越来越剧烈的万国体系，亦即相对于"旧战国"的"新战国"；其三，国家内部要有"整齐严肃之治"，这样的"治"，实为高度整合、全面控制之治；其四，经过这样的政治整合，直接的目标就在于把全国之力凝聚起来，以"壹其力"的方式，参与国与国之间的生存竞争。

在梁启超之后，还有著名的"醒狮派"与"战国策派"，他们基本都认同国家主义的基本理念，都强调国家与民族的价值。以

"战国策派"为例，这是一个在抗日战争的背景下兴起的学术群体，也代表了一种学术思潮，其代表人物主要有林同济、陈铨、雷海宗等人。1940年，他们在抗日战争的大后方昆明创办了《战国策》杂志，以之宣扬他们的主张。在学术思想史上，这个学术群体已被贴上"国家主义"的标签，这个标签的含义是，他们在国家与个体之间，更看重国家作为整体的意义，与之相对应的，主要是看重个体价值的自由主义。

虽然国家主义是从西方传过来的思潮，但是，"战国策派"的精神血脉，实为旧法家。你可能会说，旧法家需要处理的一个焦点问题是"公室"与"私门"的关系，或者说是君主与贵族的关系，在旧法家那里，还没有国家与个体之间的纠缠。然而，这样的差异只是表面上的。我们看到，"战国策派"旨在处理的一个根本问题是：在国家至上与个人至上之间，做出一个根本性的决断。从形式上看，"战国策派"与旧法家似乎没有什么联系。但是，从精神实质上看，"战国策派"主张的国家至上，就相当于旧法家的"强公室"；旧法家主张的"杜私门"，就相当于"战国策派"对个人主义、自由主义的抑制。因而，"战国策派"体现了新法家的一种存在形式与表达方式，这个学术群体可以体现新旧法家之间在精神上的相同性。

其实，我们从"战国策派"这个名称，就可以看到旧法家的精神在现代中国的延伸。以今律古，如果说现代中国有一个专门针对"战国"格局出谋划策的"战国策派"，那么，由商鞅、申不害、韩非作为代表人物的那个学派，就是先秦时代的"战国策派"，或者说，旧法家的核心旨趣，就是针对"战国"格局出谋划策。由此说来，法家学派与"战国策派"，在相当程度上恰好可以相互解释。而且，"战国策派"得以形成的时代，也可以说明这一点：1940年前后，可以说是中国的抗日战争处于最艰难的时间节点，那个时候的中华民族真是到了最危险的时候，已经置身于一个最危险的战国时代。在这样的战国时代兴起的"战国策派"，虽然可以贴上外来的国家主义之标签，但是，它实为法家的复兴，它与旧法家分享了相同的精神实质。

（三）从以法治国看新旧法家之同

新旧法家都主张以法治国，都主张通过法的创制与实施等手段，来实现预期的国家目标。其中，旧法家对以法治国、一断于法的偏好，在前文引证的《太史公自序》中已有高度的概括，这里不再重复。这里且以《商君书》为例，看旧法家对于以法治国的依赖。如前所述，《商君书》的首篇就是《更法》，根据《更法》篇的记载：在秦孝公的主持下，商鞅与甘龙、杜挚就"更法"问题进行了反复的讨论，最后经过秦孝公拍板，"于是遂出《垦草令》"。《商君书》的第二篇就是《垦令》，主要内容是关于垦荒的若干措施与方案。《商君书》的第三篇即为《农战》，标题中的"农"与"战"，分别指向了富国与强兵的两种手段：富国以农，强兵以战。如果把《商君书》前三篇的内容结合起来看，它们之间是相互照应的：通过变法、以法治国、一断于法，以实现富国强兵，这就是旧法家的逻辑。

19世纪中晚期逐渐兴起的新法家，同样偏好以法治国。如前所述，早在1904年之际，梁启超已经把"法治主义"看作是救亡、救时唯一之主义。按照梁启超在1904年前后的观点，只有法治主义才能救中国。梁启超所说的"法治主义"，就是旧法家秉持的以法治国或一断于法。正如他自己所言："当我国法治主义之兴，萌芽于春秋之初，而大盛于战国之末。其时与之对峙者有四，曰放任主义，曰人治主义，曰礼治主义，曰势治主义，而四者皆不足以救时弊，于是法治主义应运而兴焉。"这就是"法治主义"或法家的"以法治国"兴起的根源。

除此之外，梁启超在1910年写成的《管子传》一书中还指出："故法治者，治之极轨也，而通五洲万国数千年间。其最初发明此法治主义，以成一家言者谁乎？则我国之管子也！"按照这个论断，管子既是法治主义的发明人，也可以视为旧法家的一个源头。从19世纪末到20世纪初，梁启超可以说是整个时代的代言人，他的这些论述表明，新法家不仅坚持旧法家的以法治国方略，而且还进一步抬高了以法治国的价值与意义。不过，我们从《管子》《韩非子》中的"以法治国"到梁启超笔下的"法治主义"，还是可以体会到新旧法家之间在精神实质上的一脉相承。

三、新旧法家之异

相对于新旧法家之同，新旧法家之异就更为明显了。虽然，就像我们比较新旧法家之同那样，辨析新旧法家之异也面临着一些学术上的不确定性，譬如，哪些人是新法家？哪些人又是旧法家？但是，我们也只能本着前面先行概括的法家之精神实质或构成要素来做出取舍与判断。在此基础上，可以把新旧法家之异，从以下三个方面予以辨析。

（一）从新旧战国格局的差异看新旧法家之异

旧战国的格局是西周王室分崩离析之后自然形成的。彼此竞争的列国之间，在文化上具有较大的同质性。虽然，南方的楚国喜欢特立独行，但在总体上，各个国家之间是相互理解的。各个国家在长达数百年的时间段落里，毕竟还是保持着诸侯国的身份，毕竟在相当长的历史时期内共同臣服于周王室。在这样的背景下，国与国之争的战争近似于兄弟、亲戚、朋友之间反目成仇后的战争，旧法家就是应对这种"旧战国"格局的人物、理论及实践。相比之下，"新战国"的格局则另当别论。因为，19世纪中叶以后的中国所面对的"新战国"，是一个相当陌生的"新战国"，也是一个彼此误解的"新战国"。譬如，《怀柔远人》一书所详述的英国使节马嘎尔尼来华之后引起的中英礼仪冲突，作为一个颇具戏剧性的场面，就体现了清王朝对这个日渐迫近的"新战国"的误解，当然也反映了英国使节对清王朝的不理解。我在此选用的"迫近"一词，也是为了突出这个新战国格局对华夏的影响：它是一个无法躲避的、无法抽身的、带有威逼性的战国格局。正是在应对这个新战国格局的过程中，促成了法家的复兴，促成了新法家的兴起。

由此，我们可以看到新旧法家在生成机理上的差异：旧法家是自然生成的结果，新法家的生成具有"路径依赖"的性质。所谓自然生成，是指在秦国这样的西陲之地，由于西周王室的礼乐产生的约束力相对较弱，秦孝公这样的执政者相对容易挣脱由来已久的礼制、世卿制；又由于商鞅提出的富强方案完全符合孝公的预期，商鞅的理论与实践作为一个极具标志性的旧法家的典型样态，就这样自然而然地兴起了。相比之下，新法家的兴起有一定的"回忆"性质：在新法家看来，由于旧法家在应对战国格局方面，曾经取得过不错的绩效，既然19世纪中晚期的中国已经被拖入了一个新战国时代，那么，如果继续按照旧法家的富强方案，也应当可以取得不错的绩效。这就是新法家的"路径依赖"。在一定程度上说，旧法家是原生的法家，新法家是再生的法家。

当然，从另一个角度来看，新旧法家之间的这种差异也不宜过度夸大，或者说，这种差异是有限度的。因为，说到底，在一个国家面临生死存亡的时刻，为了救亡图存，寻求富国强兵其实是一个自然的、理性的选择。在这个意义上，我们对新旧法家之异的理解，甚至对法家特殊性、独特性的理解，都应当保持某种节制、克制的态度。

（二）从新旧思想资源的差异看新旧法家之异

旧法家所依赖的思想资源主要是《庄子·天下篇》描述的"古之道术"及其破裂之后形成的各家各派。依《天下篇》，这些思想资源主要包括：其一，"旧法、世传之史"承载的礼法数度；其二，"邹鲁之士"承载的《诗》《书》《礼》《乐》；其三，《天下篇》分别描述的墨翟禽滑厘之学、宋钘尹文之学、彭蒙田骈慎到之学、关尹老聃之学、庄周之学以及惠施之学。在《天下篇》之外，荀子的《非十二子》、韩非子的《显学》等文献，还描绘了其他形态的思想谱系。大致说来，这就是旧法家的思想背景，也是旧法家赖以形成的思想资源。

在这里，我们略微解剖一下旧法家的代表人物所依赖的思想资源。我们先看韩非。一方面，他是儒家圣人荀子的学生，他得到了荀子的教诲；另一方面，《韩非子》中的《解老》《喻老》表明，他吸取了道家的智慧，他对道家文献有深入的理解。此外，在《韩非子·八说》中，还有对墨子的正面评价，这就表明，韩非对墨家学说也有相当的关注。我们再看商鞅。他到秦国面见孝公之初，先说之以"帝道"，又说之以"王道"，这些帝王之道，其实都可以归属于儒家的主张。按照前文述及的蒙文通的观点，商鞅既是法家，同时也是兵家、农家、纵横家。由商鞅、韩非这些代表人物来看，旧法家所依赖的思想资源，主要是先秦时期的儒家与道家，同时也兼收了其他各家学说。从总体上说，旧法家所依赖的思想资源就是《天下篇》所说的"古之道术"及其转化形式。

但是，新法家所依赖的思想资源则发生了较大的变化。一方面，旧法家的思想构成了新法家的思想资源，这是很自然的。林同济有一篇作品叫《战国时代的重演》，雷海宗有一篇作品叫《中外的春秋时代》，陈启天在《中国法家概论》一书中专门论及"法家的复兴"，常燕生在《生物史观研究》一书中专门论及"法家思想的复兴与中国的起死回生之道"，等等。这些文献表明，新法家吸取了旧法家的思想，这也是新法家之为"法家"的题中应有之义。另一方面，新法家还比较深入地吸取了外来的思想资源。在各种外来思想资源中，前面提到的国家主义占据了比较重要的地位。

譬如，认同国家主义的"战国策派"，其核心成员大多具有德国留学的经历，德国又是国家主义的大本营，从费希特、黑格尔到尼采，国家至上、民族至上的观念一直不绝如缕。在20世纪上半叶的中国思想界，源出于德国的国家主义思潮产生了较大的影响，并在相当程度上促成了中国的"战国策派"。按照现代的思想谱系，"战国策派"可以归属于国家主义；按照华夏固有的思想谱系，"战国策派"则可以归属于新法家。

在国家主义之外，新法家所依赖的思想资源还可以在更加宽广的视野与空间中去寻找。譬如，梁启超以"法治主义"描述旧法家，并在《管子传》中把"法治主义"的发明权归属于管子，这样一些定位可以反过来理解：外来的法治主义或法治理论、法治学说，也是新法家所依赖的思想资源。我们再看前面提到的魏源，他被人称为"法家"，他所依赖的思想资源既见于他的《诗古微》《书古微》所承载的"中学"，更见于他的《海国图志》所承载的西学，透过这部篇幅巨大的著作，我们可以看到，魏源对西方的民主制度及其学说有一些初步的理解，也有积极的评价。

（三）从新旧经济基础的差异看新旧法家之异

上文提到，商鞅精于"务耕织，修守战之具"。这说明，旧法家追求富国强兵的方式主要表现为"耕织"与"修守战之具"。《商君书》中的篇章及其次第，也可以表明，商鞅为了发展经济而采取的措施，首先是"垦草"，也就是开荒种粮。先秦法家文献中的这些细节可以解读为：旧法家是华夏早期农耕文明的产物，其经济基础是农耕经济以及农耕生产方式。至于"修守战之具"，大体上不出修筑城墙，以及打造战车、刀剑、盾牌之类。这样一些军事设施都是农耕经济、农耕社会的产物。从这个角度来看，旧法家主要是农耕时代的法家。

但是，新法家却是近代工业文明的产物。我们看魏源的"师夷长技"。他所说的"长技"，主要是指"坚船利炮"，这就不是农耕社会能够生产的。无论是"坚船"还是"利炮"，都是近代工业的产物。在洋务运动中兴办的江南机器制造总局、福州船政局、天津机器局，等等，都是近代的军事工业，这些机构生产出来的大炮、枪械、弹药、水雷，都是"热兵器"，较之于商鞅关注的冷兵器，已经发生了根本性的变化。为了能够生产、运用这些作为新式"守战之具"的"热兵器"，洋务派还设立了北洋水师学堂、江南陆军学堂等一大批军事学校，旨在为这些新式的"守战之具"提供配套性的技术支撑。

近代工业不仅见于军事工业，还见于民用工业。譬如，李鸿章1872年建立的轮船招商局，左宗棠1880年设立的兰州织呢局，不仅推动了中国近代民用工业的发展，而且还促成了中国近代工商社会的生成。换言之，与近代工业相伴随的，还有近代工商社会的兴起，以及工商阶层地位的上升。在旧法家看来，"商工之民"乃"邦之蠹也"，是需要清除的"五蠹"之一。但是，像李鸿章、左宗棠这样的国家重臣却大兴近代工商业；前面提到的清末状元张謇，则变成了一个标准的、典型的、成功的"商工之民"。简而言之，从商鞅等人的"务耕织"到李鸿章等人的"务工商"，亦可以展示新旧法家之异。

从农耕经济、农耕社会与工商经济、工商社会之间的差异看新旧法家的差异，体现了历史唯物主义的方法论。按照马克思主义的唯物史观，经济基础对于上层建筑具有决定作用。从先秦时代到近代，中国的生产力、生产方式、经济形态、经济制度都发生了根本性的转型，其间的差异，既可以说明新旧法家之异，也可以从历史唯物主义的角度解释新法家不同于旧法家的经济根源。

四、结语

关于新旧法家之异的比较，以及关于新旧法家之同的理解，乃是一个开放性的主题。除了上文所述，还可以从更加宽广的角度来分析，这里不再展开。在这里，仅仅略微补充两点，以之作为本文的结语。其一，前面谈到的新法家，主要是 19 世纪中晚期至 20 世纪中叶的新法家。其实，新法家在 20 世纪中叶以后还有新的发展与延伸，对于这个阶段的法家，我在《法家三期论》一书中，已有专门的论述，我已把它归属于法家第三期。如果把第二期法家称为新法家，那么，把第三期法家称为"新新法家"，似乎也是一个可以考虑的选项。其二，让我们重新回到本文开端所表达的关切。本文的讨论，虽然旨在阐明新旧法家之异同，但是，这番讨论也是服务于"重新认识法家"这个主题的。那么，本文关于新旧法家异同之比较，对于"重新认识法家"贡献了什么呢？对于这样一个自我设定的问题，我想在此提供一个简要的回答，那就是：法家主要是一种思维方式。尽管我们很难确定哪些人是法家，很难划定法家人物的范围，但是，法家作为一种传统，作为一种文化，它有特定的思维方式，那就是我在前面所说的法家的精神实质或构成要素。从这个角度来说，我们今天重新认识的法家，乃是作为一种思维方式的法家。

（原载《国学学刊》2022 年第 3 期）

学术的归学术，娱乐的归娱乐

近年来，一些知名高校不断爆出一些娱乐化的新闻，引起了社会舆论的广泛关注。媒体上的各色评论，再加上坊间的私下议论，也许提高了这些高校的受关注度，也许还恰好实现了这些高校的当事者的初衷：我们就是要通过这种娱乐化的方式，产生广告效应，吸引社会公众的注意力。

能够成为社会舆论关注、议论的焦点，对于一所大学来说，也许是一件好事；但也不一定。因为，"受关注度"与"美誉度"并不能等同，关键是要看以什么样的方式引起人们的关注。像爱因斯坦那样，在物理学方面做出划时代的贡献，从而引起全世界对爱因斯坦本人、对他所在的普林斯顿大学的持续关注，这对于普林斯顿大学来说，当然是一件好事情，因为这样的关注明显地提升了大学的美誉度。但是，以搞笑的、夸张的方式，以娱乐界明星惯用的方式来吸引公众的注意力，对于一所大学来说，很可能是一个得不偿失的馊主意，因为你给人们展示的，主要是一个娱乐明星的形象——而且还是一个蹩脚的娱乐明星的形象。人们注意到了你的娱乐色彩，觉得你很好笑、很好玩，但是，你应当呈现出来的学术形象却被冲淡了，你成了一个漫画式、卡通式的形象。

我承认，大学也镶嵌在世俗社会中，大学也是世俗社会的一个组成部分，大学也应当向公众靠拢，应当让公众感到亲近；大学里的学人也是人，也有七情六欲，也有喜怒哀乐。这些都没有问题。但问题在于，即使是在一个脱魅了的世俗社会里，不同的机构及其人员，毕竟还是需要履行不同的社会角色，需要承担不同的社会功能。譬如，幼儿园的老师，在课堂上就应当举止活泼，就应当带领三四岁的小朋友做游戏，无论是声音、表情还是神态、体态，都应当适应幼儿的年龄特征；只有这样，才能满足幼儿园老师的角色需要。我们不能想象，像康德、黑格尔那样的大哲学家如果作了幼儿园老师，会出现怎样一个滑稽、尴尬的场面。但是，像康德、黑格尔那样的哲人形象，放在大学的殿堂里，就恰如其分，很合适。人们甚至会认为，大学里的哲学教授，似乎就应当像康德、黑格尔那样。很简单，这是社会分工与角色分化的必然要求。

当然，在大学里还聚集了众多的青年学生，他们在严肃的学习与研究之外，应当有娱乐，而且还要有丰富多彩的娱乐活动；校长、院长、教授以恰当的方式参与其中（譬如观看学生们组织表演的文艺晚会），都是应当的，都没有问题。但是，凡事都有一个"度"。大学的主事者承认、支持甚至参与学生的娱乐活动，不能异化为大学精神、大学形象的娱乐化，因为两者具有本质的区别。简而言之，前者主要体现了大学的宽容、自由，后者则体现为大学与娱乐圈的某种混同——在这种混同的背后，或许是某些大学的当事者对于娱乐圈明星所获得的喝彩与尖叫的羡慕？殊不知，喝彩与尖叫，本质上正是娱乐精神的产物。

虽然在当前这样的时代，我们已经很难指望大学成为全社会共同仰望的精神高地。但是，我们也很难接受大学与娱乐圈的混同，很难接受大学校长、院长、教授像娱乐圈明星那样，以滑稽的方式，甚至以不堪的方式，成为社会公众茶余饭后的笑谈。大学是干什么的？按照《大学》的界定，"大学之道，在明明德，在新民，在止于至善"。我们虽不必刻舟求剑，以这种古老的信条来要求今天的大学，但是，今天的大学显然应当以学术、思想、知识、智慧甚至德性回报社会、影响社会。在现代大学中，如果能够涌现出像朱子那样的圣贤，既立言又立德，从而为全社会树立一个学术的、思想的、知识的、智慧的、德性的化身或象征，当然是再好不过了。实在没有这样的圣贤，我们的大学也不宜抢娱乐圈的饭碗，不宜以娱乐化的形象呈现在公众面前，不宜以娱乐化的方式回报社会。大学和娱乐圈最好应当以不同的方式满足社会与时代的不同需要，因此，还是各尽其本分吧："让学术的归学术，让娱乐的归娱乐。"

让学术资源回归公共产品的本位

中国知网（简称"知网"）持续涨价，居然让北大图书馆这样的用户也感到难以为继。这样的现象，让我们有理由把目光转向知网：你们涨价的幅度是不是太大了？但是，知网也是振振有词：知网尊重别人的版权，知网采购的文献也是要付钱的，知网采购的外文资源价格更高，此外还有运行费用，这些成本都需要知网的用户来分担，因此，涨价是不可避免的。

一些高校图书馆采购数据库的经费预算追不上知网的涨价步伐，这确实给高校师生带来了一些困扰。我相信，就这个具体问题而言，尤其是对于北大图书馆这样的用户而言，这样的问题最终都能够得到妥善的解决。但是，在这个特定事件的背后，我们却有必要思考这样一个普遍性的问题：到底应当如何看待学术资源的性质，像知网提供的学术资源，它们到底应当是商品？还是应当定位于公共产品？

如果它们是商品，学术资源的服务商与学术资源的用户之间，譬如，在知网与北大图书馆之间，就是平等的交易主体。知网提供的学术资源如果确实是便捷好用的资源，那么，它要求用户支付较高的使用费，就是合理的，也是合法的，因为优质必然优价。在这样的格局中，需要法律主动干预的核心问题可能就是垄断与反垄断。如果知网在学术资源的汇聚与服务中，确实已经占据了某种垄断的地位，同时又充分发挥这种垄断地位，肆意抬高价格，以获取高额的垄断利润。如果属于这种情况，维护公平交易的机构就可以主动介入，以法律规定的方式抑制其垄断价格。

学术资源可以进行交易，确实具有商品的属性。办大学，办研究机构，都需要经费的投入。在投入的经费中，有一部分用于购买像知网这样的学术资源，本质上就跟采购纸质图书及其他办公用品一样，都是办大学、办研究机构应当支付的成本。这是现状，也是常态，任何人都是可以理解的。

但是，如果我们谋事谋一百年，如果我们不把"百年树人"当作一句戏言，如果我们"风物长宜放眼量"，那么，学术资源的商品属性就可能发生动摇。让我们想一想19世纪中叶的伦敦大英博物馆，那里的学术资源也许是那个时代全球最富饶的。马克思就是通过利用那里的学术资源，成为一代思想巨人的。然而，值得注意的是，大英博物馆对马克思是免费开放的，对其他任何人也是免费开放的。任何人，只要你有意愿运用那里的学术资源，它都欢迎你。因此，大英博物馆汇聚的学术资源并非商品，而是公共产品，它免费服务于国家，服务于社会，也服务于像马克思这样的外国人。

19世纪的大英博物馆汇聚的学术资源，在当时可能是较新的、较好用的。这就像现在的知网，汇聚的学术资源也是较新的、较便捷的。正是由于这个缘故，今日中国的大学与研究机构养成了对于知网的依赖性，知网的重要性也因此而形成。然而，19世纪的大英博物馆都可以成为向社会免费开放的公共产品，像知网这样的机构都能够汇聚起来的学术资源，为什么不能成为免费开放的公共产品呢？

事实上，向社会免费开放的学术资源已经不少了。国家图书馆，各省市县的公立图书馆，早已向社会免费开放了。这就是说，公立图书馆汇聚的学术资源，早已成为货真价实的公共产品了。这是社会文明进步的标志。但是，这还不够。因为，图书馆虽然已经免费开放了，但它不够便捷，使用图书馆的成本还是比较高的。譬如，我自己家住北京，但我很少使用国家图书馆，原因在于：到国家图书馆借一本书，往返一趟，路上耗费的时间就得两三个小时，这还不算交通费用。但是，像知网这样的电子学术资源就便捷多了，运用电脑与手机，随时随地都可以获取。高校师生如此看重像知网这样的学术资源，原因就在这里。

国家既然可以举办免费的纸质图书馆，根据同样的逻辑，国家也可以举办像知网那样的免费的电子图书馆，让数据化的学术资源回归公共产品、天下公器的本位。如果能够做到这一点，对于我们这个民族的文化，将会产生难以估量的滋养作用。

（原载《社会科学报》2016 年 5 月 19 日）

走出科研经费管理的困局

中国科学院院士李某挪用科研经费一事，引起了媒体与学界的持续关注。这样的典型事件既拷问科研人员，同时也拷问现行的科研经费管理方式。

科研人员将科研经费挪作他用，把应当用来购买实验仪器的钱用来购买字画或其他，让科学研究失去了经费保证，当然是一种需要追究责任的行为。从法律上说，一个科研项目的立项，就形成了一个契约：资助者向研究者支付一笔经费，研究者运用这笔经费，完成向资助者承诺的研究任务。如果科研经费来自公共财政，那就是国家与研究者之间的契约；如果科研经费来自企业，那就是所谓的横向课题，研究者如果不能完成预定的研究任务，作为出资方的企业也会要求追求研究者的违约责任。对于科研人员来说，没有按照合同的约定完成预定的研究任务，无论在法律上还是在道德上，都不能得到豁免。

然而，制度更具根本性。相对于科研人员的问题来说，科研经费管理制度中存在的问题更值得注意。科研经费作为支持、资助科学研究的经费，既应当用于购买设备，同时还应当用于支付科研人员的劳动。现有的科研经费管理制度，对科研人员的劳动关注不足。科研经费可以用于买电脑，买打印纸，买飞机票，买火车票，但绝不能用于吃饭，通常也不能支付科研人员的劳动。这是有问题的。科研经费首先应当支付的费用，是科研人员的劳动。

这在哲学、人文科学、社会科学领域尤其明显。研究朱子哲学，严格说来，只需要研究者投入时间、精力、脑力劳动就可以了。几乎不需要买电脑，甚至也不需要买飞机票。如果研究人员成天东奔西跑，像"华威先生"那样出入各个场子，他还有时间、精力、心情沉潜于朱子哲学吗？譬如钱锺书先生，他的研究方式就是安静地坐在书桌前，仅此而已。如果给钱锺书先生立一个科研项目，科研经费 10 万元，我想，他的科研经费大概很难花得出去。

现在，科研人员可以申请的科研经费渠道较多，经费的数额也增长了不少，但是，科研经费的管理方式仍显僵化。譬如，去外地调研，既需要有往返的机票或车票，还必须有与之相配套的住宿发票。如果你晚上在农民家里借宿，没有住宿发票，那么，你的机票或车票也不能报销。

科研经费的管理应当有助于激发科研人员的科研热情和创造力。只要他能够做出事先承诺的研究成果，钱怎么花，是他自己的事情，政府或科研管理者不必过多干预。如果政府对他不放心，或者认为此人心术不正，那就不给他项目好了。用人不疑。既然认为此人值得信赖，值得托付，那最好在科研经费的使用上听之任之。

与此同时，实行严格的成果评审制度，强化科研管理中的结果导向。我给你 20 万元的科研经费，你做出一个双方约定的研究成果。这个成果是否达到了预定的质量，资助方可以组织严格的评审。评审通过了，资助方的目标就实现了，研究人员的任务就完成了。这就是说，在科研管理特别是在科研经费管理中，核心的管理任务，是审查研究者是否完成了预定的研究目标，是否取得了预定的研究成果，而不是研究经费的使用方式。把管理的重心放在研究经费是否被"挪用"，是一种本末倒置的做法。

实现结果导向的科研管理机制，淡化科研经费使用方式的管控，增强科研人员在科研经费使用中的自主性，维护科研人员的尊严，激发科研人员的创造能力，是走出科研经费管理困局的正道。

（原载《社会科学报》2014 年 9 月 11 日）

堵塞终身教授制度的漏洞

最近，历史学家章开沅先生请辞终身教授一事，引发了学界对终身教授制度以及院士制度的高度关注。我的看法是，此事不宜"翻烧饼"，不能否定终身教授制度的正面意义。

从总体上看，国家和有关学术机构设立终身教授制度，具有多方面的积极意义。一方面，它是一种荣誉性的制度安排，是对长期从事学术研究并取得突出成就的学者的一种制度性褒奖。在通常情况下，这种奖励性制度能够产生正面的激励作用。目前，我国人文社会科学领域还没有设立院士制度，终身教授近似于院士。获得终身教授的称号对于很多人文社会科学领域的学者来说，是自己的学术贡献得到承认的一个重要标志。另一方面，终身教授还有助于传承学术，尤其是在学术精神的传承上，终身教授制度能够发挥正面的效应。必须看到，人文学术具有强烈的个性特征。"人"以"文"传，"文"也以"人"传，"人"与"文"并不能截然分开。一个德高望重的终身教授，本身就是学术的象征。他的在场就是某种学术精神的在场，他的"不在场"将形成明显的"空白"。终身教授这种制度，就意味着一个杰出学者始终"在场"。他的在场对于一个学术共同体来说，对于某个特定的学术领域来说，能够产生某种积极的精神力量。

可能有人会说，没有终身教授制度，一个学者即使退休之后，仍能够起到应有的作用。我的看法与此不同。因为，现在已经不是孔子的时代了。现在的学术生产、学术消费、学术传承已经完全体制化了。一个学者退休之后，如果还想发挥"余热"，也需要借助某种制度性的载体、体制化的设置。终身教授制度其实就是学者发挥

"余热"的制度性载体、体制化设置。

终身教授制度有没有问题？当然有。"毒药一家""是药三分毒"，人类创造的任何制度都有它的"毒副作用"。终身教授制度也不例外。譬如，终身教授可能会占用较多的学术资源，有一些终身教授可能还存在着这样那样的问题。但是，不必求全责备。就占用较多学术资源而言，在通常情况下，这正是终身教授所拥有的学术影响力的具体表现。更何况，学术资源本身就不可能在所有学者之间进行完全平均的分配——那样做既不必要，更不可能。至于某些终身教授身上存在的这样或那样的问题，有的是个性使然，有的是历史原因造成的。我想，只要大节不亏，就不必过度纠缠，更不必用理想中的圣贤标准来要求当代的终身教授。

具体到章开沅先生的"请辞"行为，我认为这是一个令人钦佩的选择。但是，这种选择不必成为终身教授们的法定义务，甚至不必成为终身教授们的道德义务。因为这样的选择在相当大的程度上出于个人的生活信念。对于某些荣誉，对于某些资源，对于某些机会，不同的人有不同的看法，进而做出不同的选择，都应当得到尊重。譬如，当年的庄子毫不犹豫地辞掉了楚国的高位与重利，我们很尊重他。但是，当年的孔子在列国之间奔波"求仕"，希望获得施展政治抱负的机会，我们同样也很尊重他，孔子的"求仕"行为并没有妨碍他的圣贤气象。在当代，莫言领取诺贝尔文学奖，我们替他感到自豪；法国人萨特坚决拒辞诺贝尔文学奖，也是一个令人称道的选择。

因此，对于当前的终身教授制度来说，与其简单地废除，不如耐心地完善；要看到这个制度的正面效应，要耐心地把这个制度的漏洞堵塞起来。

（原载《社会科学报》2014年4月17日）

中国高校能否迎来"祛等级化"时代

最近，取消高校分级、实行合并录取的相关信息引起了学界、社会各界的普遍关注。有的地方取消了二本与三本的划分，有的地方取消了一本与二本的划分。虽然还没有听说哪个地方取消一本、二本、三本之间的划分，但是，这样的趋势已经显现出来。既然一本、二本可以合并录取，二本、三本可以合并录取，那么，同时抹去一本、二本、三本之间的界线，似乎不应该有什么障碍。中国的高校，似乎已经迎来了一个"祛等级化"的时代。

数十年来，我们习惯于把高校分为一本院校、二本院校以及随后兴起的三本院校。这种等级化的高校体制，在特定的语境与逻辑下，也许具有一定的合理性。譬如，它方便对于高校的分级管理，它符合现行体制下的资源分配方式，它方便招生工作的有序展开，它还显示了公办高校与民办高校之间的不同身份，等等。但是，从长远来看，在高校之间划分等级，会招致诸多方面的负面后果。

最明显的问题在于，它妨碍了高校之间的正常竞争。一些二本院校，由于身份的限制，在汇聚优秀师资、招收优秀学生，特别是在筹集办学经费方面，较之于一本院校，处于不利地位。有一些用人单位，甚至直接提出，更愿意录用一本院校的毕业生；有一些研究生招生单位，也把优先录取一本院校本科毕业生作为自己的基本原则。这些几乎可以说是涉嫌身份歧视的规则与原则，都是高校分级体制的衍生物，它们阻碍了二本院校、三本院校的发展空间，妨碍了高校之间的公平竞争。

分级制度不利于每个高校充分发展自己的个性与特色。试想，某个重要人物之所以不可替代，是因为他拥有某些其他人不具备的特殊才能，他的个性与特殊才能让他不可替代。一所高校也是这样。如果一所高校在某个领域拥有其他高校所不具有的特色与优势，那么，这所高校在这个领域，就处于不可替代的重要地位。然而，等级化的高校体制很容易导致千篇一律、千人一面。因为，在等级化的高校体制下，评价一个高校的外在标准主要体现为：你是一本院校还是二本院校？一本院校就好，二本院校就不那么好，至少没有一本院校好。一所二本院校发展的目标，首先是成为一本院校，而不是成为一个有个性的、不可替代的院校。

此外，在高校分级体制下，三本院校面临的竞争压力更甚于二本院校。三本院校主要是民办高校，把民办高校称为三本院校，就好像把民营企业称为三级企业一样。企业可以有国有企业与民营企业之分，但是，我们不能把央企称为一级企业，把省市国资委主管的企业称为二级企业，进而把民营企业贬为三级企业。同理，高校可以有公立高校与民办高校之分，但是，民办高校并不是低于公立高校的"第三批次"。因为，"第三批次"就意味着"第三等级"。

在社会管理中，划分等级是维护秩序的一种常见的制度安排，其意义不能完全否定。但是，高校制度中的等级划分则是一个弊大于利的制度。中央与地方的有关机构也许已经意识到这个问题，因而在推动高校祛等级化的方向上做出了一些努力。这当然是好事情。但是，不同等级的高校在招生环节上的合并，还仅仅是中国高校在祛等级化的方向上走出的第一步。这样的合并其实并没有从根本上动摇等级化的高校体制。主事者能否进一步推动中国的高校从根本上实现祛等级化，还是一个很难预期的目标。因为，等级化的高校体制负载了太多的利益。等级化的高校格局就是一种已经趋于固化的利益格局。要打破这样的利益格局，面临的阻力可想而知。但是，中国高校的祛等级化，又是一个不容回避的现实问题。如果要提升中国高校的创新能力、竞争能力，如果要激发中国高校的活力，祛等级化是一条必由之路。

（原载《社会科学报》2016年10月13日）

在文明的交汇处思考

——2017 年 9 月 6 日在首都经济贸易大学法学院 2017 级
新生开学典礼上的致辞

　　各位老师，2017 级各位新同学，大家下午好！今天是 9 月 6 日，这是各位同学与首经贸法学院的各位老师正式见面的日子。法学院在这个平凡而特别的下午，举行这样的开学典礼暨师生见面会，是想特别凸显各位同学人生旅程中的一个标志性时刻。对于本科生同学来说，在此之前，你还是中学生，从今天开始，你是首经贸法学院的本科生；对于硕士生与博士生同学来说，这个时刻标志着你的求学之路又迈上了一个新的台阶，你将在法学院老师的指导下，完成你的学位论文。无论是本科生同学还是研究生同学，对你来说，今天都是一个值得记忆的闪亮的日子。很多年以后，你会不胜今昔地想起：我是在 2017 年的 9 月 6 日的下午，正式见到了首经贸法学院的全体老师。

　　看看你的计时器，现在是下午四点半，就在这一刻，你在首经贸法学院的时光正式开始了。你将如何雕刻这段时光？在这个蕴含了无限可能性的时间节点上，你该怎样思考自己的未来？对于这个问题，法学院的各位老师，当然会给你各种各样的指导。在这里，我给你提供的建议是，你要在文明的交汇处思考自己的未来。

　　你来到首经贸法学院，是要学习法学专业的。大学虽然强调专业学习，但大学也强调通识教育。"通识"是什么意思？通识就是融会贯通的知识，就是与生命息息相关的知识，就是与任何职业都不可分割的知识。通识的核心就是要通。"通"什么？既要了解外来知识，也要了解本土知识。你回忆一下，一百年前的中国，当时所谓的新文化，其实就是外来文化，所谓现代化，主要就是西化与欧化。但是，一百年来的实践证明，借鉴外来文化必须与中国固有文化结合起来，才可能满足当代及未来中国的需要。

你在首经贸学习法学，你要知道，有些法律是东西方共通的，但有些法律是中国固有的。你要把法学这个专业学好、学透、学到家，你既需要理解西方文化，你还需要理解中国文化。你要把中国文化作为你的纵坐标，你要把西方文化作为你的横坐标。你思考一个问题，你选择自己的未来，你都需要看一看，你的选择在横坐标上对应的数值是多少；你更要看一看，你的选择在纵坐标上对应的数值是什么？你不能只看一种数值。你要自觉地站在中外文化的交汇点上。你要知道自己所站立的坐标体系是什么，自己在这个坐标体系中的位置在哪里。一只猴子，它每天在树枝上跳跃，但它并不知这棵树的地理方位；一个原始人，他每天打猎或捕鱼，但他不知道今夕是何年。这就是人与动物的区别，这就是文明与蒙昧的区别。这些区别提醒你，你对未来的选择，在文化的纵坐标与横坐标上的数值，都必须是正数。

有一些人，食洋不化，认为外国人说的，都是对的。还有一些人，食古不化，以为中国古人说的，都是对的。这两种思维方式，都是偏颇的。因为他们只看到了一种文化，他们的思维与判断，既包含了傲慢，又充满了偏见。有一本名著叫《傲慢与偏见》，这个书名恰好描述了这种思维方式。傲慢与偏见的根源，就是没有文明交汇的意识。各位同学在进入首经贸法学院的初始时刻，我希望你们能够克服这样的傲慢与偏见。对于这样的傲慢与偏见，始终保持某种反思、质疑与批判的态度。

要克服傲慢与偏见，需要你站在文明的交汇点上思考问题。站在文明的交汇点上，既是一种意识、愿望，也是一种能力。如何培养这样的能力，如何才能站在文明的交汇点上思考自己的未来？我的回答是：只能通过学习。这就是各位同学的当务之急：在专业学习的过程中，对各种主流文明都要有亲切的理解。要学会与孔子、孟子交朋友，要学会与苏格拉底、柏拉图交朋友，要把他们拉到你的朋友圈里。要倾听他们的谈话，还要跟他们对话。要理解他们说话的语境与针对性，要听懂他们的言外之意。

各位同学，你选择了首经贸法学院，这是你对我们法学院的信任。面对这份信任，我们法学院的各位老师会帮助你实现你的美好未来。你的美好未来绝不能狭隘地理解为升官发财。美好未来的含义是：一个自信而从容的人生，既有厚度，也有宽度，进退有余裕，能够坦然面对一切，在任何突发事件来临之际，都不至于惊慌失措、呆若木鸡。我相信法学院各位老师的精心指导，能够给你足够的底气与勇气。为了让你在几年后的毕业典礼上，能够以成熟而稳健的步履，走出首经贸法学院，走向你的美好未来，希望你从今天开始，跟随你初识的老师，走出正确的第一步，以及随后的每一步。谢谢。

沿着正道直行

——2018 年 7 月 5 日在首都经济贸易大学法学院
毕业典礼上的致辞

    尊敬的各位老师，尊敬的各位家长，亲爱的各位同学，大家下午好！欢迎并感谢你光临首经贸法学院 2018 年的毕业典礼。这是首经贸法学院一年一度的最正式的盛典，这也是一场见证收获的盛典。2018 年毕业的各位同学，为了这一刻，你们的老师已经期待了多年，你们的父母期待的时间更长。现在，今天，此时此刻，他们期待已久的事情，终于成了。同学们，你们毕业了，你们在首经贸法学院获得了学士、硕士或博士学位，你们几年以前的梦想，终于变成了现实。祝贺你们！

    同学们，这个毕业典礼既是祝贺你们毕业的典礼，也是欢送你们离校的仪式。这个典礼结束之后，你们将在转瞬之间，从首经贸法学院的学生变成首经贸法学院的校友。依依惜别之际，请允许我问一问你们的志向。如果我让大家各言其志，你会怎么说？同学们的回答肯定是五花八门的。没关系，这是极其正常的。在这个多元的时代，在这个强调每个人自由而全面发展的时代，每个同学都有自己的追求，这是正当的，甚至是值得鼓励的。但是，今天我想跟各位同学共勉的是，无论你追求的目标是什么，从离开首经贸法学院的第一天开始，你都应当正道直行。

    什么是正道？为什么要走正道？让我告诉你一个春秋时期的典故。有一回，鲁国的季康子向孔夫子求教：请问如何搞政治？以今天的眼光来看，政治就是众人之事。季康子提出的问题其实是：如何把众人之事做好？如何做好公共事务？你们都熟悉孔夫子的回答："政者，正也。子帅以正，孰敢不正？"至圣先师的意思是，政治就是端正，就得正道直行；要做好众人之事，你自己要先走正道；如果你能首先端正自己，谁敢走歪门邪道？不能正己，焉能正人？你自己东倒西歪，怎么可能做好众人之事？

　　孔夫子讲的一个关于正道的大道理，大家听了，可能觉得不接地气。那好，我再讲一个关于直行的小道理。这是我自己的亲身经历。那是十几年前，我去一家驾校学习汽车驾驶。第一次上教练车，第一次自己发动汽车，第一次手持方向盘，第一次脚踩刹车、油门、离合器，我很紧张。汽车往前开动了，我紧张地看着车头，我紧张地判断车头是否对准了我预期的方向。我拿不准，我紧张地请教坐在旁边的教练：如何才能准确地判断车头的方向？没想到，教练竟然极为轻松地说：千万别看车头，你要看稍远的地方，你就很容易判断汽车是不是在直接驶向稍远处的目标。我照着教练的话尝试了一下，果然！从此以后，我开车再也不看车头。我把教练的要求稍作抽象，其实就是，不能只看眼前，不要纠缠一些不相关的事物，要看到一个稍远的地方，要直接奔向那个稍远的目标。这就是我关于直行的非严格的解释。

　　正道直行的实际含义是，尽量不要走弯路，至少也要少走弯路。我读过一些著名人物在晚年写下的回忆录，其实也是忏悔录，说来说去就是一个意思：悔不当初。这些忏悔录旨在告诉读者，他们自己走了一条很弯很弯的路，不仅是精力、身体、人格尊严全面受损，他们甚至都不能原谅自己。这样的前车覆辙，可以从相反的方向，折射出正道直行的价值与意义。商界人士常说，"在商言商"，今天，在法学院，我"在学言学"，以学术研究为例，可以看到，在当代学术史上，很多人都称赞钱锺书所取得的巨大的学术成就。但是，钱锺书的秘诀其实很简单，就是尽可能不走或少走弯路，在自己能够选择的情况下，他把所有的时间与精力，都放在正道上，他直接走向自己的学术目标，钱锺书的学术之路，是正道直行的典型，是对正道直行的生动诠释。

　　你可能会问，在面临多种选择的时候，我怎么知道哪是正道？

哪是歧途？如何选择才能走上直行的正道？确实，这是一个很难回答的问题。在这里，我愿意给同学们提供一些简易的判断标准：你现在做出的选择，你可以设想一下，10 年以后，20 年以后，50 年以后，是否还站得住？如果你把你的选择告诉首经贸法学院，是否能够得到老师们的认同？你是否意识到，你选择什么，什么就是你。对于一个年轻人来说，选择一条可以直行的正道，有时候确实很困难，但是，正是这样的选择，才是测度一个人的试金石。一个人的才、学、识，眼界、格局、胸怀，正是通过他的选择体现出来。你很容易看到一个人做了什么，但你也要注意观看一个人没有做什么。你很容易看到钱锺书写了《围城》《谈艺录》《管锥编》，但你可曾想过，钱锺书没有做什么，他没有参与什么；在多少场合下，他是不在场的，他是缺席的。

　　没有做什么，就是放弃，就是拒绝。对于正道直行来说，就是放弃弯路，拒绝歧途。但是，正道直行绝不仅仅意味着消极的放弃，正道直行的核心价值，还在于积极的行。在正道上往前走，哪怕每天走上一小步，也是非常可喜的成就。首经贸法学院将会耐心地打量你在正道上直行的每一个脚印，首经贸法学院将会永远注视着你在正道上直行的每一个身影。希望你不论在经历人生的哪一段行程，只要你回头，只要你愿意，你都能够回想起 2018 年的那个夏天，首经贸法学院给你的毕业赠言：沿着正道直行。谢谢。

做"斯文在兹"的见证人

——《首经贸法学评论》发刊词

　　在法律人共同体中，很多人都有书记员的经历。我自己就有这样的经历，时间大致是一年，地点是在检察院。因而，书记员是很多法律人共享的职业记忆、身份记忆。一方面，司法过程离不开书记员。司法实务的从业者可能担任书记员。通过书记员的记录，一个个的案件固化成了一册册可以查阅、可以验证的卷宗。另一方面，从写意的角度来说，法学理论的研究者其实也是"书记员"，他们虽然不做询问笔录、庭审笔录，但是，他们是时代的书记员，通过他们的记录，一个时代的精神浓缩在一篇篇法学论著里。

　　如何才能理解一个时代？譬如 20 世纪 80 年代或 50 年代，譬如 18 世纪后半期，譬如朱熹的时代，譬如春秋战国时代？面对这样的问题，人们最容易想到的答案，是阅读那个时代的史书。像《史记》《汉书》这样的正史，是人们理解一个时代的基本资料、常规资料。进入现代社会以后，人们既可以通过年鉴之类的资料理解一个时代，也可以通过报刊、视听资料理解一个时代。最近几年，随着微博、微信的兴起，这些新媒体也成了记录时代的新工具。

　　在各种资料中，学术思想论著对于时代的记录功能、阐释功能尤其值得注意。因为，新闻报道、年鉴汇编给世人、后人展示的，主要是一个时代的现象或表象。即使是所谓的"深度报道"，通常也只是报道一个事件背后更深层次的利益纠葛。即使是秉笔直书的"正史"，通常也只是记录一个时代发生的所谓重大事件——重大事件依然只是事件。相比之下，学术思想论著则是关于时代精神的记录。因而，要理解一个时代的精神实质，学术思想论著的价值与意义不容忽视。

譬如，倘若我们要理解19世纪上半叶，当然可以看《清史稿》中的相关章节。但是，龚自珍写下的著作可能是更逼真、更清澈的时代精神的镜子，因而，通过阅读《龚自珍全集》，能够更好地理解19世纪上半叶的精神实质——我个人的一点私见是，龚自珍的作品最为精准地反映了19世纪上半叶的时代精神，很难找到出其右者。再譬如，倘若我们要理解汉武帝时代的精神实质，董仲舒的著作也许比班固的《汉书》更加值得注意，汉武帝时代最为核心、最为紧要的问题，见之于董仲舒的作品中。也许正是因为这个缘故，《汉书》大段地摘录了董仲舒的论著，这也是班固的高明之处，也是班固史识的证明。试想，绕开了董仲舒作品，你如何解释汉武帝时代？

从表面上看，学术思想著作没有或较少记录一个时代的具体事件，可能没有数字，可能没有细节，甚至可能很抽象、很枯燥，甚至可能不那么"接地气"。但是，学术思想著作的抽象性，源于它是关于时代精神的高度概括，是对时代的萃取。抽象的学术思想著作，正是学者们、思想家们去粗取精、去伪存真、由表及里地阅读时代的结晶。

在各种各样的学术思想论著中，法学论著对于时代的记录，具有特殊的功能。法学论著的形态虽然五花八门、形形色色，但是，所有的法学论著，都是对一个时代的文明秩序的表达、说明、分析、批判。分别来看，部门法学论著聚焦于文明秩序的细节或褶皱，是关于一个时代文明秩序的近距离的记录——譬如马克思的《关于林木盗窃法的辩论》。相比之下，宪制理论著作、法政哲学著作侧重描绘文明秩序的原理，勾画出一个时代蜿蜒起伏的轮廓，因而是关于一个时代的文明秩序的远距离的记录——譬如马克思的《黑格尔法哲学批判》。远观与近看，反映了法哲学与部门法学记录时代的不同方式。

关于法学论著与时代精神的关系，我们还可以换个角度来审视：探讨微观法律技术的论著，记录的是一个时代的毛细血管，它可以让一个时代纤毫毕现。研究中观法律制度的论著，记录的是一个时代的基本骨架。至于阐释法律思想的法哲学论著，记录的则是一个时代的灵魂与精神——康德的《法的形而上学原理》、费希特的《自然法权基础》、黑格尔的《法哲学原理》，都可以归属于这样的法学论著。把各种各样的法学论著汇聚起来，足以反映、烛照、记录一个时代的各个侧面。因而，一个时代的法学论著，实为那个时代的一面镜子。

多年来，我一直在琢磨这样一个问题：对于一个法学研究者来说，为什么写作？为什么创作法学作品？人们会说，研以致用，是为了解决实际问题，是为了服务于这个时代的法治实践。这样的说法固然不错。但是，创作法学作品的意义还不止于此。法学论著既有助于解决实际问题，同时也是在记录一个时代。时代正是因为有记录才成为文明。正是在这个意义上，法学论著的创作者或法学理论的研究者，可谓一个时代的书记员，亦是"斯文在兹"的见证人。

我们这个时代在寻求文明，我们这个时代需要记录，因而，我们这个时代需要更多的时代精神的书记员。为了培养、造就我们这个时代的书记员，首都经济贸易大学法学院的研究生、本科生共同创办、编辑了《首经贸法学评论》，以之作为首经贸法学院的学生刊物，以之作为首经贸法学院青年学子与社会各界相互砥砺的公共平台。在这本刊物初生之际，我希望她能够得到各方面的支持与帮助。同时，也期待这本刊物的主事者们持之以恒，守先待后，薪火相继，以首经贸法学院的名义，以时代书记员的名义，以"斯文在兹"见证人的名义，惟精惟一，编好记录时代精神、时代文明的每一篇、每一卷。

（原载《北京日报》2016 年 10 月 31 日）

东吴印象

2015 年 6 月 5 日，东吴大学法学院举行建院一百周年庆祝活动，同时召开以比较法和英美法为主题的学术研讨会。受洪家殷院长邀请，我赴台躬逢其盛。在台数日，所见点滴，略知东吴。

东吴大学是一所私立大学，1900 年初创于苏州。东吴大学的法科由美国人兰金（Rankin, C. W）于 1915 年创设，最初的办学地点设在上海的昆山路中西书院旧址。1927 年，东吴大学法科改制更名为法律学院，吴经熊担任首任院长。

按照法学史上流行的"北朝阳，南东吴"的说法，早年的东吴大学法学院在国内的影响是公认的。东吴法学院的声誉，由多个方面的因素共同促成。一方面，是它的英美法与比较法背景。根据吴经熊在《超越东西方》一书中的叙述，早期的东吴法学院所使用的教材是美国原版法学教材，教学语言是英语，教学方式也是美国式的。它几乎就是一所生长在中国的美式法学院。在 20 世纪早期的"文化位阶"中，这样的美式法学院具有的神奇魅力，不难想象，也可以理解。另一方面，是它与一些法政名人的学缘关系。譬如，潘汉典、倪征燠、卢峻等杰出人物曾经是它的学生，董康是它的教师，吴经熊、章孝慈是它的院长，丘汉平是它的校长，王宠惠是它的董事长，《法学季刊》是它的出版物，等等。由于众多标志性的人物，都与东吴法学院相关联，这就增添了东吴法学院的含金量与美誉度。

这次百年庆典，东吴法学院邀请了国内众多的法学界同仁，国外也有若干法学同行参加。在流畅的庆典仪式结束之后，是学术研讨会。与会者交流了关于比较法与英美法教育的不同理解。我自己向与会学者请教的，是比较法学的方法问题，题为"在比较法学的表象背后"。

学术研讨会的后半段移至东吴大学城中校区举行。东吴法学院就在东吴大学的城中校区。在法学院大楼的一楼大厅，高悬一行大字："养天地正气，法古今完人"。看来，这是东吴法学院的院训或座右铭（同样的文字，我在今日的苏州大学校园里，也曾见过）。不过，城中校区只是东吴大学的一部分。东吴大学的主校区设在城外的外双溪。

其实，我最早知道外双溪这个地名，却不是因为东吴，而是因为钱穆。因为，钱穆自20世纪50年代迁台之后，虽然几经辗转，但在相当长的一段时间，一直住在外双溪。原来，钱穆的双溪别墅就紧邻东吴大学，甚至说它就在东吴大学校内，似乎也不为过。借此机会，我当然会瞻仰已被辟为钱穆纪念馆的双溪别墅。

这是一栋两层小楼。它的影像，我在很多出版物中都已经见过。走进这栋小楼，它的陈设与我的预想差不多：楼下是客厅，还有一间较宽敞的房间已被布置成为小型的报告厅，可以举办一些小型讲座。楼上是钱先生的书房，以及先生与夫人的起居室。无论是从哪个房间看出去，都是树影婆娑，绿荫满目，远处则是青翠的阳明山。这真是一个读书写作的绝佳之地。晚年的钱先生有这样一个舒适的寓所，真是一代哲人之幸。

质朴之美

日前在坊间寻得一册百花文艺版的《汪曾祺散文选集》。翻开一看，篇目都很熟悉。有的被选进了《汪曾祺作品自选集》，譬如《沈从文先生在西南联大》；有的则被拍进了电视专题片，譬如《故乡的食物》。我摩挲半晌，还是把它买下带走。因为，汪先生已于年前去世了，再读读他的文字，也算是一份迟到的纪念。

记得日本作家川端康成的夫人秀子女士有一篇小文描绘川端先生，题目是"他有一双锐利的眼睛"，这话当然不错，就是用来泛指所有的优秀作家，几乎也是恰当的。试想，缺了那么一双眼睛，作家们怎么能在庸常的生活中捕捉那些常人不能见到的美妙之处？

汪曾祺先生无疑也有这样"一双锐利的眼睛"。通过他的眼睛，我们能发现什么呢？读完这本文集，我的体会是，质朴之美。

有人称汪先生是美食家，这大抵是有依据的。因为在这本集子里，就有好几篇专写食物。其中，在《咸菜茨菰汤》一文里，汪先生先写咸菜，后写茨菰："前好几年，春节后数日，我到沈从文老师家去拜年，他留我吃饭，师母张兆和炒了一盘茨菰肉片。沈先生吃了两片茨菰。说：'这个好！格比土豆高。'我承认他这话，吃菜讲求'格'的高低，这种语言正是沈老师的语言。他是对什么事情都讲'格'的，包括对于茨菰、土豆。"

写茨菰，其实是写沈从文先生。在不少文章里，汪先生都以学生的身份，以平淡、自然、家常的笔触，节制地回忆着沈从文先生：沈先生的某一次谈天，某一幅画，某一种小小的嗜好。譬如，"沈先生家有一盆虎耳草，种在一个椭圆形的小小钧窑盆里。很多人不认识这种草。这就是《边城》里翠翠在梦里采摘的那种草，沈先生喜欢的草。"这些写沈先生的文字，其实也是在写汪先生自己。特别是在最后一次告别沈先生的仪式上，汪先生写道："我走近他身边，看着他，久久不能离开。这样一个人，就这样地去了，我看了他一眼，又看了一眼，我哭了。"把沈先生评价成"这样一个人"，没有头衔，没有粉饰，没有夸张的伤感。

汪先生不但追忆了沈从文先生，对金岳霖先生、老舍先生、梁思成林徽因夫妇等诸位前贤也娓娓道来。他们的交往、风格和品味，与汪先生的文字一样，让人深味质朴之美。

还有一些专写市井的文字，也令人印象深刻。譬如，在《闹市闲民》一文中，汪先生记述了北京西单闹市中的一个七八十岁的老人：他不种花，不养鸟，很少遛弯儿。除了炸酱面，对其他食物毫无兴趣。一生经历的很多大事，却没有在他身上留下多少痕迹。"他平平静静，没有大喜大忧，没有烦恼，无欲望亦无追求，天然恬淡，每天只是吃抻面条，拨鱼儿，抱膝闲看，带着笑意，用孩子一样天真的眼睛"——在作者笔下，晚年的沈先生也有这样一双眼睛。

汪先生的散文取材广泛，不拘一格。最能体现这种特色的当属《白马庙》《昆虫备忘录》《葡萄月令》等几篇。且看作者在白马庙的生活："我上课之余，除了在屋里看看书，常常伏在窗台上看农民种田。看插秧，看两个人用一个戽斗戽水。看一个十五六岁的孩子用一个长柄的锄头挖地。这个孩子挖几锄就要停一停，唱一句歌。他的歌有音无字，只有一句，但是很好听，长日悠悠，一片安静。那时候我正在读《庄子》，在这样的环境里读《庄子》，真是太合适了。"这就是汪先生的文字，汪先生的生活。

到了晚年，汪先生对自己有了更清醒的认识："我是生长在水边的人，一个平常的，平和的人。我已经过了七十岁，对于高山，只好仰止。我是个安于竹篱茅舍、小桥流水的人。"（《泰山很大》）这段话，其实就是一个水边智者的自画像。

汪先生在谈到沈从文先生的散文时说："这些散文已是成熟期所写。成熟的标志，是脱去'矜持、浮夸、生硬、做作'。"在我看来，如果要把这几个特点归纳起来，其实就是两个字：质朴。以《道德经》中的话来说，就是"抱朴见素"。我以为，汪先生也一直是以这个标准来要求自己的散文创作的。

（原载《重庆日报》1998 年 11 月 9 日）

水母人生

水母是一种海生浮游动物，也是一种极其古老的动物，据说有几亿年的历史。不过，我对水母发生兴趣，并不是因为它历史悠久，而是因为它的美丽。就我个人的私见而言，在所有的海洋生物中，甚至在所有的生物中，水母也许是最美丽的物种。

水母的美，直观地见于它晶莹剔透的身姿。它总是优雅地浮动，不急躁，舒缓有度，从容不迫。它没有骨骼，看上去很柔软，用"柔若无骨"来形容，可谓实至名归。水母在外形上的美固然给人深刻的印象，但是，还有一种让人觉得它很美的根源也不可不察，那就是它生命的短暂。水母的生命周期不长，短则数周，长则数月，转瞬之间，那么美丽的生命就在这个世界上消失了。这种现象，让我想到了高君宇生前自题在照片上的几句话："我是宝剑，我是火花。我愿生出闪电之耀亮，我愿死如彗星之迅忽。"水母当然没有这般峻急，它绝不像宝剑，也不像火花，甚至不太像闪电之耀亮，但它确实有彗星般的迅忽。

相对于漫长的生命，短暂的生命似乎更容易呈现出美的极致，或者说，更容易给人带来美的体验。譬如，昙花的美在于它的"一现"而逝；升腾在夜空中的焰火，很绚丽，但也很短暂。相反，以长寿著称的龟，就很难给人以美的体验。一棵饱经风霜的松或柏，它带给人们的感受，与其说是美，还不如说是静穆。正是由于这个缘故，为了表达对已逝者的尊重，人们通常会在墓碑旁植一些松树或柏树，其寓意包括崇高、神圣、永恒、垂范久远之类，但一般不会包括美。因此，美的极致，总是与短暂的事物或现象相互关联的。那些悠久的生命，悠远的事物，在通常情况下，"美"都不是它们的核心特征。

水母的魅力还在于它的毒性。它是一种有毒的浮游生物，这就像陆地上的罂粟花，很美、很妖冶，但却是生产毒品的原材料。虽然没有听说有谁从水母中提取毒品，但是，它的美丽与它的毒性还是相互纠缠，构成了强烈的反差，这种反差给它的美披上了一层神秘的面纱。似乎越是毒性越诱惑，越是毒性越美艳。

就像松柏可以比拟劲节的人生，水母则象征着一种唯美的、优雅的、短暂的、有毒的人生。曾经流行一时的《上海宝贝》，宣扬的就是这样的人生："时髦、前卫、浮躁、无根"，"即兴与试验"，"玄惑、神经质、陌生、令人诧异而性感万分"，"他们在镜子前摸自己的脸想象鲜花如何盛开在自己的墓地，他们有病但都是漂亮宝贝"。因为放纵，因为无节制，因为追求刹那间的快感，他们中的一些人可能在很年轻的时候就死去了，还有一些人则走进了强制戒毒所。这样的人生，水母最懂。

一些人选择这样的人生，也许是出于对日常生活的不耐烦。他们通过水母式的人生，旨在向平庸的、日常的或格式化的生活表示抗拒或逃离。他们不愿意按部就班、循规蹈矩，不愿意陷入琐碎的油盐柴米。就像一条河，他们不爱宁静的河水，只爱河面上激起的浪花或飘浮的晨雾。不过，倘若从积极的方面来看，或者"拔高"来看，则可以说是对"艺术人生"的追求。譬如唯美的昆曲，一招一式，一颦一笑，一言一语，都特别讲究，虽然曲终落幕之后，人们还是得回到现实世界中来，但在演出过程中表现出来的人生，或者说观众所欣赏到的人生——譬如梁山伯与祝英台的人生，恰好也是一种水母式的人生。

水母式的人生虽然可以描绘，但却难以评说。它是一种例外的人生，它不是常态化的人生，但却丰富了人生的样态。

侍奉虚无

在《徒然草》第 190 段，吉田兼好写道："我每听人说'我一向独居'，就觉得其人不俗；听说其为某人女婿或要带回某女同住，就极其反感。我猜想，那人其实没什么头脑，竟把平常女子认作美人，一定要迎娶回家；如果女子确实是美人，则那人必定全心全意地侍奉着，就像我侍奉佛祖一样。"吉田兼好以僧侣的眼光，看到了男子的两难处境：对方要么只是平常女子，根本不值得迎娶回家。把一个平常女子迎娶回家，真是太不值了。根本就没有必要嘛。即使对方碰巧是真正的美人，把她迎娶回家依然不值，因为，既然是真正的美人，就得全心全意地侍奉，那不是自轻自贱、自找苦吃吗？更何况，生活中根本就没有真正且永恒的美人。吉田接着说："不管是何种女人，与她相处久了，也会心生厌恶。"因此，你全心全意地侍奉的那个"真正的美人"，其实也是一个虚拟的幻影，这就像吉田兼好侍奉的佛祖一样。吉田兼好嘲笑那些试图走进婚姻中的人没什么头脑。他自己就有头脑吗？他侍奉的佛祖到底在哪里？把一尊泥塑当作佛祖来侍奉，就好像把一个平常女子当作美人来侍奉，其实都是在侍奉虚无。人世间找不到真正的美人，人世间找得到真正的佛祖吗？美人是虚拟的，佛祖难道不是虚拟的？然而，人世间的万事万物，真正值得毕生去侍奉的，恰好是虚无的幻影；任何可以坐实的事物，都经不起经年累月、天长地久的侍奉。

下　编

传承"传说时代"的中华优秀传统法律文化

传承中华优秀传统法律文化已经成为一个广泛的共识。然而，如果要问，中华优秀传统法律文化应当从何说起？恐怕就难有标准答案。通常的看法是，雅斯贝尔斯所说的轴心时期，亦即中国的春秋战国时期，可以代表中华优秀传统法律文化的第一个"高光"时刻，在那个时代，老子、孔子以及其他诸子，灿若群星，相互辉映，共同照亮了华夏的思想天空。因而，传承诸子时代的中华优秀传统法律文化，其必要性与可能性，都是没有疑问的。

然而，如果要追根溯源，我们又可以进一步追问：先秦诸子是在一个什么样的文化传统中大放异彩的？先秦诸子承载的中华优秀传统法律文化还有没有更早的源头？显然就是一些颇具诱惑力的问题。譬如，孔子是后世景仰的至圣先师，但是，孔子自己景仰的圣人则是周公。以至于晚年的孔子，因为较长时间没有梦见周公，居然极为伤感地说："甚矣吾衰也！久矣吾不复梦见周公！"（《论语·述而》）孔子所说的"吾从周"，就是要追随以周公为代表的西周初年的圣贤群体开创的文明。因而，从孔子的视野中看，传承周公时代的中华优秀法律传统文化，是再自然不过的选择了。

如果我们不止步于三千年前的周公时代，如果我们从周公时代再往前追溯，我们能不能看到一些更早的中华优秀传统法律文化呢？对此，徐旭生在《中国古史的传说时代》一书中称："只有到殷墟时代（盘庚迁殷约当公元前 1300 年的开始时），才能算作进入狭义的历史时代，此前约一千余年，文献中还保存一些传说，年代不很可考，我们只能把它叫作传说时代。"[1]按照历史学家的这个划分，殷墟时代以后，是"狭义的历史时代"，周公算是这种"狭义的历史时代"中的人物。从周公时代再回溯两三百年，就迈进了"中华古史的传说时代"。那么，在"传说时代"，是否形成了中华优秀传统法律文化的幼芽？简而言之，"传说时代"是否蕴含了值得传承的中华优秀传统法律文化？

"传说时代"中的主角，主要是一些具有超凡魅力的、半人半神的人物形象，譬如若有若无、虚无缥缈的盘古，还有伏羲、女娲、神农，后面还有黄帝、颛顼、尧、舜、禹，等等。这些"传说时代"的人物形象，特别是神农以前的那些人物形象，在客观层面、科学层面、事实层面上，基本上不具有真实性，仅仅是传说中的人物，但是，这些传说中的人物在意义层面上却不必否弃。因为，这些传说中的人物形象，特别是相对晚出的黄帝、颛顼、尧、舜、禹，已经支配了——至少也是深度影响了——历代中国人的意义世界。在徐旭生所谓"狭义的历史时代"的中国，一些基本的行为规范，譬如，人们可以做什么、不能做什么、应当做什么，诸如此类的规范，归根到底，都可以追溯至这些传说中的人物。这些传说中的人物已经成为了正当性与合法性的终极根源，在某些时刻，甚至充当了一切"大是大非"的判断标准。在这个意义上，它们承载了中华优秀传统法律文化的初始形态、萌芽状态。

作为《史记》第一篇的《五帝本纪》，其首句就是："黄帝者，少典之子，姓公孙，名曰轩辕。生而神灵，弱而能言，幼而徇齐，长而敦敏，成而聪明。"这就是"传说时代"中的黄帝，这也是鲁迅的诗句"我以我血荐轩辕"所致意的黄帝。在鲁迅那里，黄帝已经成为中华民族的一个象征。黄帝的文化意义，显然不能因为他是"传说时代"中的人物，就可以打折扣的。

按照《五帝本纪》第二段的记载，黄帝是在神农氏之后兴起的。其时，"蚩尤最为暴"，"轩辕乃修德振兵"，平息了各方暴乱，建构了一个"东至于海""西至于空桐""南至于江""北至于涿鹿"的

---

[1] 徐旭生：《中国古史的传说时代》，广西师范大学出版社 2003 年版，第 23 页。

政治共同体。因为轩辕"有土德之瑞，故号黄帝"。这样一个黄帝，显然可以归属于中华优秀传统法律文化。譬如，他"修德振兵"的实践，就彰显了德与兵的关系，就是一个值得挖掘的法律文化问题；"有土德之瑞"则揭示了轩辕黄帝君临天下的法理依据。

《史记·五帝本纪》先讲黄帝，紧接着又讲皇帝的孙子颛顼，说颛顼其人，"养材以任地，载时以象天，依鬼神以制义，治气以教化，絜诚以祭祀"，这就是颛顼的治国方略：利用土地发展经济，依照天时安排活动，敬事鬼神以制尊卑之义，遵循五行之气以教化天下民众，虔诚地祭祀各方神灵、历代祖宗。透过这些活动，可以看到颛顼承载的传统法律文化："法自然"的秩序观念，"依鬼神"的神权意识，祭祀作为"国之大事"，诸如此类，都体现了颛顼时代的传统法律文化。至于颛顼之后的尧舜禹，虽然也是"传说时代"中的人物，但是，他们的言行在《尚书》等众多典籍中都有各种各样的记载，他们的形象，较之于黄帝、颛顼，更加饱满，他们代表的那个时代的中华优秀传统法律文化的可传承性，就更为明显了。

（原载《中国法治》2023 年第 1 期）

传统法治文化中的"礼乐刑政、综合为治"理念

从历史上看,"礼乐刑政、综合为治"理念已经全面而深刻地塑造了传统中国的国家治理体系。时至今日,"礼乐刑政、综合为治"理念依然具有旺盛的生命力。以时代精神激活"礼乐刑政、综合为治"理念,对"礼乐刑政、综合为治"理念进行创造性转化、创新性发展,有助于夯实中华民族伟大复兴的法治基础。着眼于此,为了揭示"礼乐刑政、综合为治"理念的丰富内涵,有必要首先追溯它的源头,进而描述它的发展变化,最后分析它对当下及未来的启示意义。

一、"礼乐刑政、综合为治"理念的起源

在中华文明史上,"礼乐刑政、综合为治"理念在很早的时候就开始萌生。如果我们尊重《尚书》中的叙述,那么,在四千多年前的尧舜禹时代,就已经产生了"礼乐刑政、综合为治"理念的初始形态,那就是皋陶的"典礼德罪、综合为治"理念。皋陶既是与尧舜禹并称的"上古四圣"之一,同时也是中华优秀传统法律文化最早的象征性人物。根据《尚书·皋陶谟》,皋陶关于国家治理体系的基本构想是:"天叙有典,敕我五典五惇哉!天秩有礼,自我五礼有庸哉!同寅协恭和衷哉!天命有德,五服五章哉!天讨有罪,五刑五用哉!"在这样一个框架体系中,实现"综合为治"所依赖的规范主要包括"典、礼、德、罪"。

（一）典与礼是实现国家治理、形成文明秩序的建构性规范

在典与礼之间，典的含义是基本纲常，相当于现在所说的基本规范。至于"天叙有典"之"叙"，其含义是伦叙、伦理，更具体地说，是君臣、父子、兄弟、夫妇、朋友之间的伦理关系。因此，"天叙有典"是指上天为各种人伦关系确立了基本的规范，这些基本规范包括五项内容："父子有亲，君臣有义，夫妇有别，长幼有序，朋友有信。"[1]这就是五典。较之于典，礼是指相对具体的行为规范。至于"天秩有礼"之"秩"，其含义是品秩，亦即尊卑、贵贱方面的差异。因此，"天秩有礼"是指上天通过五种行为规范确立了尊卑关系，具体地说，是通过天子之礼、诸侯之礼、大夫之礼、士之礼、庶人之礼，确立天子、诸侯、大夫、士、庶人之间的尊卑关系与交往规则，礼的核心在于强化等级化的交往秩序。[2]典与礼并不是相互独立的关系。相反，典与礼应当相互协调，共同发挥规范作用，共同建构文明秩序。

（二）德与罪是实现国家治理、维护文明秩序的保障性规范

根据人的不同德性，分别设置天子、上公、侯伯、子男、卿大夫五种等级的爵位，是为"五服五章"。因此，"五服"是德的表现形式，同时也是对德的丰沛程度的差异化表达。天子之德高于上公之德，上公之德高于侯伯之德，以此类推。德的价值是肯定与正向激励，具体的激励措施则是"五服"。因此，"五服"是确认德的制度化安排，是促进德的保障性规范。没有"五服"的设置，德就不能得到彰显，"五服"是以激励的方式保障德的实现。同时，根据人的不同罪行，分别设置墨、劓、剕、宫、大辟五种不同的刑罚，是为"五刑五用"。"五刑"是以惩罚的方式保障罪的实现，不同的刑罚代表了程度不同的罪。不论"五刑"的具体内容如何界定，"五刑"都是罪的制度化安排、规则化表达。归结起来，这里的德与罪，分别代表了激励与惩罚。其实，惩罚也是激励，只不过是反向激励而已。因此，这里的德，主要是以爵赏的方式进行正向激励，至于

---

[1] 杨伯峻译注：《孟子译注》，中华书局2012年版，第132页。
[2] 关于"五礼"的内容，经学史上有不同的解释，这里不展开辨析。

罪，则是以刑罚的方式进行反向激励。

（三）德与罪分别对应于赏与罚，赏与罚的依据是典与礼

从辨异的角度来看，典礼与德罪分别承担了不同的功能。其中，典与礼，旨在设定人应当遵循的行为规范，其功能是正面建构文明秩序。典是表达原则的规范，同时也是表达价值的规范，譬如，君臣之间的关系，应当遵循"义"的要求；父子之间的关系，应当遵循"亲"的要求，等等。礼是技术性的规范，譬如，君对待臣的礼，臣对待君的礼，各有不同。各种不同的礼，其实是为了贯彻"义""亲""别""序""信"的原则要求。因此，典与礼的结合，其实是原则性规范与技术性规范的结合。典与礼的相互协调、彼此配合，以纲举目张的方式，规定了文明秩序的不同层次。至于德与罪，则相当于现代意义上的奖励性规范与惩罚性规范。这两种规范的功能与作用在于：如果人们的行为符合典与礼的要求，能够把典与礼蕴含的价值发挥出来，那就是"德"的表现，那就以不同等级的爵位来予以正面激励。如果人们的行为背离了典与礼的要求，那就是"罪"的表现，那就根据背离典礼的程度，施以不同的刑罚。

（四）德与罪的正确实施

在《尚书·大禹谟》中，禹在舜的面前称赞皋陶，认为皋陶对"五刑"的把握非常准确，对"五教"的贯彻实施起到了很大的辅助作用，使国家形成了有效治理的良好局面，而且，刑罚的正确适用最终导致了无刑的效果，民众在皋陶的治理下，和谐有序。皋陶不愿独受此赞，他说："帝德罔愆，临下以简，御众以宽；罚弗及嗣，赏延于世。宥过无大，刑故无小；罪疑惟轻，功疑惟重；与其杀不辜，宁失不经；好生之德，洽于民心。"最后这几句话，可以视为皋陶关于德与罪实施的基本观点，其核心要义可以概括为：针对需要奖赏的事项，如果事实不清，就从重奖赏；针对需要惩罚的事项，如果事实不清，如果受惩罚者没有主观恶性，就从轻惩罚。简而言之，疑罪从轻惩罚或从无惩罚，疑德从重奖赏或从有奖赏。

以上几个方面，体现了"典礼德罪、综合为治"的理念，它源于皋陶，代表了传统中国"礼乐刑政、综合为治"的初始形态，可以视为"礼乐刑政、综合为治"理念之源头。

二、"礼乐刑政、综合为治"理念的演进

在皋陶之后，综合运用各种规范以实现国家治理的理念，在各个历史时期被承袭、被发展，最终比较明确地定型为"礼乐刑政、综合为治"。

（一）周公形成了"礼乐德罚、综合为治"的理念

周公被尊为儒家的"元圣"，也被视为西周礼乐文明秩序的主要建构者。在传世文献中，"制礼"与"作乐"作为周公的两大功绩，总是被相提并论。周公制作之礼乐，内容广泛，涉及国家治理的各个方面。如果单从这个角度来看，周公希望"礼乐并重、综合为治"。不过，在"制礼作乐"之外，周公还强调"明德慎罚"。据《尚书·召诰》，周公要求："王其德之用，祈天永命。"这句话是说，"应以明德为永命之基，后王不可徒恃先王之受天命而不小心翼翼以将守之也"。[1]周公关于"慎罚"的观点主要见于《尚书》中的《康诰》《多方》《立政》诸篇。其中，《康诰》记载了周公针对即将出任司寇一职的康叔所作的一次"任前谈话"。据考证，"盖周公知康叔仁厚，故先教以慎刑，后乃命以官也"。[2]如果我们把周公主张的"明德慎罚"与前述的"制礼作乐"结合起来，就可以看到周公治国理念的全貌："礼乐德罚、综合为治。"

（二）孔子形成了"仁礼结合、综合为治"的理念

孔子是中华优秀传统文化的主要代表。孔子曾经担任鲁国的司寇，对礼有深刻的理解，也有丰富的知识。在孔子时代，礼的体系就相当于当代中国正面规定相关主体可以做什么、应当做什么、不得做什么的法律规范体系。在注重礼的同时，孔子还提出："人而不仁，如礼何？"这就是说，较之于礼，仁是一种更高级的规范。所谓"克己复礼，即犹云'约我以礼'。礼者，仁道之节文，无仁即礼不兴，无礼则仁道亦不见，故仁道必以复礼为重"。[3]进一步看，"孔

子重言仁，又重言礼。仁者，人群相处之道，礼即其道之迹，道之所于以显也。"[1]由此看来，礼是仁的外在表达，仁是礼的内质，仁是礼应当遵循的价值准则、基本原则。用现代理论来说，仁相当于法律的基本原则。在现代的法律文本中，基本原则一般会写在法律文本的前端，因此，某种法律的基本原则常常可以在法律文本中找到。相比之下，仁比法律的基本原则更抽象，它相当于实在法之上的高级法。着眼于仁与礼的这种关系，孔子的治国理念，可以概括为"仁礼结合、综合为治"。

（三）荀子形成了"礼法结合、综合为治"的理念

曾经在稷下学宫"三为祭酒"的荀子，是战国后期最重要的思想家。荀子的思想继承了儒家传统中的礼治观念，同时也吸收了法家传统中的法治观念，呈现出综合与兼顾的色彩。依照荀子的论述，在礼与法之间，存在着相互依赖的关系。一方面，从产生的先后顺序来看，法随礼的产生而产生，没有礼就没有法。《荀子·性恶》称："圣人积思虑，习伪故，以生礼义而起法度，然则礼义法度者，是生于圣人之伪，非故生于人之性也。"按照这样的论断，圣人通过自己的所思所虑，创造性地制定了礼义；至于法度，则因礼义而生。从源头上说，礼与法都出于圣人之创制，但是，圣人先创制礼义，法度是在礼义的基础上生成的。这说明，法的产生依赖于礼。另一方面，礼对法也有一定的依赖性，主要体现在：法保障礼确立的名分得以实现。《荀子·大略》称："国法禁拾遗，恶民之串以无分得也，有夫分义，则容天下而治；无分义，则一妻一妾而乱。"这里的"分"，就是根据礼而确立的名分、职分。"礼"达而"分"定，法保障"分"的实现，就是在保障礼的实现。由此看来，荀子的治国理念可以概括为"礼法结合、综合为治"。

（四）班固论述了"礼乐政刑、综合为治"的理念

一般认为，董仲舒是汉代最具代表性的思想家，他的治国理念可以概括为"依经治国"，就本文的主旨来看，也可以理解为"《诗》《书》《礼》《易》《春秋》，综合为治"，不过，在儒家五经

---

[1] 钱穆：《论语新解》，九州出版社2011年版，第592页。

中，董仲舒更强调《春秋》作为最高规范的价值与意义。他希望以《春秋》为主，同时采用其他经书，实现综合治理。在董仲舒之后，班固的《汉书》直接论述了"礼乐政刑、综合为治"的理念。在《汉书·礼乐志》中，班固既论"礼乐"，又论"政刑"，他说："礼节民心，乐和民声，政以行之，刑以防之。礼乐政刑四达而不悖，则王道备矣。"这就是说，"礼乐"与"政刑"应当结合起来，共同组成一个完整的规范体系。同样，在《汉书·刑法志》中，也一并论及"礼乐"与"刑法"，他说："圣人既躬明哲之性，必通天地之心，故制礼作教，立法设刑，动缘民情，而则天象地。"换言之，"制礼"与"立法"同等重要，都可归属于圣人之圣职。这就是班固在《汉书》及其"两志"中所展示的治国理念："礼乐刑政，综合为治。"

（五）韩愈重述了"礼乐刑政、综合为治"的理念

韩愈"文起八代之衰，道济天下之溺"（苏轼语），是唐代思想的重镇。根据韩愈的《原道》篇，无论是先王之道还是先王之教，"其文《诗》《书》《易》《春秋》，其法礼乐刑政"[1]，这就是说，先王之道与先王之教在根本上是一致的，先王之道在法律规范上的表现形式，就是"礼乐刑政"，这就是"其法礼乐刑政"的含义。根据《原道》篇的叙述，远古时期的圣人为了让民众更好地生活，"为之礼，以次其先后；为之乐，以宣其壹郁；为之政，以率其怠倦；为之刑，以锄其强梗。"这就是儒家圣人创制"其法"（亦即"礼乐刑政"）的意图。分而述之，"礼"在于确立人与人之间的交往秩序；"乐"在于确立人内在的精神秩序；"政"在于规范官方行为，以杜绝今天所说的"为官不为"或"为官乱为"；"刑"在于以"失礼则入刑"的逻辑，打击那些危害文明秩序的行为。这四种"法"虽然功能各异，指向不同，但它们相互配合，共同组成了一个"法"的体系。这就是韩愈重述的"礼乐刑政、综合为治"理念。

---

〔1〕（唐）韩愈：《韩昌黎文集校注》，马其昶校注，马茂元整理，上海古籍出版社2014年版，第19页。

（六）王阳明阐述了"以德为本的礼乐刑政、综合为治"理念

在王阳明看来，"礼、乐、刑、政"，都"是治天下之法"。[1]就这四种类型的"法"来看，"礼"的功能更为突出。为了发挥礼的作用，王阳明主张"礼以时为大"，这个命题的含义是，要根据时代的变化，对礼的内容进行适当的修改。关于"乐"，王阳明说："圣人一生实事，俱播在乐中，所以有德者闻之，便知他尽善尽美与尽美未尽善处。"因此，"后世作乐"，应当"于风化有益"。关于"政"，王阳明的创新主要体现为"十家牌法"与"南赣乡约"，为了保障这样一些"为政之法"能够得到严格有效的实施，还需要另一种"法"，它可以作为一种保障性的、强制性的后盾，那就是"刑"。这就是王阳明对"礼乐刑政"的理解。在此基础上，王阳明还认为，"治天下"固然离不开"礼、乐、刑、政之法"，但是，从根本上说，"礼、乐、刑、政之法"毕竟还只是"末"；只有"德"，才是"治天下"之"本"。根据这样的"德本法末"论，可以发现，王阳明对此前的"礼乐刑政、综合为治"理念已有创新性的发展，那就是："以德为本的礼乐刑政、综合为治"理念。

三、"礼乐刑政、综合为治"理念的启示

上文的分析表明，在传统中国的法治文化中，一直注重"礼乐刑政、综合为治"。这个理念的源头，一直可以追溯至尧舜禹时代，在随后的数千年间，又经历了持续不断的演进过程。在不同的时代，关于"礼乐刑政、综合为治"理念的具体表述虽然有所不同，但都强调各种规范的综合运用，以之完善国家治理，以之建构一个良善的文明秩序。"礼乐刑政、综合为治"理念虽然起源于、发展于传统中国，但是，它对当代及未来中国的法治与国家治理，无论是在理论上还是在实践中，都蕴含着多个方面的启示意义。

（一）德是各种规范的价值准则，对国家治理具有基础性的作用

在"礼乐刑政"所包含的四个要素中，虽然没有"德"这个要素，但是，这四个要素或四种规范，都离不开"德"提供的价值引

---

〔1〕《王阳明全集》（第一册），线装书局 2012 年版，第 115 页。

领。如前所述，在皋陶标举的四种规范中，虽然包含了"德"，但是，在一般意义上，并不能把"德"的价值与意义置于与"罪"完全等同的地位，因为，德的含义是多层次的。在《尚书·皋陶谟》的开篇，皋陶首先提出的思想命题就是"允迪厥德，谟明弼谐"。这句话旨在强调德的基础性地位。在相当程度上，皋陶随后讲到的"典、礼、德、罪"，都是对德的展开或具体化。在皋陶之后，周公重德，孔子强调"为政以德"，王阳明把德作为"礼乐刑政"之本。这些都可以说明，"礼乐刑政"以"德"为基础，"礼乐刑政、综合为治"离不开德的牵引，否则，它就会失去应有的德性或伦理的支撑，"综合为治"就会徒具形式。

（二）各种规范的综合运用是为了完善国家治理

"礼乐刑政"代表了各种各样的规范，在传统中国，关于这些规范还有其他替代性或补充性的表达，但是，综合运用各种规范，都是为了"治"。换言之，"治"才是综合运用各种规范的最终目标。这种追求"治"的理念，在《史记·太史公自序》中已有古老的说法："夫阴阳、儒、墨、名、法、道德，此务为治者也。"如果说，先秦诸子的共性是"务为治"，那么，综合运用以"礼乐刑政"为代表的各种规范的最终目标，也是"务为治"。因此，是否有助于完善国家治理体系，是否有助于提高国家治理能力，是否有助于产生积极的国家治理绩效，是判断规范体系良善与否的主要标准。只要符合这些"有助于"，各种规范都可以兼收并蓄。

（三）国家治理需要多种规范相互配合、协同推进

传统中国的礼注重规范人的外在行为，但是，仅仅规范人的外在行为是不够的，因为人的外在行为会受到人的内心世界的牵引，因此，周公既"制礼"又"作乐"，既规范人的外在行为，又调整人的内心世界。与此同时，礼也可能发生异化，为了防范礼的异化，孔子在礼之上，又设置了一种更高的规范，那就是仁。为了保障礼的有效实施，国家的政令、刑律当然也是必不可少的。传统中国的这些理念与实践表明，不同的规范具有不同的功能，应当适用于不同的领域。因而，有必要针对不同的领域，形成差异性、互补性、相互衔接的规范体系，以保障不同领域、不同环节、不同层面的国

家治理能够协同推进、综合为治，进而取得最优的治理绩效。

（四）国家治理的不同领域需要不同的规范

在皋陶看来，德与罪的实施就应当进行差异化的处理，譬如，"疑德"应当"从有"或"从多"，"疑罪"应当"从无"或"从轻"。按照韩愈的观点，"礼"的实施，应当注重突出长幼尊卑；"乐"的实施，应当注重引导内心情感；"政"的实施，在于防范懒政；"刑"的实施，在于打击蛮横。这四种规范，作用的对象不同，适用的方法不同，实施的规律也不一样。进一步看，针对各种规范的实施状况，评价的标准也会出现分野。在当代中国的国家治理体系中，有些规范在于润泽人心，有些规范在于规范行为；有些规范旨在肯定与激励，有些规范旨在否定与惩罚；有些规范针对一般的人，有些规范针对特定的人，诸如此类的情况，都意味着，当代中国的规范体系还有待给予更加精准的类型化处理，并针对不同类型的规范，探索其不同的实施规律，进而以精准的规范实施，更加有效地提升国家治理能力。

（原载《民主与法制》2022 年第 21 期）

为当下的法政学术增添历史意识

——《梁启超与中国现代法学的兴起》一书后记

本书的写作，始于 2010 年，终于 2015 年，历时六年。六年之间，我在教书之余，反复研读《梁启超全集》《梁启超年谱长编》及其他相关文献，也曾多次走进北京植物园内的梁启超墓园，还曾寻访梁启超的北京故居与天津故居。在此过程中，我对于梁启超的法学世界及其背后的精神世界、情感世界，逐渐获得了一些个性化的理解。把自己的理解分章记录下来，就有了这本《梁启超与中国现代法学的兴起》。

写作这本书，既是在走近一代先贤，同时也想借此回望那个特殊的时代。因为，梁启超在中国的历史舞台上初次亮相的 1895 年，正是甲午战败、马关条约签订之际。这个时间节点对于当时的中国士大夫来说，意味着天崩地裂、乾坤颠倒。这不仅仅是一场战争的失败，这是从根本上动摇了中国士大夫数千年来一直坚挺的文化自信、思想自信、精神自信。然而，正是在梁启超出场的 1895 年，中华文明迎来了它从未经历过的低谷时期。

在这样的文明低谷时期，中国向何处去？对于中华文明从未遭遇过的这个根本问题，很多人都在思考。其中，梁启超的思考与回答，最具代表性，最具影响力。从 1895 年至民国初期，梁启超的文字风靡了一个时代，梁启超发出了那个时代的最强音，最根本的原因其实就在这里。按照我的理解，梁启超写下的数千万字的著作，几乎都是在回答"中国向何处去"这个紧迫的、根本性的中国问题、时代问题。

有人可能认为，梁启超的有些观点前后不一，梁启超的有些著述芜杂浅显，在学术层面上，这些都体现了梁启超的局限性。我承认，按照专业学术的标准，梁启超有他的局限性。再说，梁启超本来就不是学院派的教授或博士，梁启超是中华文明处于低谷时代的探路人。梁启超的多变、反复、矛盾、上下求索、左冲右突，正好反映了那个"过渡时代"的精神实质。因为，那个时代本身就是一个不断寻找方向、不断校正方向的时代。在那个神殿空寂的时代，旧的已经坍塌，新的尚未搭建。身处其间，几乎没有哪个人的步履是从容不迫的。梁启超的著述，既是他一个人的创造物，同时也记录了那个时代的中国步态。

在百年之后的今天，从法政学术的立场上重新阅读梁启超的著述，重新思考梁启超提出的问题，重新回顾那个时代，既有助于接续前贤学思，同时也希望为当下的法政学术增添一缕历史意识。

（原载《北京日报》2019 年 12 月 16 日）

法律经济学的两种立场

——《西方法律经济学批判》一书序言

　　自 20 世纪 90 年代以来，法律经济学在中国的法学界日渐成为显学。学者们在介绍自己的研究领域之际，越来越多地出现了"法律经济学"这样的字样。法律经济学俨然已成为一个新兴的分支学科。那么，法律经济学是一个什么样的法学分支学科呢？最容易想到的回答是，法律经济学是法学与经济学交叉融合的学科。某些问题，倘若既涉及法律，也涉及经济，研究这样的问题似乎就可以归属于法律经济学。这样的理解显然过于宽泛。因为，几乎所有的法律问题，都可能涉及经济问题。在哪个具体的法律问题背后，不涉及相关主体的经济与利益？倘若把那些与经济有关的法律问题都当作法律经济学问题，那么，法律经济学的范围不仅可以覆盖法学，甚至还可以延伸至经济学。法律经济学的含义，显然不能这样理解。

　　理解法律经济学的另一种方式，就是把它理解为一种研究方法。具体地说，就是运用经济学的方法去研究法律问题，由此形成的学术成果就是法律经济学。这恐怕是很多法律经济学的从业者所理解的法律经济学。波斯纳的大著《法律的经济分析》提供了如此理解法律经济学的典型"学案"，这本书的标题已经指示了法律经济学的性质。从这个意义上说，法律经济学不是一个分支学科，甚至也不是一个研究领域，而是一种研究法律问题的方法，法律经济学只是一种关于法律的方法论。这种关于法律经济学的理解方式也有一个值得注意的问题：它主要是法学家立场的产物。法学家（譬如波斯纳）为了研究法律问题，选取了经济学的方法，由此促成了法律经济学的兴起。但是，这种理解法律经济学的方式，可能会受到经济学家的反对。

在经济学家看来，法律只是经济的一个变量。经济受制于各种各样的约束条件，譬如科学技术、劳动力等，都会影响到经济发展水平。在诸多约束条件下，法律制度也是其中之一，不同的法律制度安排将会影响到经济的走势。因而，从法律制度的角度研究经济问题，也是法律经济学。譬如科斯，就是这样的经济学家或法律经济学家。由此可见，法律经济学其实包含了两种立场：法学家的法律经济学，经济学家的法律经济学。

法学家的法律经济学虽然也呈现出丰富多彩的学术姿态，但是，抽取其中的最大公约数，可以发现，它们都有一个共同的特征：习惯于以解释者的角色面对法律问题。更具体地说，就是偏好以经济学的理论与方法，解释法律制度背后的经济原理。为什么会形成某种特定的法律原则与法律制度？原来这样的法律制度具有某种经济学的依据，能够通过经济学理论予以解释与说明。特别是某些历史悠久、比较定型的法律原则与法律制度，背后的经济学理据就显得越发坚实。因此，法学家的法律经济学，较多地体现为"解释者的法律经济学"。

相比之下，经济学家的法律经济学更加看重经济效果：不同的法律设计与制度安排，将会导致不同的经济效果。在特定的情况下，某种法律制度能够更好地促成经济发展，另一种法律制度则会阻碍经济的发展。因而，制定什么样的法律、设置什么样的制度，对于经济发展来说，将会产生重要的影响。这种风格的法律经济学，虽然也有解释的作用与功能，但更加明显的特征是指示法律制度的走向。这样的法律经济学，可以称为"立法者的法律经济学"。这里的所谓"立法者"，并非实指研究者就是国家的立法者，而是想指出研究者的角色与立场：他们旨在告诉读者，下一步该怎么办。

这两种立场不同的法律经济学提醒我们，关于法律经济学，既应当从法学家的角度来理解，也应当从经济学家的角度来理解。也许正是因为这个缘故，法律经济学作为一个特定的研究领域、研究方法，又被称为"法与经济学"。正是"与"这个连接词，反映了法律经济学的本质特征。

着眼于法律经济学的本质特征，本书对于西方法律经济学的研究，既注意法学家的法律经济学，更注重经济学家的法律经济学。还有一些人，既不是纯粹的法学家，也不是纯粹的经济学家，但他们与法学、经济学、政治学、哲学都有关联，这些人在法律经济学方面的贡献，也许更加值得注意。基于这样的认知，本书选择了科斯、波斯纳、卡拉布雷西、布坎南、奥尔森、威廉姆森、米塞斯、哈耶克、欧肯、缪尔达尔等十位经典作家，这些学术思想人物，既涉及美国的芝加哥学派、耶鲁学派、弗吉尼亚学派，也涉及欧洲的奥地利学派、弗莱堡学派、瑞典学派。研究这些思想人物的代表性文献，从中梳理、归纳、提炼、评析他们在法律经济学方面的理论学说，庶几可以反映出西方法律经济学的概貌。

他山之石，可以攻玉。希望这些针对"他山"的"石头记"，可以为当代及未来中国的法律经济学理论与方法提供一些借鉴。

（原载《检察日报》2017 年 2 月 23 日）

从新权利到新法学

感谢主持人。感谢主办方的邀请，让我有机会躬逢本次学术盛会。由《北京行政学院学报》和国内多家重要刊物共同发起的以新兴（新型）权利为主题的系列研讨会，至今已是第五届。持续不断地研讨新兴权利，作为一种学术现象，一个学术事件，已经产生了潜在而深远的影响。

首先，以新兴权利为主题的年度学术会议，就像是一个法学学术前沿的年度展厅，展示了货真价实、琳琅满目的法学前沿作品。现在，很多刊物都希望发表"前沿论文"，很多学校都在开设"前沿课程"。那么，到底什么是"前沿"？简单地说，"前沿"就是边界、边疆，"前沿"就是天之涯、海之角。"前沿"就是已经可以看到，但尚未确定、有待甄别的地带。走向前沿就是探索未知的领域，是勇敢的探索者的事业。如果说，军事上的前沿阵地，就是敌我双方殊死争夺的阵地，那么，法学上的前沿理论，就是已经初露端倪，但尚未得到严格论证的法学命题。探索这样的法学命题，就是在拓展和延伸法学的领地。如果我们模仿德沃金的大著《法律帝国》，如果我们提出"法学帝国"这个概念，那么，一个又一个的法学前沿命题就能得到论证，法学前沿地带的理论、知识能够持续生长，就意味着"法学帝国"在不断地开疆拓土。由此可以发现，新兴权利的持续研讨，其实隐藏着主事者、参与者的一个学术雄心：披荆斩棘，为"法学帝国"夺取更多的知识空间。这让我想到了一个衍生性的概念：法学帝国主义——法学知识领域的"帝国主义"。

其次，在迄今为止的五次研讨会中，轮流承办的主事者相对固定，核心学者的相对固定，一个以新兴权利作为旗号、作为核心概念的学术思潮，已经浮出水面。立足于学术史，这个学术思潮应该如何命名？能不能叫新兴权利思潮？参与这个思潮的核心学者可能有数十名，跟法兰克福学派的规模大致相当。新兴权利涉及法理学、宪法学、行政法学、民法学、刑法学、诉讼法学及其他各个法学学科，甚至还有法学之外的学者参与，多元化的格局与法兰克福学派也比较类似，因为法兰克福学派就有哲学家、政治学家、经济学家、法学家。今天，不同学科的学者齐聚一堂，相互辉映，共同造就了一个璀璨的学术盛况。在中国现代学术思想史上，已有古史辨派，醒狮派，战国策派，诸如此类，已经成为学术史研究的对象。百年之后重写学术思想史，如果要讨论 2018 年前后的法学思潮，"新兴权利"能否成为一个具有学派意义的事件？百年之后的某一篇博士论文，可不可能以 2018 年前后的新兴权利思潮作为研究主题？我觉得这是有可能的。飓风起于清苹之末，激荡了数百年的阳明学起于偏远的贵州龙场，清末的阮元曾经指出，学术当于百年前后论升降。今天的新兴权利思潮如何进入未来的学术史，还有待于历史的检验。从这个角度来看，各位学者不仅在见证中国的学术史，而且正在亲手书写、亲手创造中国的学术史。当仁不让，舍我其谁，就在今天。

再次，西文里的权利与法是同一个词。因此，新兴权利就是新兴的法，新兴权利之学就是新法学，关于新兴权利的学术研讨就是在培育"新法学"。记得在 20 世纪中叶，我们国家似乎还有一个叫作"中国新法学研究院"的机构，可能存续时间不长。现在，借助于新兴权利研讨会这个学术平台，我们可以重提"新法学"这个话题。那么，新兴权利与新法学是什么关系？各种各样的新兴权利层出不穷，如果量变能够引起质变，那么，关于新兴权利的多样化研究，能否汇聚起来，最终开出中国的新法学，甚至开出世界的新法学？应当看到，在 19 世纪以前，中国人的生活世界与欧洲人、美洲人的生活世界差异较大，法、权利与法学也有较大的差异，很多都是地方性知识。但是，20 世纪以来，世界人民相互交往。尤其是 21 世纪以来，同一个世界，同一个梦想。从网络空间法到无人系统法，众多领域内的新兴权利与新法，既是中国的，同时也是世界的。中国法学家创造新法学的机会，从来没有像今天这样触手可及，近在眼前。可以预期，新法学将成为新兴权利研究最终结出的学术思想硕果。对于持续不断的新兴权利研讨会来说，新法学的诞生，就相当于在一场漫长的球赛中，把最后一个球踢进了球门。可问题是，谁是那个临门一脚的球员？是谁？谁呢？

新兴权利，寄托了法学的新希望。中国与世界的新法学即将到来，它就像"躁动于母腹中的快要成熟了的一个婴儿"，就像"站在海岸遥望海中已经看得见桅杆尖头了的一只航船"，就像"立于高山之巅远看东方已见光芒四射、喷薄欲出的一轮朝日"。让我们仰望东方，翘首以待。谢谢。

[2018 年 10 月 13 日在第五届"新兴（新型）权利与法治中国"学术研讨会上的致辞]

互联网法学与无人系统法学

谢谢主办方的邀请，让我有机会向各位同仁请教。我请教的题目是，互联网法学与无人系统法学的同与异。

先说相同之处。它们都是科技发展促成的新兴法学领域。一个总体的趋势是，科技的重大变革总是会引起法律、法学的变革。工业时代的法学不同于农耕时代的法学，是因为工业时代有蒸汽机，蒸汽机代表了一种新的科学技术，它导致的工业革命，让农耕时代的法学转向工业时代的法学。在西方，前者对应的法律形态主要是中世纪的领主法、城市法、庄园法，等等。但是，工业时代促成了商事法、劳动法、反垄断法，还有海洋法、空间法。后来，信息技术的发展，促成了互联网法学。今日不断增加的互联网法院，就是"互联网+"的产物，所谓"互联网+"，意味着互联网无处不在。无处不在的互联网，催生了指向非常广泛的互联网法学。在互联网之后，代表科技发展方向的是无人系统或人工智能，其实主要是货真价实的机器人。现在的无人系统的出现、发展与运用，将会催生出一个无人系统法学，无人系统法学代表了当今及未来法学的最新的前沿。无人系统法学是互联网法学之后的又一个新生事物。两者之间的共性，首先体现在：它们都是科技进步的产物。

这是两者之间形式上的共同点。互联网法学与无人系统法学还有一个实质性的共同点：自然的、肉体的人的不在场。互联网上的人，是符号化的人，是数字化的人，是虚拟的人。互联网上的交往，虽然两个终端都有人，但肉体的人是不见面的。无人系统法学也有这个特点，至少在无人系统中，也会出现肉体的人不在场的情况。无人车、无人机，都是一个机器在相对自主地运行。

因此，肉体的人的隐退，是无人系统法学与互联网法学的实体性的共同点。

更值得注意的是两者的差异。两者之间的差异主要体现在人的位置。无人系统中的人与互联网中的人，还是不一样的。互联网中的人，是符号化的人，人与人之间的交往，是以互联网作为平台，这个符号化的人与另一个符号化的人之间的交往。互联网主要是一个平台，是一个共同的交往空间。但是，在无人系统，人与无人系统之间的交往突显出来。人机交往、人机对话是无人系统法学需要首先面对的问题。

但是，法律关系不可能是人与机器之间的关系。如果无人系统只是一个普通的机器，那么，人与无人系统的关系，较之于人与一辆自行车的关系，从法律上看，就没有任何实质性的区别。人与无人系统的关系，之所以区别于人与一辆自行车的关系，必然是因为无人系统与一辆自行车具有本质的区别。这个区别就在于：无人系统具有人的某些机能，在某些层面上，无人系统能够像人那样行动。因此，在无人系统法学的框架下，就出现了一些基础性的问题是：

第一，法律上的人，有哪些要件？有些人具备完整的权利能力、行为能力，有些人只具备限制性或不完整的权利能力、行为能力。那么，无人系统或智能机器人，与限制权利能力、限制行为能力的自然人，可否归为一类？甚至把它们等同起来？如果不行，如果法律上的人一定要有血肉之躯。那么，法人的概念又该如何自圆其说？如果法人的概念不能质疑，那么，能否重新理解法人的概念。法人是法律拟制的人。智能机器人或无人系统也可以作为法律拟制的人。因此，无人系统法学的首要问题，是人的概念问题。

第二，无人系统或智能机器人如果是不完整的人，那么，完整的人在哪里？完整的人是生产、销售无人系统的人。譬如说，我坐一台无人机去旅行，我既跟这台无人系统发生关系，但是，这台无人机的生产商在哪里？如果无人机在运行过程中，损害了我的权利，我向谁索赔？如果损害了第三人的权利，第三人向谁索赔？这些问题，都是无人系统法学中的关键问题。

　　可见，无人系统法学的核心问题，其实还是人的问题。什么是人？是无人系统法学的首要问题、基础问题。这是无人系统法学区别于互联网法学的关键之处。谢谢。

　　　　　　（2018 年 10 月 14 日在北京理工大学第二届"北理–人大"
　　　　　　　　　　　　　科技+法律高端论坛上的发言）

在刑辩中传承中华优秀传统法律文化

——2022 年 11 月 6 日在瀛和刑辩论坛上的发言

感谢主持人周雷律师，感谢瀛合律师事务所的邀请，让我有机会躬逢本次盛会。我向大家报告的题目是：在刑辩中传承中华优秀传统法律文化。

在这个场合，我选择这个题目，主要有三点考虑。第一，尊重瀛合律师事务所的文化情怀。在大家面前的纸杯上，标有瀛合律所的办所理念："用法律关怀一切"，这是一个饱含文化情怀、人文精神的理念。我们今天开会的地方，是中国律师博物馆。在开会前，我把这个博物馆参观了一遍，我们可以看到，这是一个"很文化"也"很历史"的博物馆。大家看看右边的墙上，陈列的是一些表征中华优秀传统法律文化的著名人物。第一个是管仲。在梁启超看来，管仲是全世界最早发明"法治主义"的先驱。此外，墙上还列出了很多人，我就不再逐一点评了。我这里顺便提一个建议，如果要讲中国传统法律文化的源头，管仲远远不是最早的源头，四千多年前的皋陶，才是我们这个法律职业共同体的老祖宗，他比管仲早了一千多年。

第二点考虑，是为了促进今天的研讨会更加多元化，无论是发言的题目、发言的风格，都更加多元化。我们知道，刑辩律师在法庭上的一个重要职责，是要让法官听到不同于检察官的声音，让法官兼听则明，更好地维护社会公平正义。同样，我们要举办一个成功的会议，也需要多元化的声音，前面及后面发言的各位教授、各位律师主要侧重于阐述刑辩的技术，所以我想稍微谈一点文化。这样，可以让会议的层次、光谱都更加丰富。

第三点考虑是，我还想强调，术不离道。刑辩之术很重要，刑辩之道也很重要。我们今天讲"刑辩"，重心在于"辩"。然而，"辩"的前提是：有可辩之处。有可辩之处意味着：关于某个刑事案件，律师与检察官有不同的看法，如果双方对法律的适用、事实的认定，都没有分歧，那还有什么可辩的？可辩之处就是有争议的地方，可辩之处就彰显了对法律的理解不一样。在这种情况，"辩"就意味着穷根究底。这是一个什么样的方向呢？关于法律条文如何理解的争议，要靠法理来解决。如果法理也不能最终解决争议，譬如说，你依据的法理不同于我依据的法理，那就要诉诸道义，道义是有高低之分的，总要在道义上分出一个高低来。归结起来，那就是：法律的尽头是法理，法理的尽头是道义。这就是我想强调的刑辩之道。

基于以上三点考虑，我选择了这么一个题目：在刑辩中传承中华优秀传统法律文化。我想给大家请出几位最重要的儒家圣人，让他们来给大家谈谈刑辩之道。大家看，右边这面墙上的这些人，基本上都没有进入儒家圣人的行列。刚才，有学者提到了孟子，那是儒家圣人，但他是"亚圣"；还有地位更加重要的孔子，他是"至圣"。所以，我们习惯于以"孔孟之道"指代儒家文化传统。"孔孟"并称的说法，是从唐宋时期逐渐兴起的。在唐代之前，不是"孔孟"并称，而是"周孔"并称，"周"就是周公。只是因为从唐代开始，出现了一个"孟子升格"的运动，儒家圣人才从此前的"周孔"并称，变成了大家现在习以为常的"孔孟"并称，考虑到这样的历史变迁，我想请出三位儒家圣人，那就是周公、孔子、孟子，请他们为大家谈谈刑辩之道。

先说周公。周公对于刑辩之道是有一些提示的。我们翻开一本古老的典籍《尚书》，可以找到一篇叫《康诰》的文献。《康诰》的主要内容，是周公教训他的弟弟，他的弟弟叫康叔，所以这篇文献叫《康诰》。在这篇文献中，周公主要讲"明德慎罚"。关于其中的"明德"，我今天就不讲了。关于"慎罚"，周公要求他的弟弟康叔在处理刑事案件的时候，要注意以下几点：第一，某个刑事犯罪的被告人，他是故意犯罪还是过失犯罪，你要考察他的主观心态、主要恶性，这是非常重要的，一定要认真区分。第二，他是否有悔改表现，如果有，那就应当从轻；如果没有，那就应当从严、从重。所以，要把悔改表现与主观恶性结合起来，综合考虑，在此基础上定罪量刑。第三，周公还告诉他的弟弟，你要认真审查犯罪嫌疑人的供述，至少要思考五六天，一些疑难案件，你要思考十天以上，只有这样，你才能够谨慎地作出一个刑事判决，这就叫慎罚。"慎罚"再加"明德"，这样的"明德慎罚"，是周公给今天的刑辩留下来的思想文化资源。

再说孔子。孔子也当过法官，他在鲁国做过司寇，办过刑事案件，诛杀过鲁国大夫少正卯。孔子的一些论述涉及刑事问题。譬如，"亲亲相隐"就涉及刑事证据的搜集。在《论语·为政》篇中，他还说："道之以政，齐之以刑，民免而无耻；道之以德，齐之以礼，有耻且格。"孔子关于"德礼政刑"的这句名言，虽然主要是讲给主政者听的，但是，它对于刑事案件，甚至是刑辩，也有参考价值：对刑事案件的处理，要服务于国家治理这个大局，国家治理要更多地强调"德"，要注意"刑事谦抑"的方向，要有"轻刑"的理念，不宜滥用刑事手段。

最后且说孟子。在《孟子》这部书中，有一篇叫《离娄》，在这篇文献中，孟子点评以前的几个大圣人。他说，大禹的优点是：不喜欢美酒，只喜欢善言；商汤的优点是：恪守中道，选拔人才不拘一格。他又点评周文王，说文王有一个优点，叫"视民如伤"，这是什么意思呢？文王作为顶尖级的儒家圣人，他看到老百姓，就好像老百姓是受伤的人一样。老百姓的日常生活确实辛苦，风吹日晒，汗滴禾下土。文王对此寄予深深的同情，即使老百姓并没有受到直接的、需要外科医生处理的肉体伤害，也要把他们看成是受伤的人，这就叫"视民如伤"。《左传·鲁哀公元年》有言："国之兴也，视民如伤"，这句话，体现了对文王开创的中华优秀传统文化的传承。到了明朝初期，朱元璋建政之后，为了培养他的儿子朱标，专门给朱标聘请了一个家庭教师，这个人叫宋濂，这是一个才华横溢的人。宋濂年轻的时候曾在龙门山隐居，自称龙门子，留下一本书叫《龙门子凝道记》，其中记载了一个小细节：有一个县官向宋濂请教怎样治理一个县，宋濂告诉他："民病久矣，其视之如伤乎？"意思是说：老百姓受苦已经很久了，你要把他们看成是受伤的人。

以上就是我把三位儒家圣人请出来，请他们为大家讲的中华优秀传统法律文化。概括一下，他们主要讲了三个观点，分别是，周公的"明德慎罚"论，孔子的"德礼政刑"论，孟子的"视民若伤"论。你当然知道，这些都是跟"刑辩之道"有点关系的，供大家斟酌参考。谢谢。

法治微信时代的到来

————

2015 年 11 月 1 日开始施行的《刑法修正案（九）》涉及范围很宽泛。门户网站对这次刑法修正案的报道大多集中于"朋友圈发假消息最高可判七年"。因为这次《刑法修正案（九）》在第 291 条之一中增加了一款："编造虚假的险情、疫情、灾情、警情，在信息网络或者其他媒体上传播，或者明知是上述虚假信息，故意在信息网络或者其他媒体上传播，严重扰乱社会秩序的，处三年以下有期徒刑、拘役或者管制；造成严重后果的，处三年以上七年以下有期徒刑。"按照这款规定，在微信（以及微博及其他传播平台，下同）上发布假消息，有可能被判处 7 年有期徒刑，这标志着中国进入了法治微信时代。

这项规定并不意味着微信使用者将"动辄得咎"，更不意味着微信使用者随时面临牢狱之灾。"朋友圈发假消息入刑"有严格的限制条件：从动机上看，是故意编造假消息并进行传播，或明知是假消息而故意传播。从后果上看，还要达到"严重扰乱社会秩序"的程度，或者是"造成严重后果的"。

有人可能会产生顾虑，这项规定是否会压缩人们的言论空间。还有一些人可能会认为，微信属于私人空间，私人空间里的言论不是法律干预的对象，更不是刑法惩罚的对象；私人空间里的一些不实言论，即使稍有出格，也只是道德问题，不必扯到法律上去，应当坚持道德的归道德，法律的归法律，等等。

从社会效果来看，刑法的这项新规定会影响到人们的言论表达与社会心理。这样的影响是正当的，也是必要的。任何言论都有边界。信息传播平台让它的使用者享有了更大的言论空间，但同时使用者也应当承担更加严格的言论责任。言论空间的扩大与言论责任的增多应当是成比例的。一个人的朋友圈，如果有数十人、数百人甚至更多，那么使用者在朋友圈内的发言，就相当于在一个会场的发言。在这样的空间发言，当然应该有更加严格的边界意识、责任意识、规则意识和法治意识，因为它们具有一定的公共性，与传统的私人交流具有本质的区别。

不实、虚假的言论曾经只是道德层面的问题，但也可以构成一个法律问题。道德有很多种，其中，公共道德几乎都是法律调整的对象。譬如诚实、守信属于公共道德，但"诚实信用"却是民法的基本原则，堪称民法中的"帝王条款"。职业道德也有很多内容被纳入法律调整的领域，譬如法官职业道德。还有政治道德，譬如"爱祖国、爱人民"，就已经成为《宪法》第 24 条的内容。只有私人道德，通常在法律调整之外。

但是，在这个日新月异的时代，私人道德的含义、范围也是变动的。如果私人空间里只有自己与家人，那么，这种私人空间里的道德可以作为私人道德，因为这种空间里的私德与公共生活没有联系。但是，如果是一个包含了数十人、数百人甚至更多人的微信平台，虽然相互之间都是"好朋友"，但也很难说这样的朋友圈还是私人空间。科学技术已经让这样的"朋友圈"变成了货真价实的公共空间。这种空间中的道德，就具有了公共道德的性质，就不能游离于法律治理之外。

（原载《环球时报》2015 年 10 月 30 日）

新型人工智能面临的法律问题

在当下，人工智能是举世关注的前沿话题。但是，人工智能又是一个含义宽泛的概念，举凡人工制造的智能设备，譬如智能手机、个人电脑，甚至自动洗衣机、自动扫地机，都可以归属于人工智能的存在形态。当然，手机、电脑、扫地机这些智能设备，还没有在法律上带来明显的难题。可能为人类社会带来法律难题的，主要是新型的人工智能。譬如自动驾驶汽车，譬如有翻译功能、对话功能、能够表达情绪的机器人，等等。这样的人工智能进入实际生活，就会带来明显的法律难题，需要我们未雨绸缪，提前思考与应对。

首先是权利主体问题。更具体地说，高度智能的机器人能够成为法律上的权利主体吗？所谓权利主体，是指享受权利、承担义务的主体。这样的权利主体既可以是自然人，也可以是法律拟制的人，亦即法人。这就是说，法律拟制的人，譬如公司，是可以成为权利主体的。那么，智能机器人呢？它当然不是自然人，它能否成为法律拟制意义上的另一种"法人"？这就是一个新问题。当人工智能还处于初级阶段的时候，这个问题还不会出现。但是，如果智能机器人有痛苦和喜悦的感受，能够相对独立地思考，甚至有"干坏事"的冲动，这样的机器人，既是"机器"，似乎也具有了"人"的某些特征。在这种情况下，智能机器人是否有可能成为法律关系的主体？智能机器人能够相对独立地享受权利、承担义务吗？——就像公司那样享受权利、承担义务？如果这种可能性是存在的，那么，什么样的机器人，或者说，智能达到何种程度的机器人，有资格成为相对独立的权利主体？如何设定智能机器人的权利与义务？

其次是利益分享问题。人工智能产品在方便人类生活的同时，能够创造巨大的经济利益，那么，这些新增利益如何分享？一家公司生产了一种具有翻译功能的智能机器人，并把它卖给了用户，用户向生产商付了货款，形式上看，商品的交易到此已经完成了。但在社会生活中，利益的分享问题不仅没有解决，反而才刚刚开始，由此导致的相关问题是：由于购置了具有翻译功能的智能机器人，以前雇用的专职翻译只好解雇。如果这样的智能机器人足够多、足够智能，那么，所有的人工翻译都不再需要了，这将导致多少翻译人员失业？按照同样的逻辑，自动驾驶也将导致驾驶员失业。只要自动、智能向哪个行业延伸，那个行业就会出现明显的失业现象。在这样的前景面前，我们需要思考，如何实现人工智能产业的利益分享？人工智能产业获得的收益，应当由哪些群体来分享？应当对哪些群体进行补偿？由于人工智能产业的跨国经营，这个产业涉及的利益分享甚至可能是跨国界的。

最后是风险共担问题。人工智能既然是高度智能的，它必然能够高度方便人类的生活。但是，万事万物都是收益与风险共存，而且同比例增长。汽车方便了人类的出行，但每年因车祸伤亡的人数，也是触目惊心的。原子能可以产生巨大的能量，但原子弹造成的威胁也是巨大的。人工智能也是这样，自动驾驶汽车是高度智能的汽车，但是，如果让你现在就坐上这样的汽车驶向高速路，你是不是就没有一丝顾虑呢？你可能会想：这家伙的反应足够敏捷吗？万一程序失灵，岂不车毁人亡？已经设定的程序能否应对所有可能出现的状况？等等。自动驾驶汽车面临诸多的风险，智能翻译机器人同样会面临这样的风险：翻译机器人能够处理标准的"普通话"，它能否处理千差万别的"方言""俚语"？它能够处理字面含义，它能否处理言外之意、弦外之音？如果不能很好地解决这些问题，翻译过程中造成的误解、误译、误会由谁买单？试想：一个国家领导人、一个企业老总，能否只带着一个翻译机器人跟外国人讨论国事或商事？由此可见，人工智能产业中的风险分担问题，也是一个复杂的法律问题。

应当积极地推动人工智能不断向前发展，但这个产业面临的法律难题，需要更多的人来关注、研究，这是人工智能产业有序发展的前提与保障。

（原载《社会科学报》2017 年 11 月 30 日）

正本清源说法治

在当代中国，关于法治的言说可谓铺天盖地，关于法治的文献可谓汗牛充栋。在其中的一些偏重法律学术、法律思想的文本中，为了解释法治这个概念，为了给自己的学术建构寻求让人信服的理据，很多人都引证过亚里士多德关于"法治"的一个说法："法治应包含两重意义：已成立的法律获得普遍的服从，而大家所服从的法律又应该本身是制订得良好的法律。"这句流行的出自《政治学》的著名论断，甚至已被视为亚里士多德的"法治公式"，其经典意义已经得到了极其广泛的承认。

但是，亚里士多德的这个论断，可以确凿无疑地作为现代意义上的法治概念的标准解释吗？亚里士多德阐述的这个"法治公式"，能够等同于我们现在所期待、所追求的法治目标吗？在魏治勋的《法治的真原》[1] 一书中，对这样的追问做出了否定性的回答。在魏治勋看来，亚里士多德的这句话，所讲的并不是现代意义上的法治，而是习俗之治，甚至是德治。为什么这样说呢？《法治的真原》提供了较为详尽的理由。

就语境而言，古希腊并不具备产生法治的条件，因此，亚里士多德不可能超越特定的时代背景与社会状况，提出现代意义上的法治概念。

虽然在很多中国人的印象中，古希腊是西方智慧的源泉，从而也构成了现代法治的源头。但值得注意的是，一方面，在古希腊，并没有近现代意义上的个人自由观念，亦没有崇尚个人自由的社会

---

〔1〕 参见魏治勋：《法治的真原》，陕西人民出版社 2012 年版。

实践。在当时的希腊城邦中，盛行的是整体主义。个体在城邦中没有独立的地位和利益。对于古代希腊人来说，近现代意义上的消极自由观念完全是陌生的事物，个人则仅仅是城邦的工具——这样的意识形态长期盛行，一直要等到亚里士多德身后的希腊化时期，个人自由的观念才开始萌芽。另一方面，古希腊也没有现代意义上的民主观念。"雅典民主在很大程度上因其形式化倾向而缺乏根本的合理性：由于雅典民主并不是以人民的主权权利为基础的，而是建立在公民与城邦的一体化基础之上，这就使得雅典的民主对于公民而言首先不是一种政治权利，而是一种沉重的义务和负担。"〔1〕概而言之，由于近现代意义上的自由与民主都还暂付阙如，近现代意义上的法治观念、法治实践也就无从产生了。

就亚里士多德的"法治公式"所包含的几个要点而论，诸如"已成立的法律""获得普遍的服从""制定得良好的法律"等，均不能为现代意义上的法治观念所认同。

首先，亚里士多德所说的"已成立的法律"，并不是分析实证主义法学所认可的国家制定法，也不具备国家制定法的基本特征，而是被分析实证主义法学斥为"实在道德"的习俗。对此，亚里士多德已经指出："约定俗成的法规比成文的法规更具权威，所涉及的事情也更加重要，所以人治也许比依据成文法的统治更加可靠，但不会比依据习俗的不成文法可靠。"〔2〕这就是说，"人治"高于、优于"成文法之治"，但是，"习俗之治"则高于、优于"人治"。根据"习俗之治""人治""成文法之治"三者之间的这种从高到低的排序，我们可以推断，亚里士多德所推崇的"法律"，不可能是成文法或国家制定法，当然也不是他极力反对的人治，而只能是习俗或习惯法——亦即他所说的"约定俗成的法规"。这种对于习俗的推崇，较之于近现代法治对于成文法的推崇，显然存在着较大的差距。

其次，亚里士多德所说的"获得普遍的服从"，也不是现代意义

〔1〕 魏治勋：《法治的真原》，陕西人民出版社 2012 年版，第 7 页。

〔2〕 颜一编：《亚里士多德选集·政治学卷》，中国人民大学出版社 1999 年版，第 116 页。

上的"普遍服从"或"法律面前人人平等"。因为，在亚里士多德生活于其中的雅典城邦，公民在城邦居民中只占一小部分。在公民群体之外，还有很多没有公民资格的城邦居民，譬如奴隶、妇女、外邦人等。从法律上说，这些人并不是真正的、享有完整权利的人，这些人并不需要"服从法律"，他们甚至没有"服从法律"的资格。换言之，亚里士多德所说的"获得普遍的服从"，在主体要素上是不包括奴隶的，也不包括没有公民权的妇女和外邦人。这样一来，服从法律的主体是相当狭窄的。这样的法律观念及其实践，不可能得到现代法治的认同。

最后，亚里士多德所说的"制定得良好的法律"，也有其特定的指向：法律必须与最优良的政体相匹配。而所谓最优良的政体，按照亚里士多德的说法，它"必然是这样一种体制，遵从它人们能够有最善良的行为和最快乐的生活"。在亚里士多德看来，无论是最优良的政体还是最善良的行为和最快乐的生活，都必须以良好的立法作为其基本的保障，因为"城邦的维护在于法律"。然而，如前所述，这里的"法律"指的是习俗或习惯法；这里的"立法"也不是我们今天所理解的制定法律文本，而是有关政治制度的创立问题。因此，"制定得好的法律"必然是一个与城邦的道德目的和政体的持久存在相联系的问题。至于良法的标准，则主要体现为：它必须以城邦的公共利益为目的，它必须满足优良政体的实际需要，它必须能够维护合理的政体达至长治久安。这样的"良法"，显然不同于现代法治所要求的"形式合理的法"[1]。

通过对这三个要点的分析，可以发现，亚里士多德的"法治公式"虽然在形式、言辞、表达等层面上满足了现代人对于法治的预期，但是，现代人对于"法治公式"的理解并不符合亚里士多德的本意。

魏治勋认为："亚里士多德的法治概念无疑是经典的并且是影响深远的，但其对于现代法治的正向影响并不是建立在亚氏法治概念的本质内涵的基础上，而是建基于现代人对亚氏法治概念的现代理

---

[1] 魏治勋：《法治的真原》，陕西人民出版社 2012 年版，第 16 页。

解之上，这种理解自然是经过了几百年来的法治实践和法治理念的过滤的。而亚氏法治概念的原初内涵反而被湮没不闻了。因此，从总体上看，对亚里士多德法治概念之偷梁换柱式的现代理解，与当代法治建设的总体精神和基本方向并不必然矛盾。但是，作为对法学理论的概念和命题的一种知识追求，我们必须保持理论和历史逻辑的内在统一，才有可能将一切本质上有害于法治的思想遗产拒之于外。我们在这里所做的，不过是通过追究亚氏法治概念的本质而力求对理清法治的真正含义提供一点知识上的贡献。"〔1〕这几句提纲挈领的话，包括了两个方面的意涵。

一方面，误读也有正面意义。从认识论的角度来看，这也许是一个带有普遍性的规律，德国当代汉学家沃尔夫冈·顾彬，就曾专门著文，论述过"误读的正面意义"〔2〕。因而，虽然从本质上说，现代人对于亚里士多德法治概念的理解是一种误读、误解，但在这种误解和误读的背后，其实体现了现代人对于法治的一种愿望投射——按照传统中国的说法，亦可以看作是"六经注我"的产物。不过，从社会效果来看，这样的误读恰恰具有不容忽视的正面意义。至少，它有助于为现代人所期待的法治建立起更加坚实的正当性基础和合法性依据，有助于提升现代法治的普适性与感召力，有助于让现代人确信：我们今天所追求的法治，不仅能够允诺一个美好的未来，而且还有古老的思想渊源可以追溯。这就从思想上增添了现代人对于法治的信心。

另一方面，立足于对亚里士多德的法治概念进行正本清源式的剖析，虽然可能让一些人感到些许失望，虽然可能让一些人产生"解构""颠覆""后现代"的印象；甚至在一些人看来，否定了亚里士多德的法治概念与现代法治理论的同一性，就仿佛撤除了现代法治理论的一根思想支柱。不过，"吾爱法治，吾更爱真理"。从终极意义上说，《法治的真原》对于纯粹知识的追求，对于知识本身及

〔1〕 魏治勋：《法治的真原》，陕西人民出版社2012年版，第26~27页。
〔2〕 ［德］沃尔夫冈："误读的正面意义"，顾彬、王祖哲译，载《文史哲》2005年第1期。

其内在逻辑的探究，在认知层面上所具有的独立价值甚至超时空价值，是不能抹杀的。这样的知识追求有助于呈现出事物的本来面目，有助于让我们看到亚里士多德法治概念的本真状态。因而，这种正本清源式的法治言说，应当作为我们推进法治理论的起点。无论如何，当代中国的法治理论之树，只有根植于可靠的理论土壤之中，才可能长得更高大、更茁壮。

（原载《博览群书》2013 年第 2 期）

微观法治·末梢法治·矫正法治

——序周健宇著《社区矫正人员教育帮扶体系比较研究》

　　如果我们写一本书，直接讨论法治这个主题，那就是典型的"宏大叙事"。如果在法治的框架下，仅仅讨论刑事法治，范围就缩小了，就从"宏大叙事"开始转向"中观叙事"。如果在刑事法治的框架下，仅仅讨论刑事执行问题，把范围进一步缩小，大概就可以算作是一个中观的法治问题了，着眼于这种"中观法治"问题，或许可以成就一段关于法治的"中观叙事"。让我们顺着这个思路继续往下想，如果在刑事执行的框架下，仅仅讨论刑事执行过程中的社区矫正，那就是一个比较具体的"微观法治"问题了，针对社区矫正这样的"微观法治"问题，或许可以编织一段关于法治的"微观叙事"。然而，如果在社区矫正的框架下，仅仅研究针对社区矫正对象的教育帮扶体系，那就比社区矫正问题更加微观，几乎可以称之为"超级的微观法治"问题。这种"超级的微观法治"，是否可以简称为"超微法治"？我反复思忖，还是没有把握，因为滥造新词有违学术严谨的伦理准则，还是谨慎为好。在这里，不妨后退一步，还是以"微观法治"定性这样的问题，大概不会错得离谱。无论如何，宏大目标，尚需点滴努力。关于法治的"宏大叙事"，最终还得分解为一个又一个的"微观叙事"。只有把一个又一个的"微观法治"抟起来，积沙成塔，我们共同的法治理想才可能实现。

　　以上所述，主要立足于从宏观到微观的方向。让我们换个角度，我们从法治的过程来看，实践中的法治是由多个环节组合而成的，既有前端，也有中段，还有尾部或末梢，环环相扣，首尾相连。法治的前端主要是立法。如果没有立法这个前端，法治过程不能开启，法治就成了无源之水、无本之木。正是由于这个缘故，立法堪称法治过程的"高光"环节。且不说，中央立法总是居于庙堂之高，即便是地方立法，那也是一个地方的权力机关主导之事。据说，拿破仑临终之前，颇为自己曾经主持制定了法国民法典而自豪。这样的逸闻，或可印证立法环节之荣耀。接下来，我们看法治的中段，那就是执法与司法。这两个环节的社会关注度也是很高的。与执法环节相对应的，有一个庞大的行政法学；至于司法环节，则牵引了诉讼法学、法理学、宪法学等多个相关学科的目光。至于法治的末梢，则主要体现在法槌敲响之后的执行环节。这个环节引起的关注，就明显不如前两个环节了。进一步分辨，还可以发现，执行环节中的社区矫正，主要属于非监禁刑的执行，关注度就更低了，几乎可以算是"法治末梢"中的末梢了。由此看来，针对社区矫正环节中的教育帮扶体系进行研究，或可归属于"末梢法治"研究。不过，正是因为有这个末梢处的法治，我们的法治才算有头有尾。"末梢法治"对于法治诸环节的完整性，可谓功不可没。

不妨再换个角度来看。传统中国的"法"主要体现为"刑"，在这样的文化背景下，法治的重心难免倾向于刑治。我翻阅过一些法院每年一度的"工作报告"，我注意到，以前的"工作报告"总是习惯于把刑事审判放在首位。与"工作报告"的这种"写法"相对应，在很长一个历史时期内，法与司法的功能，经常被比作惩罚性的"刀把子"。后来，在改革开放的过程中，又逐渐意识到，法不仅可以发挥惩罚的功能，还可以发挥奖励或激励的功能。惩罚针对的是低于基本标准的人；奖励针对的是达到较高标准的人。但是，还有一些人，他们只是稍微低于基本标准，经过教育帮扶，就可以达到基本标准，针对这些人，法还可以发挥矫正的功能。这就是社区矫正的由来，同时也是社区矫正的法理依据。一方面，社区矫正当然不是激励。另一方面，社区矫正尽管在正式制度上属于刑事执行，但是，严格说来，社区矫正也不同于真正的惩罚。社区矫正虽然包含了监督与管理，但社区矫正的核心是"矫正"。所谓"矫正"，就是"教正"，也是"扶正"。这样的"矫正"，既像医院的职能——把一个病人恢复成为一个健康人；也像学校的职能——把一个顽劣者教育成为一个良善者。由此看来，关于社区矫正对象的教育帮扶体系的研究，已经处在法律惩罚与法律奖励之外的第三领域或第三空间，似可归属于"矫正法治"研究。

周健宇博士多年关注社区矫正，他的这部著作专门研究针对社区矫正对象的教育帮扶体系，很接地气，既是关于"微观法治"的研究，也是关于"末梢法治"的研究，还是关于"矫正法治"的研究，且在这三个领域都做出了个性化的论述，绵密而细致，殊为不易。在著作即将出版之际，周健宇博士希望我写几句话，作为本书的序言。我读了这部书稿，想到了以上三点，且敷之成文，聊以为序。

（原载周健宇：《社区矫正人员教育帮扶体系比较研究》，
法律出版社 2020 年版）

流水线时代的手工作品

——序李东滇著《社会治理转型时期的基层司法实践逻辑》

　　法学是公平正义之学。承载公平正义的机构，首推法院。以前，很多法学院的学生都有一个大致的职业预期：毕业之后去法院，成为"铁肩担道义"的法官，持续不断地向社会运送公平正义。现在，随着法学教育规模的扩张，就业渠道的拓展，法科毕业生去法院就业的比例在逐渐下降；在法院之外，检察院、律师事务所、政府、企业也成为法科毕业生的常规去处。尽管如此，与法学、法学院及法科毕业生对应性最强的机构，毕竟还是法院。在法学院念书的学生，在法学院任教的老师，当他们站在法学院里眺望外面的法律世界时，最容易看到的地方就是法院。相对说来，法院里的人与事，更容易成为法学院师生关注的对象，更容易吸引法学院师生的目光。

　　正是在这样一个背景下，我们很容易理解：法学家创造的法学知识，大多与法院相关，要么强相关，要么弱相关。且不说那些关于审判与诉讼的专业知识，几乎可以覆盖法学知识的绝大部分，单是直接把法院作为研究对象的成果，也是丰富多彩的。我读过一些专门论述最高法院的著作，也读过一些专门论述派出法庭的著作。此外，还有一些学者研究过各级法院内设的某种组织，譬如审判委员会、合议庭，等等。诸如此类，不一而足。

　　相比之下，现有的对基层法院进行总体研究、全面论述的著作，从数量上看，还是偏少。须知在我国的法院系统中，基层法院的数量最多，基层法院每年裁判的案件也最多，基层法院每天面临的新情况、新问题更是层出不穷。因而，在社会治理发生明显转型的时期，与时俱进地研究基层法院是极为必要的。那么，在当下的中国，真实生活中的基层法院到底是一个什么样的机构？如何有效解释基层法院的行动逻辑？如何生动呈现基层法院的整体面貌？思考这样一些根本性的问题，有助于我们更深刻地理解基层法院。令人欣慰的是，这些避不开的问题，在李东潇博士的这部书中，能够找到你所期待的答案。如果你对基层法院还有一些好奇心，也可以通过这部书得到相当程度的智识满足。

不妨把这部书视为作者以基层法院为主题，精心绘制的一幅长长的画卷。打开这幅长卷，我们跟随作者的笔触，首先看到的是基层法院的内部结构。接下来看到的，是基层法院所置身于其中的外部结构。在内外两个不同的空间中经历了一番穿行之后，基层法院的里里外外、上上下下，我们大体上可以获得一个清晰的印象。在稍作停顿之后，作者又让我们细致地观看立案、审理、执行及信访等几个连续性的活动场面。其中的每个场面都呈现为一个相对独立的画面，连缀起来又是一个相互关联的整体。基层法院的运作过程，由此得到了全景式的展示。一路看下来，整幅画卷气韵生动流畅，细节刻画鲜活，个性寓于匠心，既不乏立体感，也颇有现场感。

从创作过程来看，这部书是作者在"远山县法院"进行田野考察并予以深度描绘的产物。在数年的田野考察过程中，作者与"远山县法院"内外的相关人士已经建立了"牢固的友谊"。这个看似无关紧要的细节，让我想到了深入易洛魁部落的摩尔根（1818~1881年），以及其他走进田野的社会学家、人家学家。当然，我们都知道，当代中国的"远山县法院"绝不是北美的印第安部落，本书作者也不是摩尔根。这部书与《古代社会》也各有自己的际遇，不可同日而语，也不必相提并论。但是，这部书的由来，与摩尔根孕育、写作《古代社会》一书的轨迹，何其相似乃尔！

由此说来，这部书也是作者在田野里长期耕耘所收获的成果，是作者在当下这个盛行流水线生产的时代精心制作的一件手工作品。

流连、徜徉于字里行间，手工制作的痕迹随处可见。这是我喜欢这部作品的主要原因。

（原载李东澍：《社会治理转型时期的基层司法实践逻辑》，中国社会科学出版社 2021 年版）

知其人，读其书

——序李凌云著《新时代行政诉讼疑难问题研究》

　　李凌云博士的新著《新时代行政诉讼疑难问题研究》即将付梓。作者托我写几句话，置于书前，充作序言。我一边阅读这部近三十万字的书稿，一边不由自主地回忆起与凌云交往的几个片断。

　　初识凌云，是在 2015 年。那年秋天，他负笈来京，到我彼时任教的首都经济贸易大学法学院攻读硕士学位。我们应当是在首经贸校园里的某间教室或办公室里初次见面的。那时候的凌云二十岁刚出头，风华正茂，充满了无限的可能性。在完成首经贸法学院的学业之后，凌云顺利入职北京市门头沟区法院，开始了他的法律职业生涯。

　　我不太知道，基层法院里的司法实务给凌云留下了什么样的体验。反正是法院的工作还不满一年，他就开始了人生的重新规划。他想离开法院，回归法学院；他想从司法实务转向法学研究。他找我商量，想听听我的意见，我的建议是：在北京的法院系统工作也是很好的，而且，学术研究之路也颇为不易。因为学术研究，不仅仅需要勤奋，多多少少还得有一些天赋。首先，你要尽可能储备足够丰富的相关知识；其次，你得培养自己的想象力与洞察力；在这两个条件都同时具备的前提下，你还得耐心地等待启示，等待创作灵感的到来。其中的每一个环节，都充满了偶然性。尽管你已经辛苦地播下了种子，但并不能保证获得你预期的回报与收获。得有这样的思想准备。

　　当然，我也顺便告诉凌云，我尊重他的任何选择，只是希望他在作出决定之前，一定要慎重考虑。然而，他"慎重考虑"的结果，就是从法院辞职，到苏州大学跟随黄学贤教授全职攻读法学博士。他的这一决定虽然还是让我略感意外，但我清楚，在他内心深处的天平上，法学研究的分量已经重于法律实务的分量。于是，我开始期待他在法学研究领域有所收获。

苏州大学我是去过的。苏州大学的法学学科历史悠久，甚至可以追溯到1915年设立的东吴大学法学院。吴经熊、王宠惠、李浩培、倪征燠等法学名宿，都是它的校友。在这些著名人物中，我对吴经熊一直保持着更多的好奇心。这个人，早年专事法学，中年翻译圣经，晚年研究禅宗，精神世界之幽深宽广，在百年以降的中国历代法学家群体中，鲜有出其右者。就在吴经熊从东吴法科毕业差不多百年之后，凌云也来到东吴法科的后继者——今天的苏大法科——正式开始了他的法学梦。

再次让我感到意外的是，我很快就在一些重要的学术刊物上，譬如在《江苏社会科学》《学习与探索》《辽宁大学学报》《苏州大学学报》《法治现代化研究》《法律适用》等等刊物上，看到了凌云的学术作品。见于这些学术期刊上的论文，是凌云进入学术研究领域之后，为法学园地奉献出他培育的第一批新苗。这些散见于各种期刊上的法学"新苗"，逐渐生长，逐渐成林，居然长成了我们现在所看到的这部厚实的《新时代行政诉讼疑难问题研究》。

还是回到两年前的那个时间节点，那是2020年冬天，凌云即将从苏州大学博士毕业。他的法学人生再一次面临多种选项。他又找我商量，多次沟通之后，我给他提出了一些建议：如果一定要选择法学教学与研究的职业，在普通高校之外，还有一些"牌子"很大的机构，譬如一些国家级的干部教育机构，也可以提供法学教学与研究的岗位。我给他介绍了各种机构的性质和工作方式，以及这些机构可能蕴含的特殊优势，而这些特殊优势又是普通高校所不具备的。凌云反复比较、反复权衡之后，还是根据他自己的学术偏好，选择了一所普通高校，这就是他现在担任教职的北京物资学院法学院。在这所位于北京通州、大运河畔的校园里，凌云终于开始了他期待已久的以学术为业的生活方式。我和凌云，终于成为在同一座城市且从事相同职业的同行了。

从 2015 年秋天到 2022 年冬天，我认识凌云已经超过七年了。我们经常交流。虽然我自己的研究方向是法理学，但是，凌云研究的行政法学，也是我深感兴趣的学术领域。凌云以各种不同的方式，向我介绍行政法学的新动态，让我对变迁中的行政法学，不至于过于陌生、过于外行。也许正是因为这样一些缘故，在国家编制的《法治政府建设实施纲要（2021-2025 年）》正式公布之后，《中国司法》编辑部约我就这个"纲要"写一篇评论，我才有勇气答应下来。试想，如果我对行政法学一无所知，我又怎么评论这种典型的行政法问题呢？

七年来，凌云从法学院走向法院，又从法院回到法学院，再从大运河南段的法学院转向大运河北端的法学院，在走过了这样一些路途之后，凌云完成了这部专门研究"行政诉讼疑难问题"的著作。这部书包含的各章，大多在前文提到的各种刊物以及其他刊物上发表过，这就是说，这些文字，已经通过了众多学术刊物的检验，如今终于被铸成了一部书，也算是为这些文字、这些散篇，找到了一个理想的归宿。或者如前所述，这部书也是凌云培植的一株又一株"新苗"经过移栽之后长成的一片树林。在这片青翠的树林间徜徉、流连、徘徊，"新时代行政诉讼若干疑难问题"居然纤毫毕现。

在《孟子·万章下》篇，可以读到孟子的一句名言："颂其诗，读其书，不知其人可乎？"孟子的回答是否定的。且让我们在千载之下，按照孟子的提问方式，重新提出一个问题：读凌云其书，不知凌云其人，可乎？回答当然也是：不可。是以论其人，以便各位朋友知其人，进而读其书。是为序。

2022 年 11 月 15 日

民法典对国家治理的意义

——序阳李、李凌云、吴倩、佀连涛、张青卫合著 《民法典与国家治理》

  民法典对国家治理的支撑作用，已经成为一个普遍性的共识。这样的共识不仅见于当代中国，而且早已显现于世界历史。在这里，倘若我们略作追溯，即可以看到，在民法的演进史上，第一个重要的标志性成果就是罗马法。"德国法学家耶林说过，罗马人曾三次征服世界，第一次用武力，第二次用宗教，第三次用法律。"[1]耶林还进一步指出，较之于武力与宗教，法律对世界的征服更为持久。耶林此番所说的"罗马人"的"法律"，就是指罗马法，其主体部分就是罗马民法。耶林关于罗马法的议论，主要着眼于"征服世界"。在和平与发展已经成为世界潮流的当代，如果我们暂时搁置这种"征服世界"的视角，如果我们对耶林的观点进行创造性的推演，那么，我们就可以合乎逻辑地得出这样的结论：运用民法治理国家，能够获得更为持久的效果。

  倘若把罗马法看作是民法在人类历史上的第一次闪亮登场，那么，人类历史上第一部严格意义上的民法典，则是1804年的《法国民法典》，亦即《拿破仑法典》。据说，"拿破仑的积极参加制定，对于该法典的胜利草成起了决定性的作用。他在法国枢密院中对草案讨论的积极参与，大大地影响了很多条文的形成"。正是由于这个缘故，"1807年和1852年，该民法典曾先后两次被命名为《拿破仑

---

  [1] 徐国栋："查士丁尼及其立法事业——兼论法典法的弊端及补救"，载《法律科学（西北政法学院学报）》1990年第5期。

法典》，以纪念他的贡献。拿破仑也曾自夸地说：'我的光荣不在于打胜了四十个战役，滑铁卢会摧毁这么多的胜利……但不会被任何东西摧毁的，会永远存在的，是我的民法典。'"[1]一代豪杰拿破仑如此看重他的民法典，甚至把他的民法典放置在他的四十个胜仗之上，足以表明，在拿破仑的价值体系中，尤其是根据他的"晚年定论"，民法典高于武功，民法典事关全局，民法典垂范长远，民法典对国家治理具有持久的支撑作用。

较之于《法国民法典》，更能够体现民法典对国家治理的支撑作用之"样板工程"，乃是 1896 年通过、1900 年正式施行的《德国民法典》。事实上，早在 1814 年，德国法学家蒂堡就发表了《论制定一部德意志统一民法典之必要性》一文，在这篇论文中，蒂堡认为："我们的民法需要整体的、快速的变革。只有德意志所有邦国一致行动，来起草一部不掺杂各邦恣意的、为全德意志制定的法典，德意志人在民事关系上才有幸福可言。"[2]这就是说，必须有一部为全德意志制定的民法典，才能保证德意志人在民事关系上的幸福。针对这样的倡议，萨维尼在同年发表了影响深远的法学名篇《论立法与法学的当代使命》，要求以更加审慎的态度对待德国民法典的制定。萨维尼对蒂堡的批评，在德国引发了旷日持久的大讨论。这场关于德国民法典的大讨论，既推迟了德国民法典的制定与实施，同时也进一步凸显了民法典对国家治理的重要意义。

在《德国民法典》施行了 120 年后，《中华人民共和国民法典》顺利通过。随着这部民法典在 2021 年的正式实施，一些值得我们思考的问题越来越清晰地浮现出来：在当代中国的语境下，民法典与国家治理的关系是什么？民法典对国家治理的意义是什么？如何全面理解民法典对国家治理的支撑作用？这些相互关联的问题，既是实施民法典需要考虑的根本问题，更是国家治理需要考虑的根本问题。陕西人民出版社宋亚萍总编辑注意到了这样一些根本问题。

---

〔1〕《拿破仑法典（法国民法典）》，李浩培等译，商务印书馆 1979 年版，"译者序"，第 3~4 页。

〔2〕[德] 安东·弗里德里希·尤斯图斯·蒂堡：《论制定一部统一德意志民法典之必要性》，傅广宇译，商务印书馆 2016 年版，第 12 页。

2020 年 8 月，她建议我针对民法典与国家治理这一主题组织开展相关研究。我们经过反复的沟通，认为民法典对国家治理的支撑作用主要体现在政治、经济、社会、文化与生态五个方面。基于这样的认知，我约请了五位勤学善思的青年学者分别聚焦于不同的方面进行研究，力求阐明民法典对国家治理的各个方面的支撑作用，由此形成了这部书。但愿此书的出版，能够有助于更深地理解民法典与国家治理之关系。

（原载《北京日报》2022 年 6 月 6 日）

以公众习惯的方式运送公平正义

按照法治新常态的要求，要坚持依法治国、依法执政、依法行政共同推进，坚持法治国家、法治政府、法治社会一体建设。既然要一体建设，那么，法治国家、法治政府与法治社会的关系是什么？在法治实践中，如何加强三者的一体建设？

三者之间，法治国家勾画了一个整体性的目标。对于法治国家建设来说，主要内容包括三个方面。第一，国家机构严格依法办事。国家机构在法律设定的权力、职责范围内，按照法定的程序行使权力、履行职责，既不越权，也不失职。这里需要强调的是，国家机构的失职与越权都是对法治国家的损害。第二，国家机构与社会主体之间的相互关系受法律调整。国家机构与社会主体在法律的框架下，特别是在法律搭建的交往渠道中，形成有序的交往关系。通过这样的交往，社会主体的愿望、要求、呼声，能够有效地传递到国家机构，国家机构也能够做出积极有效的回应，以保持国家机构与社会主体之间的相互协调。第三，在国家机构体系中，无论是纵向的中央机构与地方机构之间，还是横向的立法、行政、审判、检察等机构之间，权责边界清晰，形成彼此配合、相互促进的法治化关系。其中，就中央与地方关系而言，既要强调中央的权威，发挥中央机构的领导、统筹、协调作用，也要维护地方机构的积极性、主动性、创造性，这就要求实现中央与地方关系的法治化。

相对于法治国家这个整体性的目标来说，法治政府是一个局部性的目标，但是，法治政府却是法治国家框架下的最重要的目标，或者说，法治政府构成了法治国家的最重要的标志。原因在于：政府虽然不是国家的全部，但却是国家体系中最重要的组成部分。相对于立法机构、审判机构、检察机构来看，政府更多、更广、更深地影响到社会生活的方方面面，因此，法治政府建设是法治国家建设的核心部分。

要建设法治政府，最重要的内容包括：第一，法治政府应当是有限政府。只有权力有限的政府才可能成为责任明确的政府。有所不为，才能有所为。一个政府，什么都要管，结果很可能是，什么都管不了，管不好。因此，法治政府建设的一项基础性工作，就是通过法律，为政府的权力及其责任划定边界。第二，法治政府应当是高效政府。特别强调效率，是政府区别于审判机关、检察机关、立法机关的一个特征。由于政府处理的事务较为广泛，而且都涉及社会主体的切身利益，只有高效的政府，才可能成为一个真正的服务型政府。第三，法治政府应当是透明政府。这就要求通过"阳光法"，推行政务公开，以透明的政府促成廉洁的政府，因为，阳光是最好的防腐剂，透明化、公开性是廉洁政府的重要保障。第四，法治政府应当是诚信政府。在法律体系中，诚实信用本来是民法的基本原则，但是，在法治发展的进程中，它已经演变成为法治政府的基本要求。加强政府的诚信建设，也因此成为法治政府建设的一个重要的组成部分。

法治社会，是指社会本身的法治化，具体地说，是指各种社会主体都受到法律的约束，都在法律提供的框架下相互交往，并形成了稳定的、可预期的社会秩序。

一方面，就法治社会与法治国家的关系而言，从总体上看，社会仍在国家的框架内，而且，治理社会的法律同样也是出于国家的立法机构，因此，法治社会建设从属于法治国家建设，且构成了法治国家建设的一个组成部分——就像法治政府建设是法治国家建设的一个组成部分一样。学术界流行的"国家—社会"二元结构理论，强调了国家与社会的二元划分，虽然具有一定的解释能力，但从我国法治建设的实际情况来看，社会不可能脱离国家而存在，而且，"法治社会"这个概念本身，就隐藏着国家机构对于社会的治理，因此，法治社会建设应当在法治国家建设这个整体框架下来展开。

另一方面，就法治社会与法治政府的关系而言，两者之间相互对应的趋势更为明显，因为，政府与社会之间的界线是清晰的，政府对社会的管理与服务构成了政府介入社会的基本渠道。因此，法治社会与法治政府是相互并列的关系，它们两者都从属于法治国家建设这个整体性的目标。

法治就是法律之治。法律治理的领域既包括国家，也包括政府和社会。这就是说，法治国家、法治政府、法治社会都是法治的目标，三者分别表达了法治建设的不同面相。而且，如上所述，在法治实践过程中，三者并不能截然分开。法治国家建设必然包含法治政府建设、法治社会建设。

法治政府建设就是在一个关键环节上推进法治国家建设，同时，法治政府也是建设法治社会的前提与基础。至于法治社会建设，它既是法治国家建设的一个方面，构成了法治国家建设的一个组成部分，在"政府推进型法治"的背景下，法治社会建设也有赖于法治政府的积极推进。法治国家、法治政府、法治社会既然不可分割，这就提出了法治一体建设的必然要求。

首先，应当针对法治国家、法治政府、法治社会的不同特征，在法治一体建设的过程中做好顶层设计。法治国家建设具有全局性。法治政府建设主要针对行政权，核心任务是实现行政权的有限性和有效性。法治社会建设主要在于保障社会主体之间在公平正义的原则下实现有序交往，因此，公平正义是法治社会建设的价值目标。三者重心不同，建设的路径、方法也会呈现出各自的特点。这些特点应当在顶层设计中予以全面考虑。

其次，自20世纪90年代以来，无论是建设法治国家的依法治国，还是建设法治政府的依法行政，都出现了较多的探索与实践。相比之下，法治社会的建设还是一个相对薄弱的环节，无论是理论准备还是实践经验，都还比较欠缺。这就意味着，在法治一体建设的过程中，要更加注重法治社会建设，要特别注意建设对保障社会公平正义具有重大作用的法律制度。要通过法治社会建设，造就一个公平的社会环境，让社会公众能够从容自如地、有尊严地生活在一个完善、成熟、公正的法治社会中。

再次，在法治国家的整体框架下，在法治政府建设、法治社会建设之外，还有两个重要的领域也必须予以强调，那就是立法和司法。其中，立法主要针对法律体系建设。既然法治是法律之治，那么法律本身的完善，法律体系的完整，就是建设法治国家、法治政府、法治社会的前提条件。司法主要是运用法律解决纠纷的活动，公正高效权威的司法既是法治社会的重要保障，更是法治政府的推动力量。因此，在法治一体建设的过程中，还必须把立法工作、司法工作纳入进来。

最后，在法治国家、法治政府、法治社会一体建设的过程中，无论在哪个层面，无论在哪个环节，都应当坚持以人为本。以人为本中的"人"，主要是指广大的社会公众。公众满意不满意、公众高兴不高兴，应当成为法治一体建设活动的着眼点和根本归属。在立法过程中，用公众愿意接受的规范表达公众的意志。在行政执法过程中，用公众同意的方式实施管理，用公众满意的方式提供服务。在司法过程中，用公众认同的态度倾听诉求，用公众认可的方法查清事实，用公众接受的语言诠释法律，用公众信服的方法化解纠纷。一言以蔽之，在法治一体建设的各个领域，用公众习惯的方式运送公平正义，把公众的态度作为检验法治一体建设的核心标准。

（原载《北京日报》2013 年 3 月 25 日）

荣誉的法理与伦理

在司法实践中，有关荣誉权的案件时有发生。在民法理论中，以荣誉权为主题的论文也不少。多数观点认为，荣誉权应当予以保护。但也有人认为，荣誉权不是一种独立的权利，荣誉权应当归属于名誉权。我个人认为，荣誉与名誉还是可以区分的，也是应当区分的。两者的本质差异在于：荣誉针对"杰出"，名誉针对"合格"。所谓侵犯人的名誉，是把一个"合格"的人贬为"不合格"。譬如，张三无中生有，指责李四"道德败坏"，张三就可能侵犯了李四的名誉权，因为一个人被打上了"道德败坏"的标签，"名誉"就不好了，一个"名誉不好"的人在群体中就可能受到某种程度的歧视。一个人倘若要寻求法律救济，要提起名誉权诉讼，他的实际诉求是：让他的形象从"不合格"恢复到"合格"。民法中所谓的"恢复名誉"，就是要把泼在一个人身上的污水洗掉，让他成为一个"干净"的、"合格"的人。这就是我所说的"名誉针对合格"的意思。

"荣誉针对杰出"的意思是，荣誉属于那些超越于众人、常人、普通人的杰出之人，支撑荣誉的"杰出"明显高出于支撑名誉的"合格"。针对"杰出"，国家、社会通常会给予各种形式的奖励。因此，荣誉权通常就是获得精神奖励与物质奖励的权利。譬如，获得诺贝尔奖、科技进步奖、先进个人称号、三好学生称号，等等，都属于荣誉。由国家、社会向某些"杰出"者授予某种荣誉，从而产生某种激励功能，是社会治理的一种重要机制，因此，荣誉权能够得到国家的支持。个体获得某种荣誉，意味着个体获得某种承认，因此，荣誉权能够得到个体的支持。这是荣誉权得以成立的政治基础、社会基础。从这个角度上说，荣誉权是不能否认的，同时也是应当得到救济的民事权利。

获得荣誉是人的权利，能够在法理层面得到确认，这没问题。但是，如何追求荣誉还有一个伦理层面上的限制与约束。譬如，某个很不错的作家，他自认为名气也很大，成就也很高，他希望获得今年的诺贝尔文学奖。但是，诺奖评审委员会却把今年的诺奖给了别人。他觉得这不公平。他能不能向诺奖评审委员会提出申诉？他能不能向瑞典法院提起荣誉权诉讼？从法理上说，他有这个权利。但是，近百年来，诺奖历史上发生过这样的申诉或诉讼吗？没有。这就是说，即使有一些与诺奖无缘的作家可能会感到失望，但是，从没有人试图从"法律层面"上去"救济"自己的荣誉权。原因在哪里？回答是：真正的荣誉离不开伦理的支撑，个人对荣誉的追求受制于伦理的约束。

荣誉是国家机构或社会组织主动授予的。从伦理上说，荣誉不宜由个人主动申报。因为"申报"的含义之一就是"索取"。在通常情况下，合法的利益都可以索取，譬如，索取劳动报酬，要求侵害者恢复自己受到损害的名誉，就是堂堂正正的。但是，对于荣誉的索取则是另一回事。诺贝尔奖评审委员会就明白这个道理：诺奖不需要个人去主动申报，评审委员会认为应该把奖颁给谁，就"荣幸地"通知他，仅此而已。

要求荣誉都要经过申报才能授予，这种制度是否妥当，利弊如何，值得再研究。这种制度也许有程序公正方面的理由与依据，也许是出于"不得已"，也许有其他方面的考虑。就算这样吧。但接下来的问题却更加不堪：我申报了，但我没有评上，我认为不公正，我不服，我要申诉，我甚至要到法院去告你们，我要打一场荣誉权官司！对荣誉权的争夺竟至于此，由此争来的荣誉还能称为"荣誉"吗？荣誉权确实是可以救济的权利，但荣誉的伦理根基呢？荣誉本身的尊严呢？人的尊严呢？法理上确实可以承认荣誉权，但争取荣誉的诉讼能轻易启动吗？

（原载《北京日报》2016 年 11 月 28 日）

人类命运共同体的憧憬

———⚖———

　　各位学者，来自人民日报、光明日报等媒体的各位朋友，还有各位同学，大家上午好！感谢大家来到首都经济贸易大学，参加由首经贸法学院与《法学论坛》编辑部共同组织的本次学术研讨会。大家愿意抽出自己宝贵的时间，不远数十里，不远数百里，不远数千里，来参加这次会议，我作为会议承办方的代表，在此向大家鞠一个躬，向大家表示非常的感谢。

　　这次学术研讨会的主题是人类命运共同体与新时代的中国法学。大家可以注意到，这个题目包含了三个关键词，除了中国法学之外，其他两个都是当下的热词，这两个热词分别是人类命运共同体与新时代。严格说来，这两个词都不是今天才有的，人类命运共同体前些年就已经开始讨论了。新时代就像现代性或者新时期一样，作为一个划分时间段落的概念，在很多时代都在运用。但是，在当下，人类文明共同体与新时代，被赋予了更多的意义。我们今天的会议，旨在从法学的角度，对新时代，特别是对人类命运共同体，做出学理上的回应。这是一个相对宽泛的议题，这个议题涉及法理学、宪法学、国际法学，法律史学，当然也涉及其他的部门法学，同时与国际政治、国际关系、思想史等学科也有紧密的关联。作为主办方，我希望今天的会议，能够从法学的角度，多维度、多侧面地回应人类命运共同体这个主题，对于中国法学、中国法律、中国法治提出的新要求。

　　人类命运共同体作为一个概念，在中、西、马三个谱系中，都可以找到自己的思想渊源。首先值得注意的，是中国文化方面的渊源。传统中国的天下，它作为修身、齐家、治国、平天下这个逻辑的终点，已经包括了人类命运共同体的某些含义。平天下的前提就是，天下一体，天下是一个共同体，天下体系就是一个人类命运的共同体。与此相关的大同概念，在《礼记·礼运》中已有全面的描述，那样一个痛痒相关的大同世界，就是一个人类命运的共同体。百年以前，康有为写下的名篇《大同书》，则是对这个人类命运共同体的全新建构。在这个意义上，人类命运共同体是否可以解释为新天下体系，能否解释为一个新大同世界？能否解释为新的"四海之内"？

其次是西方文化中的渊源。康德的《永久和平论》，是不是对人类命运共同体的论证？黑格尔在《法哲学原理》中论证的"世界历史"，它作为国际法往前延伸之后的下一个环节，也是最后一个环节，算是人类命运共同体的宪制安排吗？黑格尔说"世界历史是一个法院"，这是什么意思？是不是说，世界历史具有裁决的功能？那么，人类命运共同体是不是一个法院？人类命运共同体能不能像"世界历史"一样，是否具有裁决一切的功能？在晚近，伯尔曼关于"世界法"的论证，是否可以支持人类命运共同体？

在马克思主义的视野中，有一个关键性、基石性的概念，那就是共产主义。共产主义这个概念是否可以解释人类命运共同体？共产主义理论如何解释国家与法？国家、法与共产主义是什么关系？人类命运共同体如何解释国家与法？国家、法与人类命运共同体是什么关系？共产主义理论如何解释人类命运共同体？这些都是严肃的学术问题、思想问题。

可以说，无论是西方经典、中国经典，还是马克思主义经典作家，都关注过人类命运共同体的某些侧面。那么，新时代的中国法学，应该如何吸取各种思想资源，以解释人类命运共同体？如何完成人类命运共同体的法学建构？从法学的角度来看，人类命运共同体是否可能？如何可能？这是新时代为我们提出的新问题。今天的研讨会就是因为这些问题而召开的。对于这些问题，我相信各位学者都会从自己的角度提出自己的回答，相信各位学者的学思能够丰富关于人类命运共同体的学理，能够提供关于人类命运共同体的中国立场、世界眼光。再次谢谢大家。

（2017 年 11 月 17 日在"人类命运共同体与新时代的中国法学"
学术研讨会上的致辞）

言论自由的边界

女歌手吴某飞因在微博上扬言"炸建委""炸居委会"而被刑事拘留一事，引起了社会公众的热议。有人认为，吴某飞是在说气话，虽有一定负面效应，但社会危害性尚未达到刑事犯罪的程度。也有人认为，吴某飞编造虚假恐怖信息，扰乱了社会秩序，应当承担一定的刑事责任。就事论事，吴某飞的行为是否构成了犯罪，还有待于公安机关、检察机关以及审判机关的侦查和审讯。对于刑拘之后的追诉过程及其最终结果，我们只能拭目以待。

但舆论中已经出现了质疑或不安的声音：在微博上说几句气话，就可能身陷囹圄，这个社会还有没有言论自由？"因言获罪"是否有抬头之势？

这确实是一个问题。一方面，公民的言论自由必须得到维护，这是我国宪法确认的一个基本准则，也是公民享有的一项基本权利。但是，另一方面，我们还应当看到，言论自由不是绝对的，公民在享受言论自由的同时，不能对他人、对社会特别是对公共利益造成伤害。如果没有边界意识，一个人的言论就可能对另一个人构成诽谤，倘若情节严重，就可能构成诽谤罪。同样，一个人的言论也可能危及公共安全与社会秩序，如果社会危害性已经达到刑法所规定的程度，就完全可以依法追究其刑事责任。一个健全的法治社会，既要保障公民的言论自由，也要追究某些造成了社会危害性的言论。因此，公民在享受言论自由的同时，还要有边界意识。跨越了边界的言论，必然会承担"不自由"的代价。

难道说几句气话，就跨越了言论自由的边界？就构成了犯罪？当然不一定。这得看具体情况。某个村民在乡政府办事不顺利，心里不痛快，回到家里喝了几杯闷酒，愤愤不平地对家里人说：我要把乡政府炸了，说罢倒头就睡，第二天什么事也没有。这种情形，就没有什么社会危害性，不能作为违法行为来处理，更别说犯罪了。但是，如果一个人在飞机上公开说"我带了一颗炸弹，我要把飞机炸了"之类的气话，由此带来的严重后果，相信任何人都可以想象。这样的气话，显然不会得到法律的豁免，因为它造成了明显而即刻的危险。

气话有没有社会危害性，还与社会形态、传播方式有关。在传统的农耕社会，一个村民在自家的地里说气话，发泄某种情绪，即使嗓门儿较大，也没有几个人能听到，气话也就随风而逝了。但在当前的信息社会、网络时代，特别是在越来越发达的微博空间，某个公众人物的一句气话，就可能对他的粉丝群体产生某种影响。因为这种影响的实际存在，气话就成了一种牵动社会的力量，就可能产生某种社会危害性，因而也加剧了"因言获罪"的可能性。

公众人物拥有比普通人更高的号召力、影响力。这就意味着，即使是说同样的气话，公众人物的气话也会对社会产生更大的影响。因此，公众人物的言论一般会受到社会以及法律的更严格的审视。这就要求公众人物必须理性地行使言论自由的权利，不能信口开河，当然亦不能肆无忌惮地说气话。有些气话，普通人可以说，茶余饭后可以说，但公众人物如果要说，特别是要在公共平台上说，就需要更加谨慎、节制、克制。

在法治社会中，言论自由是言论者的权利，应当予以维护。但是，权利与义务是不可分的，一个人在享受言论自由这种权利的同时，还必须履行相应的义务：对他人、对社会的义务，这种义务就是言论自由的边界。如果每个人都不讲边界，那么，每个人都会成为他人的"言论自由"的受害者。因此，言论自由不能越过边界，否则就会陷入"不自由"，就像你驾车行驶在公路上，只要你还在公路边界之内，你就是自由的，倘若不慎冲出了公路的边界，你还有自由吗？

（原载《环球时报》2013 年 7 月 30 日）

网状权利论

20 世纪 80 年代以来，有关权利的研究一直都是法学界的热门话题。权利的很多侧面都得到了比较细致的讨论。其中一个既有理论价值又有实践意义的方面是权利的种类及其实现。在这个领域中，学者们从不同的立场出发，阐述了若干内容不同但思维格式相似的权利结构观。这里不妨稍作列举，以使下文的讨论更有针对性。

在理论法学界，郝铁川的《权利实现的差序格局》一文认为："人们的权利实现是参差不齐的，权利主体是逐步扩大的，不同权利种类的实现也是循序渐进的。决定权利实现的差序格局的根本原因是社会经济发展不平衡所带来的人们拥有财富多寡的不同，是重视差距的市场经济与重视平等的现代法治相冲突的表现。"[1]这篇文章认为，权利的种类具有历时性，可以从时间维度上来划分，不同的时代为不同权利的出场提供了历史舞台；各种权利并不是同时出现的，而是有一个差序格局：某个时代实现了第一类权利，下一个时代又实现了第二类权利，再下一个时代则把第三类权利变成了现实，等等。总之，这是一个循序渐进的过程。按照这样的权利结构。在权利的实现领域，不同的时代负有不同的使命，而每一个时代只需要把某种特定的权利变成现实，或者催生出某种权利，就算大功告成了；时代越是向前发展，人们享有的权利也就越多、也越完善。为了简便起见，我们可以将这种与时俱进式的权利结构冠称为"差序格局论"。

---

〔1〕 参见郝铁川："权利实现的差序格局"，载《中国社会科学》2002 年第 5 期。

在宪法学界，由于一些国家的宪法文本中出现了"基本权利"这样的字眼，一些论著常常讨论到公民的"基本权利"。所谓"基本权利"，尽管可以作多种理解，但它还是有一个"意思中心"，那就是最重要的权利或必须重点保护的权利。"基本权利"这个概念本身，以及对"基本权利"的专门研究都意味着，在权利世界的结构中，除了某些"基本权利"，一定还有一些次要的非基本的权利。当然，我们没有看到有人专门撰文讨论"非基本的权利"，但从逻辑上看，如果没有"非基本的权利"作为对称，所谓"基本权利"又将从何说起呢？作为一种潜在的分类，它已经含蓄地表示：权利有主次之分，有核心与边缘之别。"基本权利"应当优先保护，其他"非基本的权利"则要等一等、看一看，要是条件允许，就给予适当的保护；如果条件不允许，就——像一首流行歌曲里唱道的——"只能说声抱歉"。而且，做出这种区别对待的理由也很简单：谁让你们的这些权利不属于"基本权利"呢?! 对于这种将权利分为"基本权利"与"非基本权利"的权利结构观，我们可以简称为"权利主次论"。

在民法学界，由于民法规则体系总是由不同的部分分类组合而成的，因此，民法与民法学中的"民事权利"也被分割成一个又一个的"权利板块"。其中，物权法保护人们对物的占有、使用、收益、处分的权利；债权法保护人们的债权（其中又包括合同上的权利、被侵犯被损害的权利、索回他人不当得利的权利、要求他人对无因管理进行补偿的权利，等等）；知识产权法保护人们的知识产权（其中又包括专利权、商标权、著作权，等等）；继承法保护人们的继承权；人格权法保护人们的人格权，等等。至于如何保护每一种类型的民事权利，都有大量的论文或"专著"予以详尽的探讨。与法律、法学上的分类相对应，在法院内部，由于要救济不同类型的民事权利，民事审判庭也常常分为民一庭、民二庭、民三庭、民四庭……甚至为维护权利提供专门服务的律师，内部也有一些大致上的分类（比如证券律师、房地产律师）。这些关于民事权利结构的法律规定、理论探讨与制度设计当然是极其重要的，也是必不可少的。然而，它们又给公众造成了这样的感觉：似乎每一种民事权利都有一种与之相对应的、专门的且相对封闭的保护机制。由于这种权利分类的结果是形成了一些相互割裂但又相互平行的民事权利类型，我们可以称之为"民事权利论"。

在国际法特别是国际人权公约中，在人权的名义下，人的权利又被平行地划分为政治权利、经济权利、文化权利与社会权利等。这种权利的分类大概基于以下两个方面的理由：一方面，是以人的活动领域作为标准。由于每个人既是政治中的人，同时也是经济中的人、文化中的人与社会中的人；又由于每个领域中的权利都需要保护，所以对每个领域中的人的权利都进行了专门的规定。另一方面的考虑是（可能也是一个更主要的原因），各个国家在不同的权利领域给予保护的程度是不同的。比如，A国在人的政治权利的保护方面比较到位，但对于经济、社会与文化权利的保护则比较差；而B国，对于文化权利提供了充分的保护，但对其他领域的权利又没有给予重视；至于C国，又会出现一些不同A、B两国的特点，等等。国际人权公约作出这样的结构分类，就等于给各个国家设定了一组指标：你在哪些方面做得很好或较好，而在另一些方面则"成绩"一般或较差甚至很差。对于国际人权法上的这种权利结构划分，我们可以称之为"国际人权论"。

上文从理论法学与应用法学、国内法学与国际法学等不同的观察立场列举了若干权利结构观。由于这些观点要么来源于学术刊物，要么来源于已经制度化、法律化了的宪法与民法，要么来源于国际人权公约。可以说，这些观点大致代表了当代法律与法学关于权利结构问题的主流看法。它们不仅让我们看到了权利的不同领域与不同面相，而且也在事实上促进了权利的保护与实现。尽管如此，我仍然要说，这些观点在揭示了权利的内部结构的同时，也遮蔽了权利的另一些东西（下文将做进一步的讨论），它们不仅将权利作为一个孤立的对象加以考察，而且还将权利的内部结构分解成一个个互不相干的片段，生硬地割裂了权利结构中相互依赖的天然联系。

先说"差序格局论"。"差序格局论"尽管也看到了权利与财富、经济的关系，但它的主要问题在于，单纯地把权利现象从其他现象中割裂出来，将权利视为只有一块石头投进水里溅起的一圈又一圈波纹，这些层层荡开的同心圆似乎构成了一个封闭、自足、不受外来干扰的权利体系。涟漪所到之处，都是权利帝国的疆域。历史越是向前演进，权利帝国的地盘将会越来越大。顺着这个思路走下去，权利演进的最后结果，将是弥漫于天地之间、充盈于六合之内，甚至延伸到天地、六合之外。显然，这种漫无边际的权利前景是虚幻的，也是荒唐的。问题出在哪里呢？我的回答是，"差序格局论"只看到了溅起权利波纹的那块石头，它没有想到，在这块受人欢迎的石头之外，还有其他许许多多的石头也在不停地投向同一个水面，这些石头的体积、重量也许远远超过那块受人欢迎的石头，它们溅起的波纹同样也在一圈又一圈地向外扩散，也在努力地开疆拓土。当代表权利的波纹在扩散过程中碰上了其他性质的波纹时，必然是"狭路相逢勇者胜"。由于权利的脆弱性（正是权利的这一特性，它才需要特别的保护），善良的"权利之波"往往敌不过那些"损害权利之恶浪"，当某一水域的"恶浪"压过了"权利之波"时，权利演进的同心圆将被无情地撕破。某些巨石溅起的"恶浪"甚至会直抵权利帝国的核心，这时候，不要说新拓展出来的权利，就是那些根深蒂固的传统权利或核心权利，都可能面临灭顶之灾。怎么可能像"差序格局论"所表达的那样，"权利之波"一旦生成，就可高枕无忧，再无覆没之虑？此其一。其二，"差序格局论"不仅割裂了权利与其他事物之间的联系，也没有看到权利结构的内部联系。在"差序格局论"的理论视野中，财产权、言论自由权、选举权、公民参与权等，似乎都是一个个孤独地生成的权利，这些权利与经济有关，与财富有关。但在权利结构内部，此权利与彼权利之间，没有牵连，没有瓜葛，鸡犬之声不闻，老死不相往来，活脱脱一幅权利世界中的小国寡民图景。在这幅图景中，我们看到了作为一棵棵独立树木的权利，但没有看到作为一片森林的权利。

再看"主次权利论"。尽管这种划分受到了中西成文宪法的肯定，但从学理上看，它仍然是有疑问的。因为，某种权利是否属于基本权利，缺乏一个量化的指标，也找不到一个"科学"的尺度。换言之，哪些权利可以称为权利结构中的基本权利，是一个无法加以"科学地"回答的问题。比如，各国宪法都非常看好的自由权与平等权，大致可以称得上是两种"基本权利"。然而，自由与平等本身就是一对矛盾，强调"自由竞争"还是恪守"福利国家"，始终是某些西方国家近百年来的两难选择。对于某些"福利国家"来说，显然是平等权高于自由权，或者说，平等权比自由权更重要也更"基本"。对于这些国家来说，能不能认为平等权是基本权利而自由权就不是基本权利呢？显然不能，因为自由权也很重要，尽管相比之下平等权也许更重要一些。既然衡量一种权利的标准或主要标准是"重要"，那么问题就出来了："重要"到何种程度的权利才可以称为基本权利呢？比如继承权，它也是一项很重要的权利，尽管我国宪法并未将它列为"基本权利"，但我们并不能由此推导出：我国宪法否认继承权的重要性。继承权很重要（至少与中国宪法文本中列举出来的住宅权同等重要），其他没有写入我国宪法文本的很多权利也很重要，但它们都不是宪法中明确规定的基本权利，这就说明，在基本权利与非基本权利之间并无客观的标准可言。中西成文宪法囿于立法技术的局限，只能象征性地列举出一些"基本权利"，这是一种不得已而为之的"实践理性"，并不意味着基本权利与非基本权利之间可以划出一道天然的鸿沟。既然如此，在法律学术研究中，与"非基本权利"相区别的"基本权利"就是一个似是而非的命题了。

关于"民事权利"的结构问题。从社会分工日益专业化的发展方向上看，将民事权利的内部结构划分为几类并予以分别的规定，有它合理的一面，但也有它无人理会的不合理的另一面。即，将民事权利结构中的这种权利与那种权利人为地分割开来，造成了四分五裂的民事权利格局。比如，在人格权论者的眼里，只有人格权；在物权研究者的笔下，我们只看到了物权。殊不知，人格权的本质就是物权。试想，如果一个人的物权得不到可靠的保障，物权没有安全，甚至朝不保夕，这个人的人格权还能有什么指望吗？换言之，仅仅依赖于人格权法，根本无从保护一个人的人格权。保护人格权的最根本的途径还在于完善的物权法制度。从这个意义上看，物权与人格权，乃是一体之两面，将它们人为地分割开来，"花开两朵，各表一枝"，必然造成"两伤"。民事诉讼中，常常可见 A 权利与 B 权利之间的冲突，审判者左右为难，法学界议论纷纷，社会公众更觉法无定法。造成这种局面虽有多种原因，民事权利之间的类型壁垒实在难辞其咎。因为对民事权利的过度分类，对民事权利保护的过度分工，折断了民事权利内部要素之间的血脉联系，有可能造成权利之间的对话、沟通与协调越来越困难，在极端的情况下甚至会出现解不开的关系死结。打个比方：假如有人研究了一套关于"白天"的理论，又有人研究了一套关于"夜"的理论，两种理论独立发展，都很精致，结果却是"白天不懂夜的黑"。尽管昼夜循环，彼此相依，但二者之间就是相互"不懂"。民事权利内部结构之板块化发展趋势，同样也面临这样的令人担忧的前景。

国际人权公约中关于权利结构的划分，也存在这样的问题。政治权利、经济权利、文化权利、社会权利，确实可以代表人的权利几个方面。但如果以这样的划分来一一对应于各国的权利实践，又会出现诸多困难，因为，它们并不是几种相互独立的权利类型。其中，政治权利与经济权利就不能截然分开，政治权利仅仅是经济权利的集中体现而已，或者说，政治权利的背后就是经济权利（尊敬的读者，您见到过与经济权利无关的政治权利吗？）。而社会权利也主要体现为经济权利，它与经济权利之间的关系是混合型的，至少也是交叉型的。在经济权利与社会权利之外，也没有单独的文化权利。

我们不否认权利分类的积极意义，但上述几种结构类型都有一个共同的思维格式，那就是，总是将权利分成似乎彼此无关的几大板块，然后对每一个板块加以探究。但遗憾的是，这些关于权利的分类在增进了我们对于权利的认识的同时，也给我们描绘了一幅支离破碎的权利图景。通过这幅图景，我们可以有限度地看到权利的细枝末节，但代价也是巨大的：我们失去了关于权利的整体观念，我们无从把握权利的本质特征。因此，在对上述诸种权利结构观进行质疑与批评的基础之上，我们就可以从正面提出本文的观点了。

就像一张蜘蛛网一样，权利的结构也是网状的。因此，本文的核心观点可以概括成为一个命题：权利是一张网。笔者认为，这一概括，不但可以比前述权利结构类型更加准确地描绘权利的本质特征，而且还可以矫正前述权利结构类型中的孤立化与碎片化趋势。

从方法上讲，观察任何一张网，我们都会注意的它两个方面：网内结构，以及这张网与其他事物之间的联系，我们可以称之为网外结构。权利之网或网状权利，也可以从网内结构与网外结构这两个方面来理解。

先看网状权利的内部结构。

由于任何一张网都是由无数的线条纵横交错而成，那么，在任何两根线条的交汇处，都会形成一个点。在权利之网中，每一个点都代表着一个权利。可以想象，在整个网面上，实际上存在着无数的权利点。其中，第一，任何权利点之间并非彼此无关，而是借助众多的线条相互联结在一起。不但两个相邻的权利点是相互关联的，就是网面上相距较远的权利点之间，也是有线条把它们连在一起的。第二，任何一个具体的权利点，都不可能脱离整个权利之网而独立存在，因为脱离了整体的网，具体的权利点就失去了存身之地。第三，既然权利之网是一个整体，那么，对任何一个权利点的损害实际上都构成了对于整个权利之网的损害。因为，只要权利之网有一个联结点被破坏了，就意味着这张网上出现了一个漏洞，不仅漏洞周边的权利点将会置身于某种"飘零情景"之中，甚至还可能危及整张网的功能。因此，对于一个权利点的破坏就是对所有权利结成之网的破坏；一个权利点出了问题，就等于整个权利之网出现了问题。这个道理还可以在有形的经验世界中得到启示：我们常常发现，假如蜘蛛网上的某个联结点被破坏了，网上形成了一个或大或小的漏洞，以至于不能有效地捕捉飞虫，这种网常常被本能驱使的蜘蛛所抛弃；假如渔网上有一个或多个联结点被破坏了，以至于进了网的鱼也会跑掉，这种打不了鱼的网，就是一张"废网"，这样的渔网常常被理智所支配的渔夫所丢弃。权利之网也是这样，对于某个权利点的破坏，将会直接危及整个权利之网的价值与意义。比如，在德意志第三帝国时期，犹太人的生命权利得不到保障，他们的财产权利、言论自由权、人格尊严、政治参与权，等等，几乎都同时变成了泡影。对于这些人来说，整个权利之网都崩溃了。在某些历史时期，不少国家都规定了选举权与被选举权的财产资格限制，在这样的背景下，一个人假如失去了财产权，他的人身自由、人格尊严、政治权利、经济权利都将大打折扣。还有一些谚语，比如"牵一发而动全身""一着不慎，满盘皆输"，讲的也是局部对于整体具有决定性的影响。记得赵汀阳先生有一本书，书名就叫《一个或所有问题》，[1]也可以比较贴切地解释网状权利中所有的权利点都是相互依存的这一本质性的特征。

再看网状权利的外部结构。

网内的权利点既然是相互关联的，权利之网作为一个整体也并非飘荡在半空中的浮云，而是与周遭的世界发生着千丝万缕的联系。就像我们所看到的蜘蛛网那样，它总有几根丝线联系着周围的墙壁、树枝或其他固定物。权利之网也有这样一些与其他事物相联系的线索。比如，法律制度、道德准则、经济条件、政治制度甚至文化传统、地理位置、气候特征等，都与权利之网相关联，它们的变化都会在不同程度上引起权利之网的变形、撕裂甚至遭到彻底破坏。比如，只要法律制度发生了变化，权利之网也会发生相应的变化。如果法律拒绝对权利提供保护，实际上就是斩断了法律与权利之间的那条线。其后果是，原先还绷得很紧的权利之网开始变形、松软。又如，道德准则与网状权利之间也有很大的关系。一般说来，道德约束越多、越强硬，给权利留下的空间就会越来越小。如果一个社会在道德领域进行了过多的强制，就会在事实上取消某些权利点，权利之网也会因此而受到挤压。此外，在一个物质条件极其匮乏的社会中，权利的保护也不可能非常充分；在一个过度强化国家权力或在一种国家权力对个人空间过度干预的社会中，权利的保护也会存在诸多困难。顺着孟德斯鸠在《论法的精神》中的分析思路，我们还可以发现，一个国家的文化传统对权利之网也会产生重大的影响，因为在一个不强调个人权利的国度里，不可避免地会给权利的保护造成某些消极的后果；地理位置与气候特征对于网状权利的影

---

[1] 参见赵汀阳：《一个或所有问题》，江西教育出版社 1998 年版。

响也是不可忽视的，因为不同的湿度、温度甚至风向，对于权利之网的结构、功能都会产生一定的影响。

人们常说，法学就是权利之学，似乎法学与权利之学可以等同起来。其实这是一种似是而非的说辞。本文认为，法学与权利之学是有联系但却截然不同的两个领域。权利之学的研究对象主要是网状权利，其中，既包括权利之网的内部结构，也包括权利之网与周边事物之间的关系，即，权利之网的外部结构。只是，权利之网的外部结构涉及的领域相当广泛，除了法律，还有政治、经济、道德、宗教、文化等众多因素，其中的每一个领域都有一根线索与权利之网紧密地联系在一起，都会对权利之网产生着实实在在的影响。而法律，仅仅是影响权利之网的众多因素之一种。也就是说，权利之网与法律有关，但并不仅仅由法律所决定。权利的这一特点也可以解释：为什么权利既是法学的研究对象，同时也是伦理学、经济学、政治学等学科的研究对象。因此，研究权利的学问虽然与研究法律的学问有关，但权利之学并不等同于法学。

另一方面，按照分析实证主义法学的观点，法学的研究对象主要是法律自身；按照自然法学、社会法学的看法，法学当然也要研究与法律相关的其他问题，比如，法律与道德、权利、政治、宗教、文化等事物之间的关系。即使如此，权利也仅仅是与法律相关联的因素之一。法律当然要设定权利、救济权利，但与此同时，法律也要承担维护国家权力、保障社会秩序、促进商业贸易、推进政治目标等多重角色。因为，法律既是个人的法律，同时也是社会的法律，更是国家的法律，它不可能只为权利特别是个人权利服从；恰恰相反，法律要为多重目标服务。因此，研究法律也不等于研究权利，法学也不能等同于权利之学。

权利之学与法学的区别，归根结底，还在于权利之网不同于法律之网。在法律之网内，是各种各样的法律，比如宪法、民法、刑法、诉讼法，等等。按照凯尔森的规范等级体系理论，各种法律规范之间的结构是一个金字塔式的规范体系：宪法高高在上，在宪法之下是各种平行的一般规范，再往下是在一般规范基础上所创造的个别规范。[1]而权利之网的内部结构则如前所述，是由一个个的权利点构成的，这个权利点与另一个权利点之间的关系是平铺式的，在不同的权利点之间并没有高低之分、上下之别。

（原载《攀登》2004 年第 5 期）

---

［1］ 参见 ［奥］凯尔森：《法与国家的一般理论》，沈宗灵译，中国大百科全书出版社 1996 年版，第 142~152 页。

如何理解劳动法中的"可以"一词

《中华人民共和国劳动法》（以下简称《劳动法》）自 1994 年 7 月 5 日颁布以来，已历经 10 年。毫无疑问，针对这部法律及以之为核心的劳动法学的研究，已经取得了丰硕的成果。但是，仍有若干疑问有待进一步探究和澄清。譬如，早在 1996 年初，湖南省衡阳市总工会副主席谭荣生先生就曾撰文指出："对《劳动法》中的'可以'一词的理解应该是统一的而不是矛盾的。在同一部劳动法典中，使用'可以'这个同一法律用语，其含义和效力无疑是相同的，对其理解和执行应该是一致的，平等的，不能公说公有理，婆说婆有理。"谭荣生先生还认为："'可以'作为法律用语具有确定性而不具有选择性。因为'可以'同'应该''必须''有权'这些法律用语一样，是对某项权利的表达方式，表达的权利主体和权利内容既不容置疑，更不容歪曲。"[1]

一方面，尽管谭荣生先生注意到了"可以"一词对于准确理解劳动法所具有的重要意义，但他的这番意见则属似是而非，既不恰当，也没有对于《劳动法》上的"可以"一词做出完整而科学的解释。另一方面，通过对近 10 年来相关研究文献的检索，笔者还发现，关于劳动法中的"可以"一词的专题研究，再没有获得其他进展。但是，正如谭荣生先生首先察觉到的，"可以"一词又确实构成了劳动法规范中的一个极其重要的关键词，是我们深切地考察劳动法的一个重要的切入口。因此，有必要在谭荣生先生所提问题的基

---

〔1〕 谭荣生："我对《劳动法》第 33 条规定中的'可以'一词的理解"，载《工会理论与实践——中国工运学院学报》1996 年第 2 期。

础上，对《劳动法》中的"可以"一词进行更具体、更细致、更全面的研究。

一、《劳动法》上"可以"一词的不同意义辨析

由全国人大常委会于 1995 年颁布的《劳动法》（本文论述基于该法文本），共有 13 章 107 条。其中，包含了"可以"一词的法律规范共有 19 条，"可以"一共出现了 24 次。这 24 个"可以"，尽管都标志着这是一些授权性规范，尽管都为相关的法律主体授予了某种权利或权力。但是，其中的每一个"可以"所蕴含的法律意义，却并不像谭荣生先生所说的那样，是"一致的"或"相同的"。恰恰相反，正如下文的辨析将表明的，这些不同条款中的"可以"，包含了不同的法律意义。

（一）向劳动者授予权利

既然《劳动法》的立法宗旨是"保护劳动者的合法权益"（第 1 条），那么，向劳动者授予权利，或确认劳动者的权利，应当成为"可以"一词的主要意义。但是，在《劳动法》的整个文本中，专门向劳动者授予权利的"可以"，仅仅存在于两个条款中。其中，第 32 条规定："有下列情形之一的，劳动者可以随时通知用人单位解除劳动合同：（一）在试用期内的；（二）用人单位以暴力、威胁或者非法限制人身自由的手段强迫劳动的；（三）用人单位未按照劳动合同约定支付劳动报酬或者提供劳动条件的。"第 33 条第 1 款规定："企业职工一方与企业可以就劳动报酬、工作时间、休息休假、劳动安全卫生、保险福利等事项，签订集体合同。集体合同草案应当提交职工代表大会或者全体职工讨论通过。"

这是两个专门保护劳动者合法权益的条款，"可以"一词的意义就在于向劳动者授予权利。具体地说，第 32 条授予了劳动者在一定条件下单方解除劳动合同的权利，尽管这一权利并不在于积极地促进劳动者的利益，仅仅是一种消极地减少劳动者受损的权利。因为，无论是"用人单位以暴力、威胁或者非法限制人身自由的手段强迫劳动"，还是"用人单位未按劳动合同约定支付劳动报酬或者提供劳动条件"，都已经对劳动者的合法权益造成了事实上的损害，然而，

这两种事实也仅仅是构成劳动者解除劳动合同的条件。在这两种情况下，即使劳动者单方面解除了劳动合同，劳动者的权益还是被损害了（如果只看这一个条款）。

与第 32 条授予劳动者防范更大损害的消极权利不同，第 33 条第 1 款为劳动者授予了积极的权利，依照第 33 条第 1 款的规定，企业职工"可以"积极主动地与用人单位签订集体合同。但是，这一权利也仅仅是一种合同上的"要约"权，是一种程序意义上的权利。至于合同中具有实质意义的劳动报酬、工作时间、休息休假、劳动安全卫生、保险福利等事项，还有待于与用人单位协商才能最后确定。如果仅仅依靠这项"要约"意义上的程序性的权利，并不能使劳动者的实质性的权利得到充分的保障。

（二）向用人单位授予权利

在《劳动法》中，由"可以"构成的授权性规范还包含了向用人单位授予权利的情况。这种意义上的"可以"见之于以下 6 个条款：第 22 条规定："劳动合同当事人可以在劳动合同中约定保守用人单位商业秘密的有关事项。"第 25 条规定："劳动者有下列情形之一的，用人单位可以解除劳动合同：（一）在试用期间被证明不符合录用条件的；（二）严重违反劳动纪律或者用人单位规章制度的；（三）严重失职，营私舞弊，对用人单位利益造成重大损害的；（四）被依法追究刑事责任的。"第 26 条规定："有下列情形之一的，用人单位可以解除劳动合同，但是应当提前三十日以书面形式通知劳动者本人：（一）劳动者患病或者非因工负伤，医疗期满后，不能从事原工作也不能从事由用人单位另行安排的工作的；（二）劳动者不能胜任工作，经过培训或者调整工作岗位，仍不能胜任工作的；（三）劳动合同订立时所依据的客观情况发生重大变化，致使原劳动合同无法履行，经当事人协商不能就变更劳动合同达成协议的。"第 27 条规定："用人单位濒临破产进行法定整顿期间或者生产经营状况发生严重困难，确需裁减人员的，应当提前三十日向工会或者全体职工说明情况，听取工会或者职工的意见，经向劳动行政部门报告后，可以裁减人员。用人单位依据本条规定裁减人员，在六个月内录用人员的，应当优先录用被裁减的人员。"第 39 条规定："企业因生产特点不能实行本法第三十六条、第三十八条规定的，经劳动行政部门批准，可以实行其他工作和休息办法。"第41条规定："用人单位由于生产经营需要，经与工会和劳动者协商后可以延长工作时间，一般每日不得超过一小时；因特殊原因需要延长工作时间的，在保障劳动者身体健康的条件下延长工作时间每日不得超过三小时，但是每月不得超过三十六小时。"

在以上6个法律条款中，"可以"的主语都是用人单位。即，都是向用人单位授予了某种特定的权利。但是，尽管都是通过"可以"一词向用人单位授予权利，但又包括了间接与直接两种不同的授权方式。

先看间接的授权方式。第22条中的"可以"，表面上看，是对劳动合同双方当事人的授权，即"当事人可以约定保守用人单位商业秘密的有关事项"，其实，本条规范中的意义恰恰不在这里。因为，保守用人单位的商业秘密，一般说来，在双方当事人中，只有用人单位才有这样的要求和愿望，也只有用人单位才有提出保守商业秘密的可能性。因此，从字面上看是对"双方当事人"的授权，其实是对用人单位的授权。通过这一授权性规范，劳动者将承担一项义务，即"保守商业秘密"的义务，用人单位则获得了要求劳动者保守商业秘密的权利。可见，第22条中的"可以"一词，是通过曲折的、间接的方式实现了对用人单位权利的保护。

第25、26、27、39、41条中的"可以"，则是以直接的方式向用人单位授予了某种权利。当然，用人单位要实现这些权利，必须符合一定的条件。这5条中的每一条都为这些权利的实现设立了相应的前置条件（比如第25、26条）或后续义务（比如第27条）。

（三）向行政机关授予权力

以"可以"一词代表的授权性规范，不仅可以授予私权利，还可以授予公共性质的权力。在《劳动法》中，通过"可以"授予公权力的条款有4个。其中，第90条规定："用人单位违反本法规定，延长劳动者工作时间的，由劳动行政部门给予警告，责令改正，并可以处以罚款。"第91条规定："用人单位有下列侵害劳动者合法权益情形之一的，由劳动行政部门责令支付劳动者的工资报酬、经济补偿，并可以责令支付赔偿金：（一）克扣或者无故拖欠劳动者工资的；（二）拒不支付劳动者延长工作时间工资报酬的；（三）低于当地最低工资标准支付劳动者工资的；（四）解除劳动合同后，未依照本法规定给予劳动者经济补偿的。"第92条规定："用人单位的劳动安全设施和劳动卫生条件不符合国家规定或者未向劳动者提供必要的劳动防护用品和劳动保护设施的，由劳动行政部门或者有关部门责令改正，可以处以罚款；情节严重的，提请县级以上人民政府决定责令停产整顿；对事故隐患不采取措施，致使发生重大事故，造成劳动者生命和财产损失的，对责任人员比照刑法第一百八十七条的规定追究刑事责任。"第100条规定："用人单位无故不缴纳社会保险费的，由劳动行政部门责令其限期缴纳，逾期不缴的，可以加收滞纳金。"

以上4个条款中的"可以"，都是向劳动行政部门授予公权力。这些公权力包括针对用人单位的警告权，责令改正权，责令支付劳动者的工资报酬、经济补偿权，责令支付赔偿金权，提请责令整顿权，责令限期缴纳权，加收滞纳金权，罚款权，等等。

通过劳动法上的"可以"，为行政机关创设相应的公权力，构成了劳动法中授权性规范的一个组成部分。尽管劳动法规定了劳资双方之间的"平等自愿、协商一致的原则"（第17条），然而，作为个体的劳动者在与用人单位的利益博弈过程中，由于种种因素的限制，难免会处于被动或不利的地位，通过一定的公权力的介入以资救助，至为必要。不过，值得我们注意的是，在这几个条款中，"可以"的主语是劳动行政管理机关，所授予的是公权力而不是私权利。如果说，私权利可以放弃，放弃权利也是行使权利的一种形式，那么，与公权力紧密相关的则是责任。权力与责任乃是一体两面的关系。因此，与权力相关联的责任是不能放弃的。但是，劳动法在这几个条款中，并未对劳动行政管理机关的不作为问题作出规定。假如劳动行政管理机关疏于行使（履行）上述权力（责任），则会导致劳动者的权益失去一条有效的救济渠道。

（四）向用人单位和劳动者一并授予权利

在这种情况下，"可以"的主语包括了用人单位和劳动者。包含这种法律意义的"可以"共有 5 个条款。其中，第 21 条规定："劳动合同可以约定试用期。试用期最长不得超过六个月。"第 24 条规定："经劳动合同当事人协商一致，劳动合同可以解除。"第 77 条规定："用人单位与劳动者发生劳动争议，当事人可以依法申请调解、仲裁、提起诉讼，也可以协商解决。调解原则适用于仲裁和诉讼程序。"第 79 条规定："劳动争议发生后，当事人可以向本单位劳动争议调解委员会申请调解；调解不成，当事人一方要求仲裁的，可以向劳动争议仲裁委员会申请仲裁。当事人一方也可以直接向劳动争议仲裁委员会申请仲裁。对仲裁裁决不服的，可以向人民法院提起诉讼。……"第 83 条规定："劳动争议当事人对仲裁裁决不服的，可以自收到仲裁裁决书之日起十五日内向人民法院提起诉讼。一方当事人在法定期限内不起诉又不履行仲裁裁决的，另一方当事人可以申请人民法院强制执行。"

以上 5 个条款，都是向劳动法律关系中的双方当事人授予权利。比如，第 21 条就是在向劳动合同的双方当事人授予"约定试用期"的权利，即试用期的长短，由双方当事人在 6 个月的范围内任意约定。至于其他条款，则分别授予双方当事人协商解除劳动合同的权利，申请调解、仲裁、提起诉讼或协商解决的权利，等等。

（五）向不特定主体的授权

前述几种意义中的"可以"，无论是向劳动者、用人单位授予权利，还是向行政机关授予权力，都体现为主体明确的授权性规范。但是，《劳动法》上的"可以"还存在针对不特定主体的授权现象。比如，第 80 条规定："在用人单位内，可以设立劳动争议调解委员会。劳动争议调解委员会由职工代表、用人单位代表和工会代表组成。劳动争议调解委员会主任由工会代表担任。劳动争议经调解达成协议的，当事人应当履行。"本条规范中的"可以"，仅仅规定了在用人单位内（范围），"可以"设立劳动争议调解委员会。问题是：谁"可以"设立这个委员会？是用人单位（企业）？工会？还是职工代表？我们无法做出有依据的合理判断。要么就是由这三个主体共同来设立这样一个调解委员会？如果这条规范的立法意图就是这样，那么，要是出现三个主体意见不一致的情况下，又该怎么办？考虑到本条法律规范中使用的是授权性的"可以"，即"可以"设立这样一个委员会，但也"可以"不设立这样一个委员会，这就进一步增加了所授予的权利的不确定性。尽管在这条规范中明确了这个委员会的构成，但在它成立之前，我们无法判断"可以"一词到底是向何种主体授予了权利。

此外，还有一种情况是，同一条规范中反复出现的"可以"既授予权力，也授予权利。请看《劳动法》第84条的规定："因签订集体合同发生争议，当事人协商解决不成的，当地人民政府劳动行政部门可以组织有关各方协调处理。因履行集体合同发生争议，当事人协商解决不成的，可以向劳动争议仲裁委员会申请仲裁；对仲裁裁决不服的，可以自收到仲裁裁决书之日起十五日内向人民法院提起诉讼。"本条规范中包括了三个"可以"。其中，第一个"可以"是向劳动行政部门授予了公共性质的权力。第二个和第三个"可以"，则是向劳动合同争议双方授予了若干程序性质的权利。

二、不同的"可以"造成了劳动法上不同的法律后果

通过以上辨析可以看出，《劳动法》上的"可以"一词包含着多种彼此不同的法律意义。法律意义的不同又将不可避免地造成不同的法律后果。在当代中国的《劳动法》中，由于"可以"的不同意义分别造成的法律后果，主要表现在以下几个方面。

第一，向劳动者授予法律权利的"可以"，其法律后果在于，劳动者在行使这些权利的过程中具有一定的选择性。劳动者既"可以"行使某些权利，但也"可以"不行使这些权利。在实践中，劳动者确实也较少行使某些法定的权利。换言之，《劳动法》尽管授予劳动者行使这些法定权利的权利，但由于诸多条件的限制，这些权利并没有完全转化成为实有权利，劳动者要真正行使这些权利，还必须同时具备法律之外的其他条件。

比如，第32条规定了劳动者在几种情况下"可以"单方面解除劳动合同。但是，即使符合第32条规定的条件，如果劳动者不要求解除合同，也是"可以"的。事实上，即使符合第32条规定的条件（在试用期内；用人单位强迫劳动；用人单位未按合同支付报酬或提

供劳动条件），除非情节比较严重（比如情节严重的强迫劳动等），大部分劳动者并没有行使"单方解除劳动合同"这一劳动法授予的权利。也就是说，尽管《劳动法》第32条通过"可以"一词向劳动者授予了一种权利，但劳动者对这一权利的行使依然是不充分的。其中，最主要的原因在于就业机会严重不足。在劳动力市场供大于求的情况下，劳动者为了获得比较稀缺的劳动机会，将不得不对用人单位的比较苛刻的劳动条件或劳动报酬作出一定的让步。这就必然限制劳动者行使"单方解除劳动合同"这一权利的可能性，从而扩大了法定权利与实有权利之间的差距。当然，我们也必须承认，在第32条的保障之下，劳动者还是可以根据自己的意愿作出自己的选择。特别是在用人单位过于苛刻的劳动报酬、劳动条件或人身强制面前，劳动者还是"可以"依据这一权利脱离自己不情愿的劳动环境。

再看第33条，它规定：企业职工一方与企业"可以"就劳动报酬、工作时间、休息休假、劳动安全卫生、保险福利等事项，签订集体合同。这也是给劳动者授予了一种可以选择的权利。依据这条规定，企业职工既可以签订但也可以不签订集体合同，集体合同中既可以包括第33条列举的一个或数个事项，也可以包括条款中没有列举的其他事项。但是，由于第33条调整的对象是集体合同，而合同的签订又必须经过企业职工与用人单位双方协商一致才可能达成。因此，这里的"可以"一词向劳动者授予的权利，就仅仅是一种签订合同的"提议权"以及合同内容的"提议权"。"提议权"当然也是权利，但它仅仅是一种潜在的程序权利而非现实的实体权利。如果企业职工的提议得不到用人单位的认可，即双方不能达成一致（比如就劳动报酬发生了争议），虽然企业职工有"可以……"的权利，但这项权利背后的实质内容（劳动报酬、保险福利等），在多大程度上可以实现，并非企业职工单方面可以决定的。

第二，向用人单位授予权利的"可以"，其法律后果在于，用人单位在与劳动者的博弈过程中获得了更大的优势。因为，劳动法所调整的法律关系，主要是劳资双方的权利义务关系。在劳资双方的利益博弈中，一般情况下都是劳动者处于弱势，而劳动立法的宗旨和目的也在于救济处于弱势地位的劳动者。劳动法上针对用人单位的任何授权，从理论上讲都会增加或巩固用人单位相对于劳动者的优势地位。

比如，依照第 22 条，用人单位"可以"要求劳动者承担保守用人单位商业秘密的义务；只要满足了第 25、26、27 条规定的条件，用人单位就"可以"单方面地解除劳动合同或裁减人员。

用人单位的优势地位还可以换一个角度来观察。由于"可以"一词的主语是用人单位，在这种情况下，虽然向用人单位授予的也是一种私权利，但这种权利在用人单位内部却具有一定的公共权力的性质。事实上，企业特别是一些大型企业或跨国企业所拥有的权力，在当代权力格局中已经占据了举足轻重的地位。在这样的背景下，依照这些劳动法规范授予的权利（微观公共权力），用人单位实际上获得了更多对于劳动者的支配能力。用人单位享有的这种支配能力越多，对于劳动者的控制就越强。从上文的分析可以发现，尽管《劳动法》通过"可以"一词向用人单位授予权利（微观公共权力）的同时，加强了对这种权利（微观公共权力）的法律限制和救济，但这些权利（微观公共权力）还是相对地加重了用人单位对于劳动者的支配能力。从理论上说，用人单位所享有的这些微观公共权力如果得不到有效的控制，将可能危及劳动者的合法权益。

第三，向劳动行政管理机关授予权力的"可以"，其法律后果在于，劳动行政管理机关获得了相应的干预劳资关系的行政权力，但同时又为这种行政权力的不作为预留了较大的制度空间。

《劳动法》第 90、91、92、100 条都向劳动行政管理机关授予了行政权力。从这些行政权力的具体内容来看，主要在于救济劳动者在劳资关系中的弱势地位，为劳动者受损的权利提供一定的帮助与支持。但是，劳动行政管理机关"可以"干预劳资关系，"可以"救济处于不利地位的劳动者，是否一定意味着劳动行政管理机关"必然"会出面干预或救济？"可以"作为一个指向不明确的法律用语，其法律后果是，劳动行政管理机关获得了自由裁量的权力，劳动行政管理机关无论是否行使这些权力，都属于"可以"的范围。这就给我们提出了一个问题：当劳动者的权益遭受损害的情况下，如果行政机关不行使这些"可以"行使的干预劳资关系的行政权力，就会使劳动者失去一种（当然不是全部）效率较高的救济渠道。

当然，行政机关"可以"享有自由裁量的权力。"自由裁量"本身就意味着行政机关在一定范围内既"可以"这样，也"可以"那样。具体到劳动法向劳动行政管理机关授予权力的"可以"，则意味着劳动行政管理机关既"可以"行使也"可以"不行使各种各样的行政权力。从自由裁量的一般原理来看，这是可以成立的。然而，从劳动法的价值和功能着眼，如果劳动行政管理机关"可以"不行使那些权力，则是一种行政不作为，同时也是一种不履行责任的行为。而且，更值得注意的是，劳动行政管理机关的这种不作为，并不违反劳动法或其他法律，也不构成可以由其他机关进行追究的法律责任，因为，劳动法在这里所使用的授权表达方式是"可以"。处于弱势地位的劳动者需要行政权力的救济，但行政权力又"可以"合法地不作为，这可能形成法律上的漏洞。

第四，"可以"还存在针对模糊主体授权的情况，其法律后果是，权利主体不清，并进而导致权利不明确。请看第80条中关于"可以"设立劳动争议调解委员会的规定。这样的"可以"，实际上就是一种针对模糊主体的授权。因为，它既没有规定明确的权利享有者，即没有规定由何种主体来设立这样一个委员会，当然更没有规定明确的义务承担者，即规定由何种主体来承担设立这样一个委员会的义务或责任。在这样一种授权表达方式之下，可以想象，在某个"用人单位内"，是否有可能真正设立一个劳动争议调解委员会，将会处在一种不确定的状态中。而缺少这样一个由多方主体构成的调解委员会，对于劳动者合法权益的保护，也会造成一定的消极影响。

至于在同一条授权性规范中，还存在同时向劳资双方授权的情况，以及既授予权利又授予权力的情况，由于不存在特殊的法律后果，此处不再讨论。

三、认真对待不同语境下的"可以"

在法律文本中，"可以"是一个常用的关键词。仅仅在本文考察的《劳动法》中，"可以"出现的频率就达 24 次。但是，正如上文的辨析所揭示的，仅仅在劳动法文本之内不同语境的法律规范中，"可以"的含义及其相应的法律后果也是不一致的：有些"可以"授予权利，另一些"可以"则授予权力。即使同样是授予权利，"可以"向劳动者授予的权利与向用人单位授予的权利，其法律后果也是有区别的，更不用说，"可以"还存在着向模糊主体授权之类的情况。

尽管存在着不同语境下的"可以"，但是，在法律实践部门，人们却认为劳动法上的"可以"具有相同的意义、相同的法律效果（正如本文开篇就引证的谭荣生先生的意见所代表的）。至于法学理论界，则习惯于一概而论地将"可以"作为授权性法律规范的一个典型标志，即，只要是由"可以"引导的法律规范，都可以归属于与义务性规范相对称的授权性规范。至于通过"可以"一词所授予的"权"到底是"权利"还是"权力"，如果授予的都是权利，那么不同语境下的权利又有什么区别，等等之类的问题，则大多不再追问。概言之，无论在法律实践中还是在法学理论上，人们对于不同语境下"可以"的区别都没有给予足够的重视。

在这种习焉不察的思维习惯的背后，既可能隐藏着丰富的法理学问题（笔者将另作探讨），还可能影响人们对于法律文本的准确把握和法律规范的正确实施。单就《劳动法》而论，近 10 年来，在《劳动法》的实施过程中出现了一些问题，这些问题的产生当然有多方面的原因，但如果站在分析实证主义法学的角度上看，"可以"一词的滥用和误解不能不说是其中的原因之一。

（原载《北京市计划劳动管理干部学院学报》2005 年第 1 期）

可否劝阻公共场所的吸烟行为

2018 年 1 月 23 日，备受关注的"劝阻吸烟致死案"二审宣判。河南郑州中院判决撤销原审判决，驳回田某某的诉讼请求。此前，在郑州某小区电梯里，医生杨某劝阻一位老人不要在公共场所抽烟，其后不久老人心脏病发不治身亡。杨某遂被老人家属田某某诉至法院，法院一审判杨某补偿老人家属 1.5 万元。而郑州中院此次的二审认为，杨某的行为不需要承担相应的法律责任。这个判决向舆论释放出一个信号：劝阻不当行为，应该得到法律的鼓励。

"劝阻吸烟致死案"之所以引起关注，是因为医生杨某的行为很容易引起大家的共鸣。生活中，因劝阻吸烟而遭受白眼甚至辱骂者，并不鲜见。劝阻公共场所抽烟者，本是理所应当，何以引来如此麻烦？此次的新闻事件，以极端案例的形式提出了一个与每个人息息相关的法律问题：公民是否可以劝阻他人在公共场所的吸烟行为？对此，司法机关不应沉默以对，也不宜用"赔点钱算了"的方式追求息事宁人。面对不当行为，应当鲜明地表达司法机关的态度：劝阻吸烟不仅有利于保护环境，有利于维护公共利益与公序良俗，也有利于维护社会主义核心价值观。

从公民的角度来看，面对公共场所的吸烟行为，是否有劝阻、制止的权利？事实上，公共场所禁止吸烟，是很多地方性法规或地方规章的明文规定。比如，案发地郑州市的公共场所禁止吸烟条例就规定，公民有权制止在禁止吸烟的公共场所的吸烟者吸烟。《北京市控制吸烟条例》也规定，在禁止吸烟场所内发现吸烟行为的，可以行使劝阻吸烟者停止吸烟的权利。在法有明文规定的情况下，公共场所吸烟已经属于违法行为。不能因为这样的行为过于分散，或单个的吸烟行为造成的社会危害轻微，就不予"较真"。否则的话，法律法规就变得徒有其表。长此以往，在公共场所吸烟的人也心安理得，甚至振振有词："我不过就抽了一根烟，怎么啦?"在这样的社会背景下，将很少有人对他人在公共场所的吸烟行为予以制止。

也要看到，在当前的社会环境下，控烟禁烟有一个过程，需要全社会的共同努力。然而无论如何，公民个体制止失当行为，应该得到鼓励。不仅控烟禁烟是这样，见义勇为也同样如此。当然，这里还有一个限度的问题：为了制止一个轻微的违法或违规行为，致人重伤或死亡，那就应当承担相应的法律责任。就本案而言，从郑州中院陈述的判决理由来看，杨某的行为没有超过必要的限度，因此其得到法律的保护也是理所应当的。

进一步看，劝阻吸烟等失当行为不仅是一项权利，也是一项义务。即使它不是一项具体的法律义务，也是一种道德义务。唯其如此，才能让人行为改善、人心向善，营造全民守法、和谐有序的社会氛围。

（原载《人民日报》2018 年 1 月 24 日）

切断虚假广告背后的利益链条

日前提交全国人大常委会审议的《消费者权益保护法》修正案草案有一个亮点：剑指明星代言的虚假广告，强调代言虚假广告的明星个人应当承担连带责任。

从法理上看，这是一个进步，因为它对权利与义务做出了更公正的分配。《消费者权益保护法》的核心价值，就在于保护消费者的权益。为什么要强调对消费者权益的保护？原因就在于：在技术含量越来越高的商品或服务面前，消费者能够掌握的信息总是显得不够，信息严重不对称。如果不对消费者进行倾斜性保护，消费者的权利很容易受到损害。

这种变化是从法律上对明星作为公众人物的社会责任的一个提醒。明星们可能会感到委屈：某种商品或服务到底有没有广告中说的那样好，甚至是那样神奇，我们怎么知道呢？我们只是按照广告公司的要求，拍摄了一个广告而已；商品或服务的质量，不能由我们承担责任。明星们的这种自我辩护是不能成立的。因为，虚假广告推荐的商品或服务如果对消费者构成了损害，在逻辑上，是多个原因共同导致的一个恶果。其中，假冒伪劣商品或服务的生产者、销售者以及政府监管机构，都负有不可推卸的责任。而明星为这种商品或服务所做的代言、推荐，也是其中的一个重要原因。很多消费者正是出于对明星的信赖，而消费了假冒伪劣商品或服务。作为代言的明星，即使不知情，也在事实上充当了损害消费者权益的"帮凶"。因此，代言的明星作为公众人物，应当履行对公众的社会责任：对所代言的商品或服务的质量承担一定的连带责任。

不过，虚假广告的广泛存在，并不是代言的明星独家造成的。

虚假广告背后的经济利益，也不是代言的明星独家享有的。因此，法律在追究代言虚假广告的明星的同时，还要注意虚假广告背后的利益链条：刊登或播出虚假广告的媒体，制作或拍摄虚假广告的企业，为虚假广告埋单的商品生产者、销售者，都是虚假广告的受益者。他们所获得的非法利益，都隐藏在虚假广告的背后。

因此，要通过打击虚假广告的方式来保护消费者的正当权益，除了追究代言明星的法律责任之外，还应当追究这个利益链条上的媒体、广告公司、商品的生产商、销售商。有必要从他们获得非法利益的多少，来划分他们应当承担的法律责任的大小。只有这样，《消费者权益保护法》对于虚假广告的相关责任主体才算实现了更加精准化的追究。除此之外，广告行业的监管机构，也应当对虚假广告的出笼承担一定的监管责任，这是一种不作为的行政责任，追究这种责任，有助于"倒逼"广告行业的监管机构积极地履行自己的行政责任。

一部完善的《消费者权益保护法》要打击损害消费者权益的虚假广告，更要审视虚假广告背后的利益链条，只有拆毁、瓦解这个利益链条，才能更有效地实现《消费者权益保护法》的核心价值。

（原载《环球时报》2013 年 8 月 28 日）

铲除贪婪这棵毒树

丁某苗案、龚某爱案昨天在北京二中院和陕西靖边县法院同时开庭审理。丁某苗被指控的罪名是非法经营罪和行贿罪，她因卷入刘某军案而被立案、侦查、起诉。龚某爱被指控的罪名是伪造、买卖国家机关证件罪，但这个罪名是拔出萝卜带出的泥。因为龚某爱还有一个更流行的称谓，那就是"房姐"——她因房产过多而引起舆论广泛关注。

这两起看似不相关的案件存在着一些共性：都是戏剧性很强的案件，都是社会舆论高度关注的轰动性案件。尤其重要的是，都是涉案金额特别巨大的案件：龚某爱案涉及金额高达十亿，丁某苗案涉案金额甚至高达数十亿。涉案金额如此巨大的刑事被告人，只能用一个词来描述——贪婪。

丁某苗因为贪婪而行贿，作为行贿对象的受贿者，何尝不是贪婪这棵毒树的受害者。因为，行贿者的意图既清楚又简单：送给你一笔金钱（或其他你需要的任何东西，譬如各种各样的吃喝玩乐，金钱是它们的等价物），以换取你手中掌握的公共资源。作为公共权力的拥有者、公共资源的分配者，你能否抵制这样的诱惑？如果你已经受到贪婪这棵毒树的侵蚀，你就管不住自己，你甚至还在期待着这样的行贿者越多越好，行贿者送来的金钱越多越好。政治上、法律上有规则，但你的心中根本就没有规则，即使偶尔想到了规则，这些规则也会在贪婪这棵毒树的阴影下黯然失色。所谓贪官，就是这样炼成的。

像丁某苗这样的没有掌握公共权力的人，当然没有机会贪污受贿，但是，他们中的一些人仍然逃不脱贪婪这棵毒树的阴影，他们对金钱的追求没有止境。譬如龚某爱，对房产的渴望几乎就像吸毒者对毒品的渴望。为了占有越来越多的房产，无所不用其极。这样的人，实在不能称为理智的人。他们已经没有约束自己的能力了。

除了行贿者和受贿者，被贪婪这棵毒树所侵害的人还见于其他法律领域：一些生效的合同被当事人恶意违反，一些生效的判决根本得不到执行。一些人在违背生效合同、抵制生效判决的时候，几乎没有任何顾虑，想违背就违背，想抵制就抵制。

顺着这样的思路看过去，一些企业经营者在生产销售假冒伪劣产品、坑害消费者的时候也没有任何顾忌，一些医疗者在糊弄患者的时候同样也没有心理障碍。他们同样是被贪婪这棵毒树所侵害的人。

贪婪者没有定力与自制力，管不住自己，既害了自己，又害了他人。一个社会，怎样才能走出贪婪这棵毒树的阴影呢？我的看法是，一方面要靠法律和法治，用法治约束公共权力，让丁某苗和龚某爱们没有空子可钻。另一方面，还要加强各个阶层的精神建设。人心的贪婪是因为人心的荒芜，更是因为人性的软弱。一个管不住自己、经不起诱惑的人，内在的原因是没有精神支柱。一旦精神世界里没有主宰，失去准则，贪婪这棵毒树就会在他们内心深处肆无忌惮地生长、泛滥。丁某苗、龚某爱们就是这样身陷囹圄的。

（原载《环球时报》2013 年 9 月 25 日）

所谓"微博报警"

春节前后，云南省连续发生几起伤害案件。事件当事人普遍反映当地警方接到报案后反应慢、立案难，其诉求很难像他们所希望的那样得到及时而有效地解决。反之，如果当事人把案件拿到微信、微博上曝光，反而能够得到快速的回应。网友把这种现象戏称为"微博报警"。

所谓的"微博报警"实际是把相关事实以文字、图片的方式在微博微信上公开，通过朋友圈传播让相关事件快速散发出去。这样的曝光，能够对事件发生地的政府特别是警方产生一定的舆论压力。当地政府为了维护本地形象，通常都会比较快速地做出相应反应。可见，"微博报警"的有效性，其实是舆论监督的有效性。

社交网络的舆论监督确实能够产生一定的效果。但是，传统的报警方式毕竟还是当事人寻求救助的体制性安排。通过传统方式，当事人得到的回应可能不像预期的那样快、那样好，令当事人产生"执法效率低"的印象。应该说，这样的现象的确存在，但其背后的原因是多方面的。譬如，警力总是有限，在人流量大，摩擦事件集中多发的季节或地区，可能出现警察"忙不过来"的情况。除此之外，我们还要看到，随着法治进程的推进，执法机关执法规范化、程序化、法治化的提升，也有可能影响到执法的效率。

执法过程中的每一个环节都要讲程序，这就意味着"浪费时间"。有些执法环节，本来一名警察就可以处理，但在规范要求下，必须有两名警察在场，这就会降低执法效率。执法的规范化、程序化还意味着警察内部的职能分工进一步细化，在接受报警、案件分类、任务分配等的过程，案件信息在警方内部的依次传递，都有可能降低执法的效率，让当事人觉得"反应慢"。

因为报警的当事人一般都是受害者，都希望警方能够快速而有效地维护自己的权利。但也由于内部程序规范化的关系，执法机关在公开回应互联网公开诉求时，常常是被动的、处于弱势的。当事人追求公平，舆论追寻真相的心情可以理解，但在执法机关追求普遍性公正与合规面前，各方不妨等一等。

当事人向执法者、司法者报案，其实是对"国家正义"的呼叫，执法者当然应"有求必应"。当事人对执法机关提出的更高要求，需要执法机关建立更加有效的快速反应机制来回应。或许常规报警与"微博报警"永远是一对前后追逐的选手，两者之间的距离是否让公众心理上有拉近的感觉，需要执法机关在体制机制、舆论应对等方面有综合作为。

（原载《环球时报》2017 年 2 月 13 日）

认真对待校园暴力

近来校园暴力事件频发引起社会的广泛讨论。校园暴力以前也存在，但当下以微信为代表的快捷传播渠道，让视频中的校园暴力因"触目"而"惊心"。那些未成年的孩子，如此残暴地对待自己的同龄人，法律能否有所回应？应当如何回应？

关于未成年人犯罪，我国法律已有明确的规定。法律规制的未成年人犯罪，特指已满 14 周岁未满 18 周岁的少年犯罪，如故意杀人、故意伤害致人重伤或死亡，都要承担刑事责任。但未满 14 周岁的少年，无论如何伤害他人，都不能以犯罪论处。正因如此，一些人认为现行法律对于 14 周岁以下未成年人的宽宥，间接纵容了今日的校园暴力行为。

面对越来越低龄的校园施暴者，人们最容易想到的法律对策，是降低未成年犯罪的年龄。在刑事处罚的环节，可以从轻、减轻甚至免除刑事处罚，但是要把他们作为犯罪者来处理。降低未成年犯罪的年龄"门槛"其实是有道理的。几十年来，伴随着物质生活的改善和信息化、全球化的步伐，少年生理、心理发育期、成熟期其实都提前了。然而，要反驳这种观点也很容易：把 12 周岁或者 13 周岁的孩子作为罪犯来处理，不够人道，失之严酷，没有体现对于少年的特殊保护，也不符合轻刑化的总体方向。

由于校园暴力的受害者通常也是未成年人，因此，如果不遏制校园暴力，就没有保护那些被校园暴力所伤害的未成年人。在这种左右为难的格局下，我们可以探索若干替代性的方案。

国外一些国家实施的保安处分制度，就可以借鉴。对于那些造成了严重后果的校园施暴者，即使未满 14 周岁，也可以做出某种近似于保安处分的处罚。这种处罚不具有刑事处罚的性质，但是，可以强制隔离，可以强制矫正，也可以强制劳作。这种保安处分性质的法律制度，可以给施暴的少年造成较大的威慑，同时也没有把他们看作是刑事犯罪者。

还有一种行政性质的法律应对方式，是设置不良记录制度。可以把情节严重的施暴行为，作为施暴者的不良记录，存入他们的个人档案。这样的不良记录不是犯罪记录，但对于施暴者的未来同样构成了一种负面信息或人生污点。有这种不良记录的人，在竞争性的机会面前，在同等情况下，他们应当让别人优先。随着制度的完善与技术的进步，我们的社会既需要挑选出优异而杰出的人，也需要甄别出那些有不良记录的人。我们的社会既需要奖励优异者，也需要适度地冷眼看待那些有不良记录的人，譬如实施暴力，譬如不讲信用。这不是对某些人的歧视，而是对所有人的正面激励。

总之，要遏制校园暴力现象，可以运用的法律手段还是比较丰富的。校园暴力现象的遏制，既可以在保安处分的框架下形成对于施暴行为的强制矫正，也可以在行政与社会管理制度的框架下，建立不良记录制度，进而倒逼施暴行为的收敛；当然也可以在未成年犯罪的现有框架内，就刑事政策做出某些调整，适度加大对于未成年犯罪的打击。

（原载《环球时报》2016 年 6 月 8 日）

行政拘留的年龄可以适当调整

公安部公布的《治安管理处罚法》（修订公开征求意见稿）把执行行政拘留的年龄从 16 周岁降低到 14 周岁，这样的改动引起了一些学者的不安。学者们认为，对未成年人适用行政拘留，应当慎之又慎；针对未成年人的违法或犯罪，应当尽可能运用教育之类的柔性方式；拘留之类的处罚或矫正措施对于未成年人来说，显得过于严厉；未成年人心智不够成熟，不能有效控制自己的行为，应当对他们的违法犯罪给予更多的宽容。诸如此类的观点，都是可以理解的。从人权保护，尤其是未成年人保护的角度来看，也是有道理的。尽管如此，我依然认为，《治安管理处罚法》如果要适当调整执行行政拘留的年龄，是可以接受的。

首先，这并不是一个颠覆性的改动，而是一个比较微小的调整。按照原有的规定，已满 16 周岁的未成年人，如果是初次违反《治安管理处罚法》，即使应当给予行政拘留的处罚，也不执行行政拘留。这就是说，任何已满 16 周岁的未成年人，在面对行政拘留时，都可以获得一次被原谅的机会。本来应当对你实施行政拘留，但考虑到你是未成年人，原本应当执行的行政拘留都不执行了。但是，倘若第二次再犯下应当处以行政拘留的违法行为，那就不再原谅了。新的规定虽然把 16 周岁改成了 14 周岁，但同样保留了一次被原谅的机会，新规定的意思是：已满 14 周岁的未成年人，如果你实施了应当予以行政拘留的违法行为，第一次还是不拘留你，但如果你犯下了第二次，那就不再宽恕，该拘留就拘留，因为你屡教不改，可以原谅你一次，但第二次就不能再原谅了。我认为，新规定的这个逻辑是成立的。

其次，《治安管理处罚法》第 11 条已经作出了原则性的规定："已满十四周岁不满十八周岁的人违反治安管理的，从轻或者减轻处罚。"这个规定，已经体现了对于未成年人的特别保护。一个已满 14 周岁的未成年人与一个成年人做出了完全同样的违法行为，前者从轻或减轻，在处罚措施上已经有所区别，保护未成年人的原则已经有所体现。到底是采取"从轻"还是采取"减轻"，执法机关及执法人员通常会考虑未成年人的实际年龄，一个已满 14 周岁的未成年人与一个已满 17 周岁的未成年人，两者之间的年龄差异也会成为一个考量的因素。在其他情节相同的情况下，年龄偏小的未成年人通常会获得更轻的处罚。

再次，新规定对执行行政拘留的年龄作出适当调整，也是对公平正义的一个回应。我们的法律应当维护人权，尤其应当保护未成年人，这是极其正当的。但是，我们的法律还要维护公平正义，甚至更要维护公平正义。一个未成年人，倘若实施了应当予以行政拘留的违法行为，就意味着给他人、社会或国家造成了一定强度的损害，必然在相当程度上危害了他人利益、公共利益或公共安全。从受害者的角度来看，从公共利益的立场来看，惩罚未成年人的违法行为，让违法者受到相应的制裁，都是正当的，这是维护社会公平正义的需要。在已经体现保护未成年人原则这一前提下，对已满 14 周岁的未成年人适用、执行包括行政拘留在内的处罚，完全是正当的。

基于以上几个方面的考虑，我的观点是，无论是法律的修改还是对法律修改的评论，都应当同时兼顾多种价值需求，应当同时考虑多种利益之间的平衡。考虑了违法者的人权，还要考虑受害者的人权；考虑了个体的人权，还要考虑整个社会的公平正义。对于任何人的违法行为，哪怕是未成年人，让他受到应有的惩罚，都是正义的体现。从这个角度来看，那些已满 14 周岁的未成年人，如果他们第二次实施了应当予以行政拘留的违法行为，对他们执行行政拘留，在法理上是可以成立的。

（原载《社会科学报》2017 年 4 月 6 日）

廉政下的新年味

近日，中纪委网站开通专门的举报窗口，接受社会各界举报元旦春节期间公款购买、赠送年货节礼等违规违纪问题。此外，中央纪委连续下发《关于严禁元旦春节期间公款购买赠送烟花爆竹等年货节礼的通知》《关于严禁公款购买印制寄送贺年卡等物品的通知》等，要求各级纪检监察机关要强化执纪监督，对违纪行为快查快办，严格责任追究，及时通报曝光。中央廉政决心可见一斑。

可以预测，利用公款送礼的现象将会得到有效遏制。"今年过节不送礼""今年过节不收礼"将成为各级机关、团体、单位的普遍选择。在即将到来的元旦春节期间，往年川流不息的送礼大军可能会减少，随之而来的，可能还有变淡的年味。

元旦春节期间，有一些人情往来，营造出某些节日气氛，是抚慰人心的好事情，是积极的民风民俗，甚至可以提升至"文化遗产"的高度。但是，营造年味应当是民间的自发行为，商业机构当然可以，而且应该推波助澜。一些社会团体、文化团体亦应当积极参与甚至出面组织引导。这些都没有问题。但是，公款送礼却不能因此而得到"谅解"。因为权力腐败在任何时候都不可能获得"豁免权"。腐败在任何时候都不能成为腐败者的通行证，包括在喜庆的传统佳节里。

公款送礼的实质，是用纳税人的钱，经营自己的人际关系网络。这种现象其实就是权力腐败。虽然看似司空见惯，但从源头上看，它完全不具备合法性。

多年来，用公款烘托起来的浓厚年味，本来就是一种不正常现象。中纪委的廉政风，吹散一些不正常的、异化的年味，也许会让一部分人感到别扭，但我们希望，这种别扭能成常态。

公款送礼的禁令发出了，就应严格执行，让它成为一种新的传统。公款购买赠送烟花爆竹、台历挂历之类的事，虽看起来问题不大，但在性质上却是一种权力腐败之"恶"。为政之道，就在于"勿以恶小而为之"。

（原载《环球时报》2013 年 12 月 24 日）

细节显示贪腐线索

"表哥"杨某才案昨日一审宣判：因受贿罪、巨额财产来源不明罪被判有期徒刑 14 年，并处没收财产 5 万元。这个判决结果，与社会舆论预期基本吻合。回顾此案来龙去脉，可以发现，当代中国对贪腐的惩罚已经出现了一些值得注意的新特点。

一方面，是细节显示贪腐线索。杨某才最初引起公众的注意，是他在处理重大安全事故时的"笑脸"，这种不够得体的"笑脸"引发了社会公众对他手表的好奇心。他通过自己的手腕展示出来的手表实在太多了，不可能不引起民众和反腐机构的关注，并最终导致他身陷囹圄。时至今日，杨某才可能会想："都是手表惹的祸，要是不带那些该死的手表就好了。"然而，问题的实质并不在于戴不戴手表，手表仅仅是指示贪腐的一个细节、一个符号而已。贪腐是一个事实，这个事实总会通过各种细节表现出来。如果人们看不到这个细节，就会看到那个细节，总有一个细节会落在别人的眼里。顺着某个细节摸下去，贪腐的事实就会呈现于光天化日之下。

另一方面，网络助推了民间的反腐力量。杨某才的手表多、价位高，他身边的人不可能不知道，但这个细节如果只有少数人知道，就不太可能成为反腐的突破口。然而，如果这个细节经过网络曝光之后，就会形成强大的社会舆论。因为网络上显示的证据很有说服力，至少有进一步调查的价值。在众目睽睽之下，贪腐者再想掩饰就不容易了。这就是网络对反腐败的积极意义。

此外，反腐败机构对网络上的腐败线索的积极反应、迅速行动，也是当前反腐败工作的一个新特点。试想，即使网络上晒出了某些腐败细节，但如果反腐败机构视而不见，听而不闻，这样的细节就会湮没在铺天盖地的信息中。只有当网络上的腐败信息转化成为反腐败机构的侦查活动，才可能形成反腐败的"物质力量"，腐败才能成为腐败者的墓志铭。而这样的情况，正在逐渐成为现实和常态。杨某才案就是这种新的反腐败机制的直观体现。这个案件说明，官方的反腐败机构与民间的网络舆论已经形成了初步的良性互动。当然，这样的良性互动还只是初见端倪，双方都还需进一步调适。

以上几个方面，让我们看到了腐败与反腐败的一种新趋势、新动向：贪腐总会留下痕迹，痕迹总会被人发现，发现了痕迹的人一旦在网上披露，就会引起反腐败机构的介入，贪腐者的末日也就到来了。这样一条新的路线图表明，贪腐者的路越来越窄了。

对反腐机构来说，从细节中寻找腐败案件的线索，应成为一个值得注意的方向，成为一种能力。随时关注网络上出现的腐败线索、腐败细节，应成为反腐机构一项日常工作。

（原载《环球时报》2013 年 9 月 6 日）

关于污点证人

在近年曝光的反腐败案件中，除了充当主角的腐败者，往往还有一些参与者。他们有些是协助者，譬如腐败者身边的秘书；有些是行贿者；还有一些是腐败者的"二奶"或"小三"——在这类人中，有些只是寄生性的物质享受者，有些则深度参与了腐败行为，甚至充当了腐败官员受贿、索贿的原动力、策划者。

对于腐败案件中的这些参与者，很多国家和地区有一个法定称呼，即"污点证人"。当然，污点证人的范围并不限于贪腐案件。从法律上说，污点证人的主要角色是证人，且主要是控方的证人。只是，他们并不是清白的证人，他们的行为已经符合刑法上的犯罪构成要件。而当他们履行了协助控方指控犯罪的义务之后，常常可以换取免除或减轻刑事责任的待遇。因而，在很多国家或地区，污点证人构成了国家打击主要犯罪的一种制度安排。

目前，在我国全国人大制定的正式法律中，还没有污点证人这种制度角色。虽然我国《刑法》第 68 条规定："犯罪分子有揭发他人犯罪行为，查证属实的，或者提供重要线索，从而得以侦破其他案件等立功表现的，可以从轻或者减轻处罚；有重大立功表现的，可以减轻或者免除处罚。"但主要是为了鼓励犯罪者"立功"，他们并不在刑事诉讼中充当证人。这与其他国家的污点证人制度相比，还是有较大区别。

近年来的反腐实践表明，案件中各种参与者有意无意地透露、揭发，常常构成腐败犯罪浮出水面的导火线。由于腐败行为都在相对私密的空间中发生，如果参与者或见证人都不开口说话，案件根本就无法侦破。从这个角度来看，这些参与者是助推反腐败的一股潜在力量。

在这里，我们看到了一座有待开发的反腐败的法治富矿：通过法律制度的创造性设置，把腐败犯罪参与者对于反腐败的潜在效用最大限度地发挥出来。

一个基本的思路，就是要发挥法律的激励机制、分化功能。一方面，有必要在借鉴其他国家和地区已有的污点证人制度的基础上，进一步区分"污点证人"与"准污点证人"。把那些积极协助腐败犯罪的参与者，特别是已经构成犯罪的参与者，确认为潜在的污点证人。把那些被动、消极的参与者，确认为潜在的准污点证人——这样的人虽然参与、见证了腐败过程，但实为钱权交易双方之间的一个工具或筹码，本身较少有独立的意志。这样的人在法律上可能并不构成犯罪，但他们在道德上有污点，因而可以称为准污点证人。区分污点证人与准污点证人，有助于把腐败案件的参与者进行更细致的分类，有助于强化法律激励机制的针对性。

另一方面，从法律上激励污点证人、准污点证人积极地举报、证实腐败犯罪。虽然腐败者与参与者在利益上具有较大共性，但他们之间并非铁板一块，他们之间一旦出现利益分化，参与者就可能反戈一击。如果我们的法律对腐败参与者进行了一定的激励（譬如，依据立功表现减免刑事责任、保护其人身安全免遭犯罪分子报复、保护其日后正常生活不受干扰等），腐败者与参与者之间的微小的裂痕就可能迅速扩大，进而瓦解他们之间的同盟关系。在这种情况下，这些污点证人或准污点证人，就可能成为反腐机构打击腐败犯罪的"特洛伊木马"。

把各种污点证人和准污点证人从腐败者的身边争取过来，必将从技术上极大地推动当代中国的反腐败工作。

（原载《环球时报》2013 年 1 月 26 日）

警惕腐败导致的二次危害

近日，天津一座 65 层的高楼刚刚盖好就要被拆除的消息，引起舆论的广泛关注。尽管与这一消息相关联的赵某麟及其儿子赵某的案件，让社会公众大致可以想象消息背后的某些隐曲，但是，拆楼本身依然给这个社会造成巨大的心理冲击。社会公众可以获得的最直观的感受，是拆楼造成的经济损失实在太大了。

笔者认为，此事凸显了一个普遍存在的问题，那就是因腐败造成的"烂尾工程"带来二次危害或次生危害。官员贪腐行为造成的社会危害，党内法规与国家刑法已有相关的规定，刑法学说中的社会危害性理论更是提供了逻辑严密的支撑与论证。但是，刑事法律与刑法理论关注的焦点，往往是贪腐行为直接导致的社会危害，直接的危害后果构成了对贪腐者进行定罪量刑的依据。天津拆楼的消息表明，一些贪腐行为不仅会造成直接的社会危害，而且还会引发二次危害，造成自然灾害中常见的次生灾害。

目前，我们的法律理论与刑事实践对于这样的二次危害还没有做出有针对性的回应。原因是复杂的，最核心的原因在于：二次危害与直接危害之间的因果关系难以认定，二次危害的大小也千差万别。有些与贪腐行为相关联的工程或其他项目，在短期内并没有造成明显而直接的二次危害。正是诸如此类的原因，导致贪腐行为的二次危害常常游离于法律惩罚之外。

但是，像天津拆楼这样的消息，确实应当引起我们的注意。也许可以从两个方面回应这种现象。一方面，是强化切割式思维。有必要把贪腐行为、贪腐案件与社会利益、社会财富区分开来。追究贪腐者的责任是一回事，在贪腐过程中形成的社会利益、社会物质财富是另一回事。一个贪官盖了一座花园，可以惩罚贪官，但没有必要拆毁花园。花园可以变成公众分享的公园。也可以变卖花园，以所得款项盖一所学校或医院。按照这样的切割式思维，天津新盖的高楼也许就有其他的处理方式，简单地拆除未必一定就是最好的选择。原因很简单，拆楼导致了社会财富的极大浪费。

与切割式思维相关联的，是捆绑式思维。如果二次危害与贪腐行为确有某种因果关系，也可以把二次危害算到贪腐者造成的总体性的社会危害之中，从而加重对贪腐者的处罚力度。二次危害作为一种新的犯罪现象，当代中国的法律理论与法律实践可以有所作为、有所应对。这就是捆绑式思维。当然，切割式思维与捆绑式思维并不矛盾，完全可以结合起来，一体运用。

处理这类问题的关键是，既要准确地打击贪腐犯罪，又要有效地维护社会利益、有效地保护已经形成的社会财富。这两个目标并不是对立的。只有同时兼顾这两个目标，才能实现执政绩效的最大化。

（原载《环球时报》2015 年 12 月 12 日）

拐卖儿童，该当何罪

近日，媒体上出现了关于拐卖儿童犯罪的热议。引起关注的核心问题是：拐卖儿童是否该判死刑？有人建议，拐卖儿童一律判处死刑；有人认为，拐卖儿童不必判死刑；当然还有其他的说法。那么，拐卖儿童，到底该当何罪？对于这个问题，可以从不同的方面来分析。

从现行刑法的角度来看，问题已有明确的答案：拐卖儿童，视其情节轻重，既可以处5年以上10年以下的有期徒刑，也可以处10年以上的有期徒刑，还可以处无期徒刑甚至死刑，关键是情节轻重、危害大小。在司法实践中，虽然同为拐卖儿童，但是拐卖儿童的情况是多样化的，所以现行刑法对于拐卖儿童犯罪作出了不同的规定：有的是轻刑，有的是重刑。譬如，拐卖儿童数量较多的；以出卖为目的，偷盗婴幼儿的，诸如此类的情况，就可以处以重刑，甚至包括死刑。可以说，媒体上讨论的问题，现行刑法已有规定，而且没有什么疑义。如果以这样的问题去问法官或律师，法官或律师通常会根据现行法律作出明确的回答。

但是，媒体上的讨论显然不是立足于现行法律的规定，而且一种对于现行法律的评论。立论者的意思是："我不管你法律上是如何规定的，我自己的观点是，拐卖儿童都应当判处死刑，法律应当做出这样的规定。"这样的观点，或与之对立的观点，其实是向国家立法机构提出了一个立法建议，或一个修改法律的建议：以重刑甚至是以极刑处罚拐卖儿童的罪犯。

针对国家已经制定的现行法律，社会公众是否可以说三道四？当然是可以的。这是公民的言论自由，甚至是公民体现自己的社会责任感的一种方式。只要不突破相关的政治底线、法律底线、道德底线，即使是针对现行法律，社会公众也可以提出各种不同的看法。"拐卖儿童一律判处死刑"就属于这样的看法。至于这样的看法能否成立，那就是另一个层面的问题了。

暂且不管法律是如何规定的，单从法理上看，"拐卖儿童一律判死刑"的观点能否成立呢？我的回答是：很难成立，几乎不能成立。因为这是一种偏颇的极端观点。拐卖儿童的犯罪行为固然伤害了儿童，伤害了儿童的父母、家庭。但是，如前所述，拐卖儿童的情节各不相同，不问青红皂白，全部放在"死刑"这口锅里一锅煮了，显然失之简单、粗暴，与"罪刑相适应"的刑法原则也是冲突的。

更重要的是，凶狠的"一律判死刑"也不符合谦抑主义的刑事发展方向。在某些社会背景下，"重典"能够产生一定的效用，但"重刑"不可滥用，"死刑"尤其不可滥用。这几乎是一种共识。对此，我国刑法学界关于死刑的研究，已经提供了丰富的理论支持。甚至死刑本身的废存，都是一个由来已久的老话题了。在这样的刑法理论面前，"拐卖儿童一律判处死刑"的观点，根本不能得到法学理论与法律实践的认同。

也许有人认为，"拐卖儿童一律判处死刑"就是某些网络媒体的一种"炒作"，目的在于：以惊人之语吸引眼球，是"注意力经济"的一种表现，具有强烈的"娱乐化"倾向，因而不值得认真对待。我的看法是，也许确有这样的成分。不过，即便如此，这样的讨论还是有助于我们重新思考死刑的使用问题、刑法的价值问题以及儿童的保护问题，特别是它们之间的冲突问题，这些问题，显然是严肃的。想当年，英国社会出现了一场关于同性恋与卖淫是否违法的讨论，著名法学家哈特对此予以认真的对待，并向学术界贡献了一部法学理论名著《法律、自由与道德》。与此相类似，关于儿童保护与死刑的关系，也可以在更深层次上予以思考。"无画处也是画"，即使是一个闹剧性质的问题，也可以从中抽离出一个具有学术意义的主题。

（原载《社会科学报》2015 年 7 月 16 日）

刑法与少年

近年来，未成年人犯罪问题引起了社会各界的广泛关注。这些人年龄小，他们的行为即使造成了比较严重的社会危害，但由于其未达到法律规定的承担刑事责任的年龄，也不能给予刑事处罚；即使达到了刑事责任年龄，也会依法从轻、减轻或免除刑事处罚。随着未成年人犯罪的案件增多，随着传播方式越来越便捷，未成年犯罪，特别是14周岁以下的少年犯罪，作为一个社会问题、法律问题，似乎也越来越迫切地摆在了人们的面前。

应对这个问题的一个方案是：通过修改刑法，降低刑事责任年龄。譬如说，如果12周岁或13周岁的未成年人犯罪占据了一个较大的比例，那就把刑事责任年龄降到12周岁或13周岁。通过这种方式，可以遏制未成年人犯罪的蔓延。然而，相反的意见马上就会提出来：刑事责任年龄太低，没有体现对未成年人的保护；对未成年人的过错，即使是严重的过错，也应当以批评教育为主，未成年人毕竟还是小孩子嘛。的确，把14周岁以下的未成年人送进监狱，从情理上看，毕竟还是有一些不妥之处。

但是，问题的另一面随即突显出来：受害人怎么办？在暴力侵犯中，未成年人犯罪的受害人基本上也是未成年人。受到伤害的未成年人该不该保护？如果不以刑罚的方式惩罚加害人，也许就不足以遏制未成年人的犯罪冲动。对施暴者仅仅止步于批评教育，在一定程度上就是抹去了施暴者对社会和他人造成的严重危害，同时还会间接导致这样的结果：对受害的未成年人未能给予足够的、充分的保护。

加害人与受害人都是未成年人。如果刑法惩罚了加害人，则有助于保护受害的未成年人，但没有在刑法层面上宽容加害的未成年人。反之，如果刑法不惩罚加害人，可能就没有在刑法上保护受害的未成年人，只是在刑法上宽容了加害的未成年人。前者的负面效应主要是"没有宽容"，后者的负面效应主要是"没有保护"，哪种选择的负面效应更大？"没有保护"恐怕更大，因为这是失职，相比之下，"没有宽容"主要是"不够仁厚"。从这个角度来看，刑法还是应当惩罚加害人。

从公平正义的要求来看，公平正义既是成年人社会需要实现的价值目标，其实还可以延伸至未成年人社会，甚至必须延伸至未成年人社会。未成年人之间的公平正义也是极其重要的。如果未成年人犯罪不能得到适当的惩罚，受害方就有可能在法律之外寻求"私力救济"。然而，绕过法律的"私力救济"并不符合国家提出的一项基本要求：以法治思维与法治方式解决问题。

我们再从加害方的角度来看，加害方是否需要为自己的过错承担责任？回答应当是肯定的。即使是未成年人，也应当为自己的行为承担责任。我们的制度在奖励做出积极行为的未成年人。譬如选拔少年大学生，奖励见义勇为或助人为乐的好少年，等等。社会公众普遍认为，针对未成年人的奖励制度完全是正当的。但是，一个理性的社会在奖励未成年人的同时，也应当有相应的惩罚制度。因此，即使是一个未成年人，如果他做出了危害社会的犯罪行为，也应当受到相应的惩罚。哪怕是较之于成年人犯罪轻微得多的惩罚，毕竟也是惩罚。如果不给予惩罚，则是在变相地助长甚至是默许这样的犯罪行为。一些少年可能就会想：反正我是未成年人，刑法对我无可奈何。

如果以上分析可以成立，那么，刑法就应当积极介入少年人社会，少年人社会不必作为刑法所不及之地，在少年人社会的治理中，刑法不能缺席。这一点，就可以作为一个基本的法律理念。但是，在当下，是不是需要马上修改刑法？马上降低刑事责任年龄？我觉得倒不必那么急，因为，刑法毕竟是最后的威慑手段，可以有，可以用，但要留到最后才用，在迫不得已的时候才用。

我的具体建议是：分两步走。第一步，可以尝试着先行修改行政责任年龄，把行政责任年龄从 14 周岁降到 12 周岁左右。可以让 14 周岁以下的少年，在违法行为情节较为严重的情况下，承担像行政拘留这样的行政处罚。这既是涉及人身自由的行政处罚，其实也是一种严厉的教育。同时，也是在以法律的方式，为 14 周岁以下的少年划出一条坚硬的行为边界，以法律的方式帮助他们扣好人生的第一粒扣子。

如果通过行政处罚的方式，基本上解决了 14 周岁以下的少年犯罪问题，那就到此为止。但是，如果仅仅依靠行政处罚，依然不能遏制 14 周岁以下的少年犯罪问题，如果受到伤害的未成年人还需要给予更有效的保护，那么，就可以考虑迈出第二步：修改刑事责任年龄，从刑法的层面上处罚少数犯罪情节特别恶劣的 14 周岁以下的少年。当然，在执行过程中，对 14 周岁以下的少年犯罪的刑事处罚，必须给予严格的限制，并规定相应的保护或救济措施。

当然，针对 14 周岁以下的少年，无论是行政处罚的设定还是刑事处罚的设定，都需要进行前期调研。譬如，通过越来越完善的大数据，可以清楚地测度：14 周岁以下的少年犯罪，真正够得上犯罪的，到底有多严重，每年到底有多少人，近期、中期以及长期的演变趋势是什么，等等。只有把这些基本情况都搞清楚了，再结合刑法原理与法学理论，才能得出一个既符合学理、又符合实际情况的选择。

（原载《社会科学报》2019 年 11 月 21 日）

精细化刑法剑指灰色地带

据相关媒体报道，《刑法修正案（九）》拟增设"收受礼金罪"。"礼尚往来"可能入刑成为罪名很新颖，它与公众熟知的受贿罪也有很大的关联，因而触动了很多人的神经。

收受礼金罪与受贿罪的相同点在于，都是国家工作人员收取了他人的财物或礼金。两者之间的区别在于，受贿罪中的国家工作人员既要有收取他人财物的行为，还要有为他人谋取利益的行为。但收受礼金罪则没有这样的要求，这就是说，只要国家工作人员收取了他人的礼金，无论是否为他人谋取利益，都构成犯罪。

拟设立的"收受礼金罪"把打击对象区别于受贿罪的打击对象，体现了刑法的精细化追求，这是刑法发展的必然产物。一个官员收取了他人财物，为他人谋取了利益，这是受贿罪。但是，是否为他人谋取了利益，却不易查证。现实生活中，有些行贿者向官员行贿，但并不要求马上兑现回报，行贿者可能指望一年甚至数年之后的回报。在这种情况下，"收取他人财物"与"为他人谋取利益"之间，并没有明显的关联。还有这种情况：甲官员收取了财物，但他并不为行贿者谋取利益，而是由乙官员代替他为行贿者谋取利益，甲乙之间的"账"则通过其他方式、其他渠道予以了结。在诸如此类的情形下，官员有受贿之实，却很容易逃避"受贿罪"的追究，因为无法证实其"利用职务之便，为他人谋取利益"。

"收受礼金罪"填补了这个缝隙。只要你是国家工作人员，只要你收取了他人财物，且达到一定数额，就构成了犯罪。这个条款，撕破了行贿者与受贿者之间那一层"温情脉脉"的面纱。因为，行贿者在笑脸行贿时，都不会说这是行贿，而是说这是人情往来，这是一片真心、一腔真情。受贿官员也在人情往来的掩护下，心安理得地受贿。但是，"往来"的双方都知道，"人情"的背后到底是什么。

通常情况下，没有无缘无故的"人情"，也没有无缘无故的"往来"。针对官员的"人情往来"，往往与钱权交易有关。这样的钱权交易，既可能是短期的一次性交易，也可能是长期的经常性交易，还可能是较长时期之后的"期货交易"——这就是人们常说的"权力期权化"。无论是哪种交易形式，本质上都是钱权交易，都应受制于法律的阻击。

在社会关系网络中，官员也是公民个体，也有人之常情，刑法如果作出这样的规定，对于官员群体来说，可能会造成某些"不便"。但恰恰是这种"方便"的人情往来，造就了一个巨大的灰色地带：以人情往来之名，掩盖行贿受贿之实。权力腐败，就在这样的灰色地带中大面积地滋生蔓延。

其实，有关机构早已明文规定，国家工作人员在公务活动中不得以任何名义和变相形式接受礼金和有价证券，这已经从党纪、政纪的层面上正式禁止了收受礼金的行为。从刑法的层面上禁止收受礼金，是把党纪、政纪的规定延伸至刑事条款，是刑法对党纪、政纪的对接。通过刑法上的"收受礼金罪"，通过挤压那个钱权交易的灰色地带，可以为阳光地带拓展出更大空间。

（原载《环球时报》2014年9月29日）

刑罚变更执行需要更严格的监督

据媒体报道，截至 2014 年 5 月底，全国检察机关已发现违法减刑、假释、暂予监外执行案件线索 188 件，已建议将暂予监外执行条件消失的 247 名罪犯收监执行；与此同时，立案查处相关职务犯罪案件 30 件 40 人。这条信息，凸显了法律监督在刑罚变更执行中的重要性。

对于刑事案件，特别是那些轰动性的刑事案件，当前的社会舆论普遍关注公安机关的刑事侦查过程、检察机关的公诉过程，尤其是法院的审判过程及审判结果。社会公众的普遍感觉是，当法官敲响法槌，宣告一个公正的判决时，正义就得到了伸张，法治的目标就实现了。这样的看法其实是不准确的。因为法院的判决，哪怕是终审判决，也不意味着法治目标的最终实现。刑事判决之后的刑罚执行过程，与之前的侦查、起诉、审理、判决过程同等重要。如果刑事判决书认定的刑事处罚得不到严格执行，就意味着刑事责任没有得到严格追究。如果刑罚的执行打了折扣，其实就是法治打了折扣。

判决书认定的刑事责任，在通常情况下应该得到不折不扣地执行。譬如，如果判决书认定了 10 年有期徒刑，就意味着服刑人员应当在监狱里待 10 年。这是一个基本准则，也是罪刑法定、罪刑相适应的必然结果。但是，在刑罚理论、刑罚制度与刑罚实践中，为了挽救服刑人员，为了激励服刑人员认真改造，又设置了减刑、假释、暂予监外执行的制度。根据这种变更执行制度，符合法定条件的服刑人员，可以减刑、假释、暂予监外执行。这样的制度体现了刑事法律的宽严相济，也体现了实事求是、注重效果的精神指向。

但是，减刑、假释、暂予监外执行作为刑罚变更执行制度，在运行过程中同样会出现这样那样的偏差，从而导致一些不符合法定条件的减刑、假释、暂予监外执行。这种情况，不是对减刑、假释、暂予监外执行制度的执行，而是对这种制度的冲击。

一方面，不符合法定条件的减刑、假释、暂予监外执行，不但不能起到激励服刑人员积极改造的作用，而且还会打击众多服刑人员自我改造的积极性。因为，其他的服刑人员会发现，那些获得减刑、假释、暂予监外执行的服刑人员，并不是由于他们在自我改造方面做得更好，而是由于其他的原因，甚至是非法的原因。

另一方面，不符合法定条件的减刑、假释、暂予监外执行，与刑罚变更执行中的受贿、渎职具有紧密的联系。只要出现了不符合法定条件的减刑、假释、暂予监外执行，大致可以推定，刑罚执行机构中的某些人可能涉嫌受贿或渎职。上述新闻在提到检察机关"已建议将暂予监外执行条件消失的 247 名罪犯收监执行"的同时，马上又说："立案查处相关职务犯罪案件 30 件 40 人"，就已经说明了违法的减刑、假释、暂予监外执行背后的受贿或渎职。

检察机关作为国家的法律监督机关，纠正不符合法定条件的减刑、假释、暂予监外执行，同时对涉嫌犯罪的刑罚执行人员进行立案调查，有助于维护刑罚变更执行制度的严肃性，有助于把正义运送到刑事司法过程的最后一站。

(原载《环球时报》2014 年 7 月 1 日)

司法需要面对的民意

在我的印象中，很多法学论著都讨论过"司法与民意"这个主题。与司法相互纠缠的民意到底是什么？把民意这个事物剖开，进入到民意的内部，会发现一幅什么样的图景？这样一些问题，却遭到了不应有的忽略。事实上，司法需要面对的民意并不是一个显而易见、质地均匀、固定不变的事物。相反，民意是分裂的，甚至是破碎的。

从"民"的范围大小来看，在多数案件中，法官需要面对的"民意"，其实只限于案件的当事人、参与人，以及他们所牵连的利害关系人。在全国法院系统每天处理的成千上万的案件中，大部分案件，甚至是绝大部分案件，其实都只有当事人及利害关系人才会在意、关心。社会公众并不关心法院里每天进进出出的当事人。当事人的焦虑、利害、得失，通常不会进入社会公众的视野。这就是说，在一般情况下，司法需要面对的民意，其实就是当事人及利害关系人的意见、看法。不过，当事人及利害关系人虽然在数量上并不多，甚至屈指可数，但对于法官来说，也是需要认真对待的。倘若一方当事人对法院的判决不满意，他（她）就会提起上诉、申诉；如果很不满意，他（她）甚至还会继续信访、上访。然而，我们必须看到一个显而易见的事实：法院的判决很难同时让彼此冲突的双方都很满意。如果一方当事人满意了，另一方当事人必然会多多少少地有些失望或不满，在某些特殊的情况下，判决结果甚至可能让争议双方都不满意。正是在这里，我们可以发现，即使是范围很小的"民意"——亦即当事人及利害关系人的意见，如果也可以称之为"民意"的话——也分裂的、破碎的。

　　在实践中，也许正是为了回应这种"小范围的民意"，才刺激了法院系统对于调解结案率的追求。因为，通过调解的方式，促使争议双方都做出某些让步，虽然可能间接地损害一方当事人的利益，但它却可以获得一个看得见的收益：防止了"极端不公正感"的滋生。以调解的方式结案，即使是权利相对受损的一方，亦即让步较多的一方，也不会产生"极端不公正"的感觉，因为让步是自己承诺的，即使不太情愿，但毕竟还是答应了。由此可见，在追求调解结案率的背后，有一个重要的推手，那就是对于民意的回应与看重。哪怕民意的范围极小，哪怕它仅仅寄生在当事人及利害关系人中间。

　　法院、法官看重这种"小范围的民意"，其实还有一个重要的根源："小范围的民意"有可能引起社会公众、社会舆论的广泛关注，进而演化成为具有一定轰动效应的民意。当前法学界讨论的"民意"，主要就是指这种具有轰动效应的案件相对应的民意。在一些学者的潜意识里，似乎只有这种以"社会舆论"的方式表达出来的民意，才是需要认真对待的民意，才堪称与司法相纠缠的民意。换言之，在当前的法学理论中，"民意"常常被缩减成为全社会的意见或"大范围的民意"。然而，这种"大范围的民意"的产生，本质上是各类媒体传播扩散的结果。而媒体在传播某个案件或某个事件的时候，是有选择性的。一个平淡无奇的常规性案件，通常不会引起媒体的关注；只有那些具有某种新奇性或"有看点"的案件或事件，才可能经过媒体的传播而广为人知，当这些案件或事件赢得了广泛的关注之后，才能催生"大范围的民意"，以及随之而来的民意对于司法的影响。

　　因此，从"民意发生学"的角度来看，引发民意关注的案件，或者说，需要面对"大范围的民意"的案件，一般都是较为新奇的案件或事件。然而，新奇的案件或事件，必然会引发相异甚至相互冲突的评论。因此，较之于上文所说的"小范围的民意"，这种"大范围的民意"在通常情况下必然会呈现出更加破碎的图景。面对这种情况，法院、法官更应当看重的，是民意中的哪一块"碎片"呢？是纸质媒体上的观点？还是网络上的"跟帖"？是街坊茶肆中的议论还是法学研讨会上的声音？而且，任何一种场域中的评论，都不大可能有统一的、一致的声音。此外，还有更多的人，甚至可能是社会上居于中流地位的人，很可能并没有发出任何声音，他们的沉默或不置一词，是否也可以看作是一种态度？是否也可以看作是民意中的一块"碎片"？他们的态度，与网络"水军"、网络"跟帖人"的态度相比，哪一种态度才是更值得重视的那一块"碎片"呢？

在这种碎片化的民意图景面前，司法需要面对的民意到底是什么？或者说，司法者需要优先考虑（不一定是服从）的民意到底在哪里？

从司法过程来看，司法者应当如何甄别多元化的民意呢？我的回答是：法律方法论中的"法律发现"理论，就可以给我们提供方法论上的指引。在国际法上，"法律识别"一般采用"联系最密切原则"。在国内法上，司法过程中的"法律发现"也要挑选与本案"联系最密切"的法律规范。同样的道理，司法过程中的"民意发现"或"民意识别"，似乎也应当选择与本案"联系最密切"的民意。

经过"民意发现"或"民意识别"过程而筛选出来的某种"民意"，是否可以作为判决的依据？这同样不是一个可以简单地作出回答的问题。一方面，选择了民意中的某一块"碎片"，就意味着对其他"碎片"的排斥或遮蔽，在作出司法判决的过程中，是否还需要适当考虑那些被排斥的民意碎片？另一方面，与本案"联系最密切"的民意，是否就是司法判决的方向？在某些西方国家，由于法官、司法所代表的精英取向，司法判决往往与民意背道而驰，从而让司法成为遏制民意的一种制度装置。在当代中国，司法虽然没有这样的精英取向，但是，在法律父爱主义的理念下，司法既要满足民众的意愿，但同时也要承担教育民众、引导民众的功能。这种双重的司法功能意味着，法院、法官在民意面前，既要尊重，也要引导；既要充当民意的甄别者、发现者，也要成为民意的塑造者、引领者。

（原载《法制日报》2013 年 3 月 27 日）

马克思主义法理学的创新发展

自从 20 世纪早期马克思主义来到中国，马克思主义法理学也随之来到中国，迄至今日，已有一个世纪的历史。在不同的历史阶段，中国的马克思主义法理学呈现出不同的阶段性特征。譬如，在 20 世纪 50 年代，以"维辛斯基法学"为代表的所谓"苏式法理学"，一度在我国法理学领域占据了支配地位。20 世纪 80、90 年代，中国的马克思主义法理学比较注重马克思主义经典作家、经典著作的研究。在当下，特别是最近几年，马克思主义法理学出现了一些新的变化：第一，马克思主义法理学的"显示度"越来越高。譬如，很多法学刊物都开辟了专门的"马克思主义法学"专栏，其中就刊发了不少马克思主义法理学方面的研究成果。第二，创新发展中国特色社会主义法治理论，成为了马克思主义法理学的一个新的增长点。第三，关于习近平法治思想的研究，开辟了中国马克思主义法理学的新境界。

马克思主义法学理论对于社会主义法治国家建设，具有多个方面的时代价值。第一，马克思主义法学理论是历史唯物主义的法学理论，由历史唯物主义奠基的马克思主义法学理论强调经济基础对法的决定作用，这对于经济建设的中心地位，可以提供理论支撑；对于社会主义法治国家建设，可以提供路径上的指引。第二，马克思主义法学理论具有鲜明的人民性。马克思在《黑格尔法哲学批判》一书中指出："如果问题提得正确，那它就只能这样：人民是否有权来为自己建立新的国家制度呢？对这个问题的回答应该是绝对肯定的，因为国家制度如果不再真正表现人民的意志，那它就变成了有名无实的东西了。"国家制度必须体现人民的意志，而法就是国家制度的规则化表达，这就是说，法必须是人民意志的体现；如果法不再真正体现人民的意志，如果法失去了人民性，那它就不是真正的法。马克思主义法学理论的人民性，看似抽象，其实揭示了法治国家建设的基础与根本：以人民为中心。第三，马克思主义法学理论主张人的自由而全面的发展，这就为当下的法治国家建设提供了有待追求的远景目标，有目标才有方向，才能行稳致远。

只要是我们这个时代出现的重大问题，都可以归属于"时代之问"。如果挂一漏万地回答，以下两个问题，马克思主义法理学应当优先予以回答。第一，在国家复兴传统文化的背景下，马克思主义法理学如何汲取中华优秀传统文化？传统中国的法政思想，主要是儒家主导的，譬如"民惟邦本""为政以德"的思想，譬如"礼乐政刑、综合为治"的观念，都具有深厚的积淀；还有法家提出的"以法治国""一断于法"等观点，都具有恒久的价值。如何对传统法律文化进行创新性转化、创造性发展，是马克思主义法理学需要回答的"时代之问"。第二，马克思主义法理学如何更好地坚持以人民为中心？我们看西方 17、18 世纪启蒙思想家表达的法理学说，其实都是以法理的方式，反映了各国资产阶级的基本诉求。当代中国的马克思主义法理学如何回应当代中国人民对美好生活的期待？这是马克思主义法理学不能回避的"时代之问""人民之问"。

中国马克思主义法理学的发展方向，必将是马克思主义法理学的中国化，所以，还是要在推动马克思主义法理学的中国化这个方向下功夫。马克思主义法理学的中国化有两个主要的着眼点：一是与中国当代实践相结合，亦即与中国数十年来的法律实践、法治实践、国家治理实践、国家建构实践相结合；二是与中国古代传统相结合，亦即与中国数千年来的法律文化传统、国家治理传统相结合。坚持这"两个相结合"，推动马克思主义法理学的中国化，马克思主义法理学就能够焕发出新的思想活力与实践伟力，就能够形成自主的知识体系、学术体系、话语体系。问题的关键就在于："两个相结合"到底怎么结合？你善不善于结合？你结合得好不好？我举一个正面的例子：公元 2 世纪，佛教从"西天"传到中国，经历了大约五百年之后，在六祖慧能手上，实现了与中国文化传统的结合，而且是水乳交融的结合。六祖慧能就很善于结合，他促成了佛教的中国化，那么自然，那么顺理成章，那么深入人心，没有丝毫的"违和感"。六祖慧能的智慧、匠心、灵巧，令人叹服，值得借鉴。

原载《北京日报》2022 年 12 月 19 日

马克思是蒂堡和萨维尼的仲裁人

——重述 1814 年关于制定德意志民法典的论争

翻开 1956 年版的《马克思恩格斯全集》（第 1 卷），首篇论文是《评普鲁士最近的书报检查令》，这是一篇法学论文。第二篇题为《路德是施特劳斯和费尔巴哈的仲裁人》，这不是一篇法学论文，但却为法学理论的拓展提供了新的可能。根据篇末提供的信息，此文是马克思 1842 年 1 月所写，这一年，马克思 24 岁。且看此文的开篇："施特劳斯和费尔巴哈！在不久前提出的关于奇迹这个概念的问题上，他们两个究竟谁对呢？施特劳斯像神学家一样看问题，因而有偏见；费尔巴哈则用非神学家的观点看问题，因而是自由的。施特劳斯所看到的是思辨的神学的眼光中出现的事物；而费尔巴哈所看到的则是实际上的事物。"那么，"他们两个人究竟谁对呢，施特劳斯还是费尔巴哈？路德是一个极有地位的权威；他比所有新教教义学家要高明万倍，因为宗教对他就是直接的真理，就是天性——就让路德来决定他们两个究竟谁对吧"。[1]

这几句话不仅很有名，而且暗含思想玄机：为什么把路德作为施特劳斯和费尔巴哈的仲裁人？对于施特劳斯与费尔巴哈之间的分歧，路德在何种意义上可以被称为仲裁人？仅仅是因为路德是地位极高的权威？难道路德不"像神学家一样看问题"？这样一种修辞，这样一些疑问，这里暂且按下不表。更让人意外的是，这篇文献的作者到底是不是马克思？因为，"1967 年前西德学者汉斯·马丁·

---

〔1〕《马克思恩格斯全集》（第 1 卷），人民出版社 1956 年版，第 32 页。

扎斯在《国际社会史评论》第 12 卷发表《是费尔巴哈而不是马克思：关于〈路德是施特劳斯和费尔巴哈的仲裁人〉一文的作者》，以严密的文献学考证对 MEGA1 编辑者梁赞诺夫关于该文作者'肯定'是马克思的考证提出质疑。1975 年陶伯特和舒芬豪艾尔在《马克思恩格斯研究文集》上发表《是费尔巴哈还是马克思：关于〈路德是施特劳斯和费尔巴哈的仲裁人〉一文的作者》，支持扎斯的考证结论。1975 年出版的 MEGA2/I/1 就把《路德是施特劳斯和费尔巴哈的仲裁人》作为费尔巴哈的著作排除在该卷之外"。[1]

　　这显然是一个值得注意的考证结论。在这里，无论我们是否接受这个考证结论，我们都有必要认真对待这篇文献所展示的提问方式。现在，如果仿照这种提问方式，我们就可以对发生德意志历史上的那一场关于制定统一民法典的论争重新提问：蒂堡和萨维尼，在 1814 年提出的关于制定一部德意志统一民法典的问题上，他们两个究竟谁对呢？如果说在 1842 年，可以把路德作为施特劳斯和费尔巴哈的仲裁人，那么，在今天，如果我们重述 1814 年的蒂堡与萨维尼之争，能不能让马克思来决定他们两个——蒂堡和萨维尼——究竟谁对呢？能不能让马克思来充当蒂堡和萨维尼的仲裁人呢？

　　提出这样的问题，以这样的方式提出问题，主要是基于以下几个方面的考虑。其一，借此重新思考民法典与国家治理的关系。随着中国民法典在 2020 年的正式出台，尤其是在 2021 年的正式实施，通过民法典实现国家治理，认真对待民法典的国家治理职能，就成了一个现实性的主题。事实上，民法学家已经注意到了这个主题。[2]只是，在国家治理的历史上，在民法的历史上，这并不是一个全新的主题。早在 1814 年的德意志，法学家、思想家就已经把民法典与国家治理结合起来进行思考，因而，通过民法典的国家治理，既是一个当下的中国问题，也是一个曾经的德国问题。从 21 世纪初的中国回溯 19 世纪初的德国，有助于在东西之间与今昔之间，在时空的巨

---

〔1〕　鲁克俭："西方马克思学发展演变的内在逻辑"，载《北京行政学院学报》2019年第 5 期。

〔2〕　孙宪忠："中国民法典国家治理职能之思考"，载《中国法律评论》2020 年第 6期。

大转换中，重新理解民法典与国家治理的关系。19 世纪初期争论的德意志民法典与德意志国家治理之间的相互关系，就仿佛一面镜子，可以烛照出当下的中国民法典与中国国家治理之间的相互关系。其二，重温发生在蒂堡与萨维尼之间的论争，有助于理解通过民法典实现国家治理的两种理路。在以往的关于蒂堡与萨维尼之争的论述中，主要侧重于民法及法律的视角。然而，如果我们从国家治理的角度重新梳理他们之间的论争，就可能发现新的法理意蕴。其三，从更宽的视野中看，从蒂堡与萨维尼之争出发，还可以通往马克思主义经典作家的法律理论。因为，马克思对争论的双方是有研究的，马克思对这场论争也是有态度的。看到马克思在这场论争中的出场，看到马克思对论争双方的仲裁，有助于从马克思主义经典作家的立场上理解这场论争，这对于更加精微地理解马克思主义法理学的兴起，也将有所裨益。

着眼于以上几个方面的学术旨趣，下文且以 1814 年发生的关于制定德意志统一民法典的论争作为轴心，先述蒂堡所代表的立场，后述萨维尼所代表的立场，最后再看马克思对论争双方的仲裁及其蕴含的思想史意义。

一、蒂堡

蒂堡（Anton Friedrich Justus Thibaut，1772～1840 年），海德堡大学教授。作为专业的法学家，蒂堡著有《罗马法的逻辑解释理论》（1799 年）、《潘德克顿法体系》（1803 年）等书。不过，蒂堡在更大范围内为人所知，主要还得归因于他在 1814 年发表的《论制定一部德意志统一民法典之必要性》（以下简称《必要性》）一书。这是一本小册子，译成中文，两万字左右，其实就相当于今天的一篇学术论文的篇幅。由此看来，能够敲响时代鼓点的短篇，比那些专业性更强的高头讲章，更能够引起公众的关注，更能够在历史上发出回声。

宣称蒂堡的《必要性》敲响了时代的鼓点，这是什么意思？在 1814 年的德意志，时代的鼓点在哪里？这就不能不说到 19 世纪初期的德国状况。对此，恩格斯的《德国状况》一文已有精准的回顾性描述："这就是前一世纪末叶的德国状况。这是一堆正在腐朽和解体的讨厌的东西。没有一个人感到舒服。国内的手工业、商业、工业和农业极端凋敝。农民、手工业者和企业主遭到双重的苦难——政府的搜刮，商业的不景气。贵族和王公都感到，尽管他们榨尽了臣民的膏血，他们的收入还是弥补不了他们的日益庞大的支出。一切都很糟糕，不满情绪笼罩了全国。没有教育，没有影响群众意识的工具，没有出版自由，没有社会舆论，甚至连比较大宗的对外贸易也没有，除了卑鄙和自私就什么都没有；一种卑鄙的、奴颜婢膝的、可怜的商人习气渗透了全体人民。一切都烂透了，动摇了，眼看就要坍塌了，简直没有一线好转的希望，因为这个民族连清除已经死亡了的制度的腐烂尸骸的力量都没有。"〔1〕

生于 1820 年的恩格斯，已经清晰地概括了 18 世纪末期至 19 世纪初期的德国状况。就法律领域来看，当时的普鲁士主要依赖《普鲁士邦法》来实现国家治理。所谓《普鲁士邦法》，"指《普鲁士国家通用邦法》，包括私法、国家法、教会法和刑法，自 1794 年 6 月 1 日开始生效。由于法国资产阶级革命及其对德国的影响，普鲁士邦法明显地反映出资产阶级改良的萌芽，然而就其实质来说，它仍然是一部封建性的法律"。〔2〕对于这部《普鲁士邦法》，恩格斯的评价是很低的。

在 1876 年至 1878 年之间写成的《反杜林论》一书中，恩格斯如此评论杜林其人："他的法律知识仅仅限于普鲁士邦法这部开明宗法专制制度的法典，这部法典是用德语写的，似乎杜林先生就是从中开始识字的，这部带有道德性的注释、法律上的不确定性和不稳固性、以鞭挞作为刑讯和处罚手段的法典，还完全是属于革命以前的时代的。除此以外的东西，无论是现代的法兰西民法，还是自身发展十分独特的和整个大陆对其保障个人自由一无所知的英吉利法，在杜林先生看来都是邪恶的。"〔3〕这段话的主旨在于批判杜林，但同时也可以看到恩格斯心中的《普鲁士邦法》：这是一部与"法兰

---

〔1〕《马克思恩格斯全集》（第 2 卷），人民出版社 1957 年版，第 633~634 页。

〔2〕《马克思恩格斯文集》（第 9 卷），人民出版社 2009 年版，第 580~581 页。

〔3〕《马克思恩格斯文集》（第 9 卷），人民出版社 2009 年版，第 119 页。

西民法""英吉利法"形成鲜明对照的法典。在恩格斯看来,"法兰西民法"与"英吉利法",都是资本主义革命之后的法,特别是"英吉利法",保障个人自由乃是它的突出特征。但这样的特征,却不见于《普鲁士邦法》。《普鲁士邦法》不确定、不稳定,它保留了鞭挞这种比较野蛮的手段,保留了"带有道德性的注释",由于这些特征,完全可以把《普鲁士邦法》归属于革命之前的、旧社会的、前现代的法典。

这就是 19 世纪初期的欧洲法律格局:英国的法、法国的法都代表了法的新方向、新成就,德国的法却是保守的、陈旧的、落后的象征。着眼于今昔与东西,可以看到,20 世纪初期开始在中国出现的所谓"东西问题",在 19 世纪初期的德国,已经预演过一次:英、法代表了先进的"西方",德国代表了落后的"东方",德国面临"向西方学习"的紧迫而现实的任务。在地理方位上,英国与法国都是德国的"西方国家",但是,法国是更加邻近的"西方国家",可以说是德国的"西方邻国",因而,法国的示范意义更为明显。1804年诞生的《法国民法典》(亦即恩格斯所说的"法兰西民法"),作为一个标志性的法典,对于德国来说,提供了一个更具吸引力的范例。这就是蒂堡创作《必要性》的具体背景。

虽然在一些概略性的叙述中,总是习惯于把蒂堡作为 1814 年关于制定德意志民法典之论争的起点。然而,倡议在德意志制定一部统一的民法典,却并非始于蒂堡。据考证,早在 1777 年,希罗塞尔(Johann Georg Schlosser,1739~1799 年)就写下了《关于制定一部完善的〈德国民法典〉的建议和计划》一书,但此书并未引起广泛的争论。直至 1814 年,一个名叫瑞赫贝格(A. W. Rehberg,1757~1836 年,亦译为雷贝格)的学者写出了一部题为《拿破仑法典及其引进到德国的问题》的著作,此书认为,德国与法国的国情不同,不需要一场"通过法典编纂来纠正的革命。因此在这样的情况下,德国制定法典无异于在市民生活关系领域人为地发动一场革命"。[1]

---

〔1〕 薛军:"蒂堡对萨维尼的论战及其历史遗产——围绕《德国民法典》编纂而展开的学术论战述评",载《清华法学》2003 年第 2 期。

针对瑞赫贝格明确反对法典编纂的观点，蒂堡撰文重述了希罗塞尔在 37 年前提出的主张。最初，蒂堡是在《海德堡年鉴》1814 年卷中，发表了一篇评论文章，"就制定德意志统一民法典之必要性附带发表了一些"见解，"这让一些值得尊敬的人士敦促"他"以专文就这一重要问题予以更细致的阐述"。面对这样的敦促，蒂堡认为："在当下这样一个重要的时刻，任何胆怯和退缩都是不合时宜的。每一个明理慎思的人都应该为了本民族的利益大声说出心里的想法。"[1]这就是蒂堡创作《必要性》的初衷。由此可见，蒂堡创作《必要性》，主要在于维护德意志的民族利益。那么，蒂堡的《必要性》到底说了什么？

蒂堡把创作《必要性》的 1814 年称为"重大的历史时刻"，那么，这是一个什么样的"重大时刻"呢？蒂堡的回答是："即使我们总体上满足于那种分裂的状态，有一点却不应忘记，那就是，如果我们的君主们忽视本邦的特点，如果他们对大国那些不可避免的弊病也不假思索地加以仿效，如果他们只是试图借助富丽堂皇的宫室而非积极、温和、有力的统治来获得人民的尊重，如果他们单凭微薄的一己之力，在和邻邦没有任何联系的情况下试图达成大的目的，这种分裂割据的状态可能会带来极大的危险。"[2]

由此看来，这个"极大的危险"，乃是国家治理面临的危险；要避免这个"极大的危险"，那就要以"积极、温和、有力的统治"来获得人民的尊重。这其实是一个改进国家治理的问题。然而，在这样一个重大时刻、危险时刻，德意志"很多邦国的君主最着急去做的不是别的，而是毫无商量余地地命令恢复原先那种杂乱的毫无条理的状态，反对引来的新法律；是去经营自己的小邦，仿佛这些小邦与世隔绝；是以微弱之力试图完成那些不可思议的任务。与此同时，理论界也不甘寂寞。大家想必都已听到一位风趣的、尊贵的作家发表的高论，他说让德意志回到旧习惯中就已足够，最多就是

---

〔1〕 ［德］安东·弗里德里希·尤斯图斯·蒂堡：《论制定一部统一德意志民法典之必要性》，傅广宇译，商务印书馆 2016 年版，第 5 页。

〔2〕 ［德］安东·弗里德里希·尤斯图斯·蒂堡：《论制定一部统一德意志民法典之必要性》，傅广宇译，商务印书馆 2016 年版，第 10 页。

就某些细节做这样或那样的改进"。蒂堡在此提到的"尊贵的作家",虽未点出其名,但我们可以猜测,很可能就是指瑞赫贝格。各自为政的小邦君主不知改进国家治理,"尊贵的作家"亦不知良法与善治的关系。针对这种情况,蒂堡认为:"我们的民法需要整体的、快速的变革。只有德意志所有邦国一致行动,来起草一部不掺杂各邦恣意的、为全德意志制定的法典,德意志人在民事关系上才有幸福可言。"[1]这就是说,只有一部统一的民法典,才能保障人民的幸福,才能改进国家的治理。为了更有效地论证制定一部统一民法典的必要性,蒂堡从三个环节予以展开。

(一) 1814 年的德意志法律状况

要评价德意志的法律状况,就需要一套标准。"对于每一项立法,我们都能够且必须提出两点要求,即该立法在形式上和实质上都要完全。也就是说,它一方面要清楚、无歧义和详尽地制定规范,另一方面又要聪明地、适当地,完全根据人民的需要来规定民事制度。遗憾的是,没有任何一个德意志的邦国稍微满足了以上要求中的一点。我们旧有的德意志诸法典",从总体上说,"不符合时代的要求,到处都带着野蛮和短视的痕迹,无论如何也不能再作为统一的法典适用"。因为,"我们全部的固有法律只是一堆大杂烩,充满了彼此矛盾、相互否定、光怪陆离的规定,只会造成德意志人民之间的隔阂,也使法官与律师们不可能对法律有清楚的认识。就算是对这一堆混乱的大杂烩有了充分的认识,也不能解决什么问题。因为我们全部固有的法律是那么不完整和内容空洞,以至于 100 个法律问题至少有 90 个不得不借助继受的外来法典,即教会法和罗马法来裁断,而问题恰恰就在这里达到了顶点!"[2]这就是说,德意志固有的法律,能够解决的实际法律问题,不到所有实际法律问题的十分之一。

德意志固有的法律固然不堪使用,继受的外来法也存在着严重

---

〔1〕〔德〕安东·弗里德里希·尤斯图斯·蒂堡:《论制定一部统一德意志民法典之必要性》,傅广宇译,商务印书馆 2016 年版,第 12 页。

〔2〕〔德〕安东·弗里德里希·尤斯图斯·蒂堡:《论制定一部统一德意志民法典之必要性》,傅广宇译,商务印书馆 2016 年版,第 13~14 页。

的问题。一方面，教会法"不过是一堆晦暗的、被篡改过的、不完全的规定"，无法遵循。另一方面，罗马法"也就是一个与我们完全不同的外族在其极为没落时期的作品"，更加严重的是，"罗马法最大的问题还在于它的大多数规定内容相当糟糕，特别是不符合德意志的具体情况"。〔1〕这就是1814年之际的德国法律状况：本土的固有法律不足以解决实际问题，外来的教会法与罗马法也很糟糕。根据蒂堡的分析，我们似乎可以理解恩格斯所描述的德国状况的根源：是糟糕的法律状况导致了糟糕的国家治理，进而导致了"一切都很糟糕"的德国状况。

（二）制定一部统一民法典的好处

只有制定一部统一的德意志民法典，以之取代"德意志旧有的诸法典"，以之取代外来的教会法与罗马法，才能让德意志的法律面貌焕然一新，才能改进国家治理，才能保障德意志人的幸福。分而述之，制定一部统一民法典的好处，可以从两个角度来体会。

从法律实践与法学理论的角度来看，"一部简单的、以德意志的力量、融会德意志的精神编纂的民族法典，却能使所有中等以上资质的人都能理解它的各个部分。对于我们的律师和法官来说，也终于可以对每个案例都运用活生生的、现实的法律。也只有在这样一部法典的基础上，法学理论的真正发展才有可能"。试想，"要是有一部属于所有德意志人的本民族的法典，要是这部法典是由广被承认的重要的政治家和学者起草，要是它的立法理由在无条件公开的情况下为公众所知悉，并经过公众的充分讨论，那么，真正的法学，也就是哲学化的法学，就很容易自由地发展起来"。〔2〕换言之，一部统一的民法典既方便了律师与法官，也为法学理论的发展提供了契机，律师、法官、法学教授都会因为这样一部法典而获益。作为一名专职的法学教授，蒂堡发现，一直以来，"教员们在授课时总是针对范围更为广泛的公众谈论一般性的法律，特别是考虑到他们还

─────────

〔1〕［德］安东·弗里德里希·尤斯图斯·蒂堡：《论制定一部统一德意志民法典之必要性》，傅广宇译，商务印书馆2016年版，第14~17页。

〔2〕［德］安东·弗里德里希·尤斯图斯·蒂堡：《论制定一部统一德意志民法典之必要性》，傅广宇译，商务印书馆2016年版，第24~25页。

要经常从事著述，他们又怎么会对本地的邦法产生真正的热情呢?"如果有了一部统一的法典，情况就会大为改观。统一的法典不仅可以激励教员，"也会使对法律系学生极其重要的实践意识变得更为敏锐"，"然而，对法学教育而言最重要的还在于：采用一部新的、明智的民族法典，会使所有的法学课程变得生动有趣，完全不像现在这般死气沉沉和令人生畏"。[1]

从国家治理与民族兴旺的角度来看，制定一部统一的民法典能够产生积极的正面效应。蒂堡提醒我们："如果我们再来考察一下法律的内在性状和本质，那么，不带偏见的人必然会相信，一部明智的、经过深思熟虑的、简单且生气勃勃的法典，正是德意志人的强大和进步所必需的，因为这样才能使政治上的分裂和与此紧密相联系的那种狭隘获得一种很好的平衡。"[2]法典有助于德意志的强大和进步，能够缓解政治分裂的消极后果。因此，"毫无疑问，这样一部简单的法典可称得上是上天赐给整个德意志的最好的礼物了。单是统一这一点，就有着不可估量的价值。即使政治上的分裂必须而且应当发生，德意志人对于他们能以一种兄弟般的相同的意识永远维系在一起，对于今后决不再让外族势力操纵德意志的一部分来对抗另一部分，还是会表现出很大的兴趣。相同的法律造就相同的风俗和习惯，而这种相同性能极大地影响对本民族的热爱和忠诚。只有通过活跃的、内在的、互动的交往，我们德意志各邦才能获得兴旺"。[3]由此看来，一部统一的法典，对于改善德意志各邦的治理，对于促成德意志各邦的兴旺，具有"不可估量的价值"。

(三) 对异议的预先答辩

蒂堡在写作《必要性》的过程中就已经意识到，他的主张可能会遭到激烈的反对。因此，在《必要性》中，他已经对可能出现的

---

〔1〕［德］安东·弗里德里希·尤斯图斯·蒂堡：《论制定一部统一德意志民法典之必要性》，傅广宇译，商务印书馆 2016 年版，第 26~28 页。

〔2〕［德］安东·弗里德里希·尤斯图斯·蒂堡：《论制定一部统一德意志民法典之必要性》，傅广宇译，商务印书馆 2016 年版，第 31 页。

〔3〕［德］安东·弗里德里希·尤斯图斯·蒂堡：《论制定一部统一德意志民法典之必要性》，傅广宇译，商务印书馆 2016 年版，第 30 页。

异议做出了预先的回应。他声明，他对那些最蛮不讲理的人不予理会。他把可能出现的异议分为隐蔽的和公开的两种。他认为："隐蔽的异议包括：一部这样的法典会使统治瘫痪，会妨碍君主的自由；在现在这种艰难时期，应当克制一切形式的创新；所有对法律状况的颠覆都会激起民众的狂野情绪，很容易导致暴动，最终将德意志卷进难以自救的旋涡，就像现在的法国一样。"[1]

还有"公开的异议"。蒂堡推测："在那些来自正直之士的公开的异议中，最可能或许就是：法律必须取决于特殊的民族精神、时间、地点和环境；因此，在这个意义上，一部适用于所有德意志人的统一民法典会导致有害的、人为的强迫。持这种异议者当然包括很多权威人士。"[2]除此之外，异议可能还包括：应当维护法律的多样性，应当维护传统的神圣性，制定一部统一民法典的经济成本很大，等等。在《必要性》中，对于这些可能出现的"隐蔽的异议""公开的异议"，蒂堡都逐一进行了回应，这里不再逐一详述。

以上三个方面相互关联，共同支撑了蒂堡在《必要性》一书中旨在阐述的核心观点：制定一部统一的民法典确有必要。

如前所述，罗希塞尔及其论著可以看作是蒂堡及其《必要性》之前奏，但蒂堡却并非《必要性》旨在彰显的立场之终结。不过，着眼于1814年发生的论争，在理解《必要性》的基础上，应当转过头来先看萨维尼的观点。因为，蒂堡的《必要性》甫一发表，就引起了萨维尼的关注与回应。

二、萨维尼

在德国乃至世界的法律史与法学史上，较之于蒂堡，萨维尼（Friedrich Karl von Savigny，1779~1861年）都是一个声名更加显赫的人物。他出生于名门世家。在他执教的柏林大学的课堂上，有后来声名很大的格林兄弟，还有声名更大的卡尔·马克思。他不仅留

---

〔1〕［德］安东·弗里德里希·尤斯图斯·蒂堡：《论制定一部统一德意志民法典之必要性》，傅广宇译，商务印书馆2016年版，第38页。

〔2〕［德］安东·弗里德里希·尤斯图斯·蒂堡：《论制定一部统一德意志民法典之必要性》，傅广宇译，商务印书馆2016年版，第44页。

下了《中世纪罗马法史》《当代罗马法体系》等鸿篇巨制，而且还曾出任柏林大学校长、柏林上诉法院法官、普鲁士枢密院议员、普鲁士修订法律大臣（或称为立法部长），可以说是一个知行合一的法学家与法律家。

且说 1814 年，距离马克思诞生还有 4 年，时年 35 岁的萨维尼正在柏林大学教授的职位上，他看到了蒂堡的《必要性》（想必也注意到，《必要性》中已经点到了他的名字）之后，随即写作并出版了日后影响深远的名篇《论立法与法学的当代使命》（以下简称《当代使命》），既直接回应蒂堡的《必要性》，同时也正面阐明自己的主张。

我们今天看到的《当代使命》一书，共分为 12 节，其中的第十一节题为"蒂堡的建议"。在这一节中，根据萨维尼的概括，蒂堡"建议的目标，同样是德意志国族更为坚定紧密的团结和统一，实为其诚心善意的又一证据，对此，我愿欣然致意！所以，就此而言，我们彼此实甚契合，我们之间的争议也就不是什么敌对性的了。我们心中所竭诚向往的，乃为同一目标，而朝思夕虑者，实现此目标之手段也。不过，关于这些手段，我们的看法确实甚为轩轾"。[1]

由此看来，萨维尼与蒂堡是有共识的。他们的共识是民族团结、国家统一。他们作为法学家，都希望从法律的角度促进国族统一、改进国家治理。因此，萨维尼对蒂堡的回应，可以算是"来自正直之士的公开的异议"。不过，他们两人在目标上的相同，不能掩盖在手段上的相异。如前所述，蒂堡提出的手段及方法，是制定一部统一的民法典，以此促进国族的统一与团结。但在萨维尼看来，这样的手段是靠不住的，甚至是不能指望的。萨维尼认为，在当时的德国，还无力制定出这样一部法典；后退一步，即使知其不可而为之，即使勉强制定了一部法典，也只能获得一半的统一与团结，并不能实现德意志国族真正的统一与团结。因此，应当通过统一谐和、循序渐进的法理，找出更加适当的手段，才能达到团结与统一的目标。根据《当代使命》一书，萨维尼的核心论点主要包括以下三个方面。

---

〔1〕 ［德］弗里德里希·卡尔·冯·萨维尼：《论立法与法学的当代使命》，许章润译，中国法制出版社 2001 年版，第 116 页。

（一）不可能找到"一个真正的立法者"

按照蒂堡的设想，德意志人可以在两年、三年或四年的时间里，制定出一部成熟的民法典，以之实现德意志国族的统一与团结。萨维尼就此提出：首要的问题是，谁来完成这项立法任务？谁是这项立法任务的具体承担者？萨维尼认为，在这个问题上，"不能让我们自己对现实的过高期望所误导，而应冷静、客观地估算一下我们手中究竟掌握了什么本领，实乃极为重要"。蒂堡认为可以依赖两个方面的人，一是实际工作者，二是法学家，"他要求同时具备这两类人才。但是，其于实际工作者只抱一般期望，从某些迹象来看，他对学者们似乎也不抱太大希望。正是由于这一原因，他要求成立一个委员会从事这一工作，——不是一个人，也不是几个人，而是许多人，举国一致地来制定这部法典"。[1]在萨维尼看来，蒂堡对于实际而具体的立法者也没有想好："许多人"到底在哪里？"举国一致"如何可能？

萨维尼认为，蒂堡设想的这种方法是靠不住的，因为，一部真正的法典，绝不是若干孤立裁判的集合，相反，一部法典乃是一个有机的整体，倘若由"许多人"一起来制定法典，不可能善其始终，因为，一部法典不可能如此拼凑而成，简单的拼凑不可能成就一个有生命力的法典。萨维尼发现，古罗马时期有一个重要的特点，在那个时候，"具体的法学家们都是可以彼此互相替换的人物"，在法学家群体中，每个法学家的价值取向、思维方式、知识结构大致是相同的，"在此状况下，有许多道路通向一部优秀的法典：一位法学家可能制定法典，后续的人们则对其缺陷时予弥补。因为每一位特定的法学家都被当成其时代法律文明的代表，因而，此举堪具实际的可行性"。[2]简而言之，古罗马时期的法学家群体具有均质的特点。在那个时期的罗马法学家群体中，任何一个具体的法学家，都可以作为整个法学家群体的代表，他可以代表一个时代的"法律文

---

〔1〕［德］弗里德里希·卡尔·冯·萨维尼：《论立法与法学的当代使命》，许章润译，中国法制出版社2001年版，第116~117页。

〔2〕［德］弗里德里希·卡尔·冯·萨维尼：《论立法与法学的当代使命》，许章润译，中国法制出版社2001年版，第117页。

明"，独自制定一部法典，其他的法学家则可以做出一些修补的工作。在萨维尼看来，古罗马的法律经验是：一人主导制定法典，多人协助修补法典。

但是，置身于 19 世纪初期的德国，"我们的情形正好与此相反。我们从一件最简单不过的事情着手——任何人不妨将刻下仍然健在的若干位法学家在心中数一遍，然后扪心自问：现存的法律能否经其同心勠力而达致如此之系统化程度？他旋即就会恍然于其之绝对不可能"。这就是说，在当时的德意志，不可能找到这样的法学家，他可以代表一个时代的"法律文明"，他可以独自主导德意志民法典的制定。原因在于，"我们的法学家们的思想和知识模式的异质性"，"使得没有哪一个人可以被当作同类的代表，因而，绝对不可能找到与此同样的一个人，一个真正的立法者。"找不到这样的立法者，就只能组建一个包含了"许多人"的委员会，只能由这样一个委员会来制定法典。然而，一部真正的法典，"不可能由这样一个委员会来制定，而只能由一个具体的个人来拟定"。[1]

那么，什么样的法学家可以充当真正的立法者？萨维尼回答说，"法学家必当具备两种不可或缺之素养，此即历史素养，以确凿把握每一时代与每一法律形式的特性；系统眼光，在与事物整体的紧密联系与合作中，即是说，仅在其真实而自然的关系中，省察每一概念和规则。在十八世纪的法学家中，难得找到这两种科学精神"，迄今也是"改善甚少，基此，我不认为我们具备制定一部优秀法典的能力"，"所以我坚持认为，在我们这个时代，制定一部优秀的法典是不现实的"。[2]因为缺乏真正的法学家与立法者，所以不能指望制定一部优秀的民法典。

（二）制定一部优秀的法典在技术上是不可能的

找不到真正的立法者，当然无法制定出一部优秀的法典。但这只是制定一部优秀法典的第一个难以克服的障碍。制定一部优秀法

---

〔1〕［德］弗里德里希·卡尔·冯·萨维尼：《论立法与法学的当代使命》，许章润译，中国法制出版社 2001 年版，第 117~118 页。

〔2〕［德］弗里德里希·卡尔·冯·萨维尼：《论立法与法学的当代使命》，许章润译，中国法制出版社 2001 年版，第 37 页。

典还有一个难以克服的障碍是技术障碍。在萨维尼看来，在技术层面上，要制定一部优秀的统一的法典是不可行的。

要制定一部统一的法典，在技术上意味着，"德意志欲将自己所有的法律通盘查考一遍，使其变成书面形式，以便编撰的法律汇编将非为其他诸种法律权威中之一种，而是迄今有效施行的其他一切法律将不再被有效施行。因此，第一个问题就是，编制这一法典的材料自何而来?"这是一个疑问。接下来，"就法律本身的状况而言，人们期其最具精确性，同时，在适用中则当最具统一性。因为一部普适的国家制定法将会取替各不相同的习惯法，所以，制定法的司法辖权应予更为精准之厘定与规范"。在这里，萨维尼依据培根的观点，论证了"精确性"这种标准的难以企及。此外，还有法典内容的"全面与完美"，法律语言的"简洁"，都是需要考虑的。"总括上述有关一部真正优秀的法典所当具备条件之论述，很显然，几乎没有发现任何一个时代够格。"〔1〕在《当代使命》中，萨维尼详细地论证了制定法典在多个方面所面临的技术难题：编纂法典的材料难以寻找，法典的精确性难以实现，法典的全面性与完美性难以企及，法典语言的简洁也是很难实现的目标，等等。这些都是很难克服的技术难题。

立足于事实与经验，萨维尼认为，上述技术难题是不可能克服的。萨维尼以较大的篇幅剖析了当时已有的"三部新法典"，它们分别是具有示范效应的《法国民法典》，还有《奥地利民法典》，以及《普鲁士法典》（亦即上文提到的《普鲁士邦法》）。这几部最新、对德意志人来说最熟悉的法典，各有各的缺陷，远远称不上完美。结论是："根据前面的论述，我认为，绝不可能制定出一部与既存的三部法典完全不同的一部法典。不仅这些法典各自所具有的特定的弊病（此乃完全可以想象得到的）无以避免，而且，总体上的一般性共同缺陷亦难幸免。"〔2〕在这种情况下，如果还要重新制定一部

---

〔1〕［德］弗里德里希·卡尔·冯·萨维尼：《论立法与法学的当代使命》，许章润译，中国法制出版社 2001 年版，第 15~20 页。

〔2〕［德］弗里德里希·卡尔·冯·萨维尼：《论立法与法学的当代使命》，许章润译，中国法制出版社 2001 年版，第 108 页。

统一的法典，就只能重蹈覆辙，已有的三部新法典存在的问题，是不可能避免的。

再看更加遥远的事实与经验，那就是罗马法。在法律史上，罗马法的影响是很大的，相对来说，也是比较优秀的，但是，罗马法是自然生长而成的，并不是刻意制定出来的。萨维尼告诉我们，"罗马法如同习惯法，几乎全然是从自身内部，圆融自洽地发展起来的。更为详细的罗马法历史表明，整体而言，只要它继续保持自己的生命状态，则立法对它的影响是多么的微乎其微。甚至对于上述制定一部法典的必要性的讨论，罗马法史也极具启发意义。只要法律处于生气勃勃的进步状态，则无需制定法典，即便在各项情势均于其最为有利之时，益且无此必要"。罗马法的历史表明，"只有在罗马法极度衰败之时，才会出现编纂这些法典的念头"。透过罗马法史，可以看到，当一种法律处于生命力旺盛之际，是不需要制定法典的；法典的编纂只能在这种法律处于极度衰败的时候才是适当的。萨维尼在此说的规律，似乎可以得到黑格尔（Georg Wilhelm Friedrich Hegel，1770~1831 年）的赞同，因为黑格尔有一个著名的论断，他说，"关于教导世界应该怎样"，"无论如何哲学总是来得太迟。哲学作为有关世界的思想，要直到现实结束其形成过程并完成其自身之后，才会出现"。[1] 模仿这个论断，萨维尼的观点似乎也可以进行黑格尔式的改写：关于规范世界应当怎样，无论如何法典总是来得太迟；法典作为有关世界的规范，要直到现实结束其形成过程并完成其自身之后，才会出现。

（三）法律出于民族的共同意识

这是从一般意义上论述"立法与法学的使命"。上文提到，萨维尼不能赞成蒂堡的立场，他希望阐明"统一谐和、循序渐进的法理"，以揭示"立法与法学的使命"。那么，萨维尼所说的这种"法理"，到底是一种什么样的"法理"？

在《当代使命》之第二节，萨维尼专论"实在法的起源"，他

---

〔1〕［德］黑格尔：《法哲学原理》，范扬、张企泰译，商务印书馆 1961 年版，第 13~14 页。

说："在人类信史展开的最为远古的时代，可以看出，法律已然秉有自身确定的特性，其为一定民族所特有，如同其语言、行为方式和基本社会组织体制（constitution）。不仅如此，凡此现象并非各自孤立存在，它们实际乃为一个独特的民族所特有的根本不可分割的禀赋和取向，而向我们展现出一幅特立独行的景貌。将其联结一体的，乃是排除了一切偶然与任意其所由来的意图的这个民族的共同信念，对其内在必然性的共同意识。"在民族所蕴含的各要素中，法律与语言具有更加紧密的关系："法律堪与语言相比。对于法律来说，一如语言，并无绝然断裂的时刻；如同民族之存在和性格中的其他的一般性取向一般，法律亦同样受制于此运动和发展。此种发展，如同其最为始初的情形，循随同一内在必然性规律。法律随着民族的成长而成长，随着民族的壮大而壮大，最后，随着民族对于其民族性的丧失而消亡。"简而言之，"民族的共同意识乃是法律的特定居所"。因而，"这一理论的总的意旨就是，一切法律均缘起于行为方式，在行为方式中，用习常使用但却并非十分准确的语言来说，习惯法渐次形成；就是说，法律首先产生于习俗和人民的信仰，其次乃假手于法学——职是之故，法律完全是由沉潜于内、默无言声而孜孜矻矻的伟力，而非法律制定者的专断意志所孕育的"。[1]这就是萨维尼创立的法律渊源的概念与理论：法律渊源于民族的共同意识。

一个民族的语言是自然形成的，一个民族的法律也是自然形成的。语言不可能由某个人来创制，从根本上说，法律也是如此。"以此观之，当法律与民族情感和民族意识契合不悖，或逐渐调适而融和无间，则法的功用和价值在于褒扬民族情感和民族意识；如果说有什么应予谴责的话，那么，当是法律类如一种乖戾专擅之物，而与民族两相背离。"[2]这就是萨维尼旨在表达的"统一谐和、循序渐进的法理"，亦即历史法学之"法理"。所谓"立法与法学的当代

〔1〕 〔德〕弗里德里希·卡尔·冯·萨维尼：《论立法与法学的当代使命》，许章润译，中国法制出版社2001年版，第7~11页。

〔2〕 〔德〕弗里德里希·卡尔·冯·萨维尼：《论立法与法学的当代使命》，许章润译，中国法制出版社2001年版，第32页。

使命",也应当作如是观。

大致说来,《当代使命》一书集中表达了萨维尼关于制定统一民法典的观点,那就是,不赞同。但是,萨维尼与蒂堡的论争并没有在 1814 年就走向终结。这场论争的范围也不仅限于他们两个人,相反,它很快就演化成了一场"大讨论"。为了在这一场引起广泛关注的论争中获得更多的支持,萨维尼甚至为此专门创办了一个刊物,那就是 1815 年开始出版的《历史法学时评》,借以持续不断地宣扬自己的观点。

直至 20 多年以后,这场论争仍然牵引着萨维尼的智思。譬如,在 1839 年 9 月为《当代罗马法体系》第一卷所写的"前言"中,萨维尼写道:"在一开始就不应隐瞒,由于在最近时代我们科学中所出现的争论,本著作的公正接纳会面临多么大的困难。由于作者的名字,许多人会怀疑这个工作的上述一般目的;他们会认为,这个工作的目的更有可能是对历史学派进行片面的拥护,而并非自由服务于科学;因此本著作具有一种派系著作的特征,任何不属于这个学派的人都应当对它予以提防。"萨维尼还说:"对手们经常主张,历史学派的成员错误地认识了当前的独立性,使得当前屈服于过往的支配之下。""法学的历史观点完全被错误理解并且被歪曲,它常常被这样理解,即在法学的历史观点中,产生于过往的法构成被认为是至上之物,必须维持这种至上之物对于当前和未来的永恒支配。法学的历史观点的本质毋宁在于对所有时代的价值和独立性的相同承认,它最为重视的是,应当认识到连接当前和过往的生机勃勃的相互联系,没有这个认识,对于当前的法状态,我们就只会注意到其外在现象,而不能把握其内在本质。"[1] 这些话表明,此时的萨维尼依然对各方面的"对手们"保持着一定的戒备之心,依然具有明显的论战意识。

又过了三年,亦即 1842 年,63 岁的萨维尼被任命为普鲁士政府的修订法律大臣,这在一定意义上表明,萨维尼的主张得到了官方

---

〔1〕 [德] 萨维尼:《当代罗马法体系 I——法律渊源·制定法解释·法律关系》,朱虎译,中国法制出版社 2010 年版,"前言",第 2~4 页。

的认同。后来的事实证明，德意志统一的民法典，确实没有在蒂堡的时代制定出来，而是被推迟到 19 世纪 90 年代，1900 年才正式开始实施。从我们当下获得的"后见之明"来看，"历史"选择了萨维尼的主张，"历史"并没有选择蒂堡的主张。但是，即便如此，我们也很难断然得出这样的结论：萨维尼完全赢得了这场争论。事实上，双方各有自己的逻辑。那么，"他们两个人究竟谁对呢"，是蒂堡还是萨维尼？且看马克思的仲裁。

三、马克思

对于萨维尼和蒂堡之间的论争，特别是对于论争双方的核心观念、思想依据，法学专业出身的马克思是有立场和态度的。在重述马克思的"仲裁"之前，有必要先看黑格尔的观点，因为，在一定程度上，黑格尔的观点构成了马克思"仲裁"这场论争的运载工具。

有学者注意到，"萨维尼与黑格尔之间的关系是很有意思的一个话题。二人同为新生的柏林大学的风云人物。但是，萨维尼却公开地对黑格尔的学术对手——谢林的哲学体系表示钦佩，对于黑格尔的哲学则有意冷落，甚至私下认为黑格尔的哲学理论不过是一堆错综复杂而又晦涩不清的主观臆造物。黑格尔与萨维尼的对手蒂堡，在海德堡共事期间就结为至交，友情深厚"。[1]由此看来，关于萨维尼与蒂堡之争，黑格尔其实并不是一个局外人。黑格尔与论争双方都有很深的交集。但是，从三人之间的关系来看——不仅仅是从私人交情来看，更重要的是从思想立场来看，黑格尔明显可以归属于蒂堡阵营，从而站在了萨维尼的对立面。

黑格尔虽不是专业的法学家，但他讲授法哲学课程，在法哲学领域留下了经典名著。1818 年，亦即马克思诞生之年，亦即在萨维尼与蒂堡之争发生的四年后，黑格尔在柏林大学第一次讲授法哲学。1821 年，黑格尔首次发表了他的教科书性质的《法哲学原理》。

在今天流行的《法哲学原理》第 211 节，黑格尔论述了习惯法、

---

〔1〕 薛军："蒂堡对萨维尼的论战及其历史遗产——围绕《德国民法典》编纂而展开的学术论战述评"，载《清华法学》2003 年第 2 期。

法律、生活与法典的关系。他说："习惯法所不同于法律的仅仅在于：它们是主观地和偶然地被知道的，因而它们本身是比较不确定的，思想的普遍性也比较模糊。此外，认识法的这个方面或那个方面，以及认识一般的法，只是少数人偶然所有的本领。有人认为习惯法由于它们是习惯的形式，所以应具有成为生活一部分的这种优点（此外，今天正是那些精通最无生气的题材和最无生气的思想的人们，才最常谈到生活和成为生活一部分）。但这是一种幻想，因为一个民族的现行法律，不因为它是成文的并经汇编就终止其为习惯。当习惯法一旦被汇编而集合起来——在稍开化的民族中必然会发生的，——这一汇编就是法典。正因为它仅仅是一种汇编，所以它显然是畸形的，模糊的和残缺的。它同一部真正所谓法典的区别主要在于，真正的法典是从思维上来把握并表达法的各种原则的普遍性和它们的规定性的。"〔1〕这段话表明，黑格尔对习惯法的评价是很低的；他在这段话中提到的"有人"，还有"那些精通最无生气的题材和最无生气的思想的人们"，可以推定，就是萨维尼他们这些人，因为他们就是喜欢谈习惯、谈生活。

接下来，根据胡果（Gustav Hugo，1764～1844 年）叙述的罗马法史，黑格尔又说："否认一个文明民族和它的法学界具有编纂法典的能力，这是对这一民族和它的法学界莫大的侮辱，因为这里的问题并不是要建立一个其内容崭新的法律体系，而是认识即思维地理解现行法律内容的被规定了的普遍性，然后把它适用于特殊事物。"〔2〕由此，我们可以清晰地看到，黑格尔在上文中批判的"有人"及"人们"，就是萨维尼所代表的那些人，甚至就是萨维尼本人。因为，如前所述，正是萨维尼的《当代使命》，在明确地否认德意志民族及其法学家有编纂法典的能力。

黑格尔似乎意犹未尽，他进一步指出："法必然通过思维而被知道，它必须自身是一个体系，也只有这样它才能在文明民族中发生

---

〔1〕［德］黑格尔：《法哲学原理》，范扬、张企泰译，商务印书馆 1961 年版，第219页。

〔2〕［德］黑格尔：《法哲学原理》，范扬、张企泰译，商务印书馆 1961 年版，第220页。

效力。最近有人否认各民族具有立法的使命，这不仅是侮辱，而且还含有荒谬的想法，认为个别的人并不具有这种才干来把无数现行法律编成一个前后一贯的体系。其实，体系化，即提高到普遍物，正是我们时代无限迫切的要求。同样也有人认为像在 Corpus Juris［法规大全］中看到的那种判例汇编，比用最普遍的方式精密编订的法典要高明些；其理由是这些判例总是保持着某种特殊性和人们不愿放弃的对历史的回忆。这些汇编是多么恶劣，英国法的实践已经表明得够清楚的了。"〔1〕在黑格尔看来，萨维尼否定德意志人有法典编纂的能力，主要是因为萨维尼不知道"通过思维"知道法的体系。较之于萨维尼，他自己是知道的，他不仅具有"思维"的能力，他还具有"少数人偶然所有的本领"。

透过黑格尔对萨维尼的批判，再结合黑格尔与蒂堡的关系，可以看到，虽然黑格尔在萨维尼与蒂堡之争中是有态度的，但是，他比较片面地贬斥萨维尼的观点，完全可以归属于蒂堡阵营，因而并不适合充当萨维尼和蒂堡的仲裁人。

相比之下，黑格尔之后的马克思，倒是可以作为萨维尼与蒂堡之争的仲裁人。由于黑格尔与蒂堡属于同一阵营，他们两人都可以代表这个阵营——蒂堡是这个阵营的法学代表，黑格尔是这个阵营的哲学代表。因而，萨维尼与蒂堡之争，也可以理解为"胡果—萨维尼"阵营与"蒂堡—黑格尔"阵营之争，再进一步，倘若从思想史的角度来看，则可以简化、省略为萨维尼与黑格尔之争，亦即"历史法学派的主张同黑格尔法哲学的观点"之间的"对立"。据考证，"早在1836-1838年，马克思就开始研究历史法学派与黑格尔法哲学之间的分歧和论争。1841年底，马克思着手批判黑格尔的法哲学，同时继续研究历史法学派"。〔2〕

正是因为马克思在数年间，一直持续"研究历史法学派与黑格尔法哲学之间的分歧和论争"，这就表明，马克思足以充当历史法学

---

〔1〕［德］黑格尔：《法哲学原理》，范扬、张企泰译，商务印书馆1961年版，第220~221页。

〔2〕《马克思恩格斯全集》（第1卷），人民出版社1956年版，第764页。

派与黑格尔法哲学之间的仲裁人，再根据前文的逻辑兑换回去，也就足以充当蒂堡和萨维尼的仲裁人。马克思并未偏袒争议两方中的一方。一方面，马克思从 1841 年就开始批判黑格尔的法哲学；另一方面，马克思也在批判历史法学派。

马克思对黑格尔法哲学的批判，集中体现在《黑格尔法哲学批判》及其《导言》中。在马克思看来，黑格尔的法哲学就是德国的官方哲学，"德国的国家哲学和法哲学在黑格尔的著作中得到了最系统、最丰富和最终的表述；对这种哲学的批判既是对现代国家以及同它相联系的现实所作的批判性分析，又是对迄今为止的德国政治意识和法意识的整个形式的坚决否定，而这种意识的最主要、最普遍、上升为科学的表现正是思辨的法哲学本身"。进一步看，"对思辨的法哲学的批判既然是对德国迄今为止政治意识形式的坚决反抗，它就不会专注于自身，而会专注于课题，这种课题只有一个解决办法：实践"。这里的"实践"可以解释为"武器的批判"，因为，"批判的武器当然不能代替武器的批判，物质力量只能用物质力量来摧毁；但是理论一经掌握群众，也会变成物质力量。理论只要说服人 [ad hominem]，就能掌握群众；而理论只要彻底，就能说服人 [ad hominem]。所谓彻底，就是抓住事物的根本。而人的根本就是人本身。德国理论的彻底性的明证，亦即它的实践能力的明证"。[1] 由此看来，马克思对黑格尔的法哲学，总体上持一种批判的态度。

马克思认为，黑格尔法哲学缺乏实践性，主要是一种思辨的法哲学。因为，他的"整个法哲学只不过是对逻辑学的补充。十分明显，这一补充只是对概念本身发展 hors-d'oeuvre [某种附加的东西]"。[2] 这就是说，黑格尔的法哲学仅仅是逻辑思辨的一个环节，它是从属于概念的。它脱离于实践，脱离于现实，脱离于人本身，它抓不住事物的根本，它既不能有效地解释现实世界，更无助于有效地改造现实世界，因而只能成为批判的对象。马克思对黑格尔法哲学的批判，完全可以适用于对蒂堡的批判，因为，蒂堡立论的基

---

〔1〕《马克思恩格斯文集》（第 1 卷），人民出版社 2009 年版，第 10~11 页。
〔2〕《马克思恩格斯全集》（第 1 卷），人民出版社 1956 年版，第 264 页。

础也是思辨的理性主义。

就在批判黑格尔法哲学的过程中，马克思也在批判历史法学派。就在 1843 年写成的《〈黑格尔法哲学批判〉导言》中，马克思指认："有个学派以昨天的卑鄙行为来说明今天的卑鄙行为是合法的，有个学派把农奴反抗鞭子——只要鞭子是陈旧的、祖传的、历史的鞭子——的每一声呐喊都宣布为叛乱；正像以色列人的上帝对他的奴仆摩西一样，历史对这一学派也只是显示了自己的后背［a poste-riori］，因此，这个历史法学派本身如果不是德国历史的杜撰，那就是它杜撰了德国历史。"[1]

事实上，在此之前的 1842 年，马克思就在《法的历史学派的哲学宣言》一文中，专门批判了胡果和萨维尼所代表的历史法学派："历史学派已经把研究起源变成了自己的口号，它使自己对起源的爱好达到了极点，——它要求船夫不沿着河航行，而沿着河的起源航行。因此，要是我们回到历史学派的起源去，回到胡果的自然法去，这个学派必然会认为是正确的。"[2]"当我们承认胡果是历史学派的鼻祖和创始人的时候，我们是完全按照这个学派的精神行事的，正如历史学派的著名法律家所写的那篇纪念胡果的文章所指出的那样。"[3]这里所说的"著名法律家"，就是指萨维尼。

在《法的历史学派的哲学宣言》中，马克思在逐一批判胡果的论断的基础上，概括地指出："我们认为从历史学派的哲学宣言中引来的这几段摘要，足以给这一学派做出这样的历史评价：反历史的幻觉、模糊的空想和故意的虚构。这几段摘要足以用来决定胡果的继承人是否有能力成为当代的立法者。诚然，时间和文明已用芬芳的神秘云雾掩盖着历史的多节的系统树；浪漫性已经用幻想的雕刻装饰了这棵树，思辨哲学已用自己的特性给它接过枝；无数博学的果实都从这棵树上打落下来，晒干了，并极为隆重地把它们放入宽阔的德国学问储藏室。可是，实际上还需要某些批评，以便能够在

〔1〕《马克思恩格斯文集》（第 1 卷），人民出版社 2009 年版，第 5 页。
〔2〕《马克思恩格斯全集》（第 1 卷），人民出版社 1956 年版，第 97 页。
〔3〕《马克思恩格斯全集》（第 1 卷），人民出版社 1956 年版，第 98 页。

遍吐芳香的现代词句后面看出我们的 ancien regime［旧制度］启蒙运动者的那种龌龊而陈旧的幻想。"〔1〕

在这里，马克思尖锐地批判了由胡果、萨维尼代表的历史法学派，并集中批判了充当普鲁士法律修订臣的萨维尼。马克思相信，历史法学派是保守主义与浪漫主义的产物，保守主义要求维护现状，浪漫主义主要是体现了对理性主义的背离——"可以把浪漫主义理解成一场反对 18 世纪理性主义的运动"。〔2〕这两个方面都是需要批判的。

四、结语

马克思既批判胡果、萨维尼的历史法学派，也批判蒂堡、黑格尔的思辨法哲学。这就是马克思关于这两种法学理论的"仲裁"结论，正是在这个意义上，马克思是蒂堡和萨维尼的仲裁人。

马克思赖以作出这一仲裁结论的依据，不在立法，不在法学，而在哲学。蒂堡立论的思想基础，主要是源于理念、概念的理性主义，黑格尔是这种哲学思想的主要代表之一。萨维尼立论的思想基础，主要是尊重传统、习惯的保守主义，英国人柏克（Edmund Burke，1729~1797 年）是这种哲学思想的主要代表之一。保守主义反对激进的革命，尤其是法国大革命。试看柏克对法国大革命后果的描述："法律被推翻了，法庭被颠覆了，工业毫无生机，商业奄奄待毙；已经不纳税，但是人民却贫困了；教堂遭到洗劫，国家得不到休息；政治的和军事的无政府状态成了王国中的宪法；一切人间的和神明的事物都为着公共声誉这个偶像而被牺牲了，其后果则是国家破产；而一切之中登峰造极的则是新的、不稳定的、摇摇欲坠的权力这份纸债券，即那种穷极无聊的欺诈和乞丐式的掠夺之信誉扫地的纸债券，那是为了支撑一个帝国而发行的通货，以代表两大公认的通货——而那两大公认的通货是代表人类持久的、传统的信贷

---

〔1〕《马克思恩格斯全集》（第 1 卷），人民出版社 1956 年版，第 105 页。

〔2〕［德］卡尔·施米特：《政治的浪漫派》，冯克利、刘锋译，上海人民出版社 2004 年版，第 57 页。

的。"[1]这段论述可以表明柏克对法国大革命的态度。这样的保守主义深刻影响了萨维尼的立场，构成了历史法学派的理论底色，当然，歌德（Johann Wolfgang von Goethe，1749~1832 年）所代表的浪漫主义、费希特（Johann Gottlieb Fichte，1762~1814 年）在《对德意志民族的演讲》中所张扬的民族主义或民族精神，也滋养了胡果、萨维尼的历史法学。相比之下，蒂堡、黑格尔则是启蒙运动以来盛行的理性主义、建构主义的信奉者。

因而，蒂堡与萨维尼之争，归根到底是理性主义与保守主义之争。他们代表的两个阵营持论轩轾，可以理解为英国革命与法国革命对不同群体产生的方向不同的思想牵引。大致说来，蒂堡代表的主张是法国革命的产物，当然也是欧陆理性主义的产物。相比之下，萨维尼所代表的主张则是英国革命的产物，当然也是英伦保守主义或经验主义的产物。马克思呢，既无意认同黑格尔的理性主义的思辨哲学，也不信仰柏克的保守主义或经验主义。马克思在批判蒂堡、黑格尔立场与胡果、萨维尼立场的过程中，形成了历史唯物主义。马克思以历史唯物主义作为依据来仲裁蒂堡与萨维尼之争，同时也在仲裁蒂堡与萨维尼之争的过程中，为历史唯物主义及其法学理论、法治思想的形成与发展，奠定了坚实的基础。

（原载《法治现代化研究》2022 年第 2 期）

---

〔1〕 ［英］柏克：《法国革命论》，何兆武、许振洲、彭刚译，商务印书馆 1998 年版，第 51 页。

法理学是什么

多年来，我不止一次听到这样的批评：作为法理学的研究者，你的兴趣太广泛，搞的东西太杂，你应当有所节制，专门研究一个具体的东西，持之以恒，成为某个方面的专家。这样的批评是善意的，在某种意义上也代表了我们这个社会或时代对专家的期待。譬如，你专门研究"交通法"，如果在交通领域出现了一个法律难题，你就可以释疑解惑，提供专业的咨询意见，充分发挥"交通法专家"的作用。虽然，做一个"交通法专家"，不大可能成为一个法理学者的归宿，但是，这种"专门家"的方向是没有问题的。对于法理学者来说，你可以成为专门研究某个经典人物的专家，也可以成为研究某个法学范畴的专家，总之，你得有一个相对狭窄的、固定的研究方向。关注的领域过多，你就不可能成为某个方面的专家，至少别人不大可能把你当作某个方面的专家。

我的法理学研究明显背离了这样的期待。20 世纪 90 年代以来，我虽然一直从事法理学研究，但是，由于学术兴趣广泛，治学一向没有章法，我总是在多个不同的领域内拓展自己的法理学研究。甚至在同一个研究时段，我也在同时推进多个方面的研究。必须承认，我的这种研究绝非有意离经叛道，更不愿意标新立异；我的这种研究，完全是基于我对法理和法理学的认知。

我理解的法理即"法之理"。有一些"法之理"在法内，需要从法的内部来研究；有一些"法之理"在法外，需要从法的外部来研究。因此，我把法理分成两个部分：法内之理与法外之理。其中，"法内之理"主要就是西方所谓的分析实证主义法理学的路数：有意切断法与道德的联系，同时也切断法与政治、经济、社会、文化等领域的联系，刻意把法作为一个相对封闭的规范体系来研究。通常认为，凯尔森的"纯粹法学"，可以作为研究"法内之理"的代表性"学案"。在西方学术史上，马基雅维利的《君主论》因为切断了政治与道德的关系，因而被视为近现代政治学的奠基之作，马基雅维利也因此被视为近现代政治学的奠基人。分析实证主义法理学也秉承这样的旨趣。分析实证主义法理学让法理学独立出来，让法理学与伦理学、政治学等相关学科分割开来，这样的学术追求有助于促成法理学研究走向专业化，其意义不容低估。

但是，"法外之理"的意义同样不容低估。说到底，法与其他事物总是交织在一起的。法与政治、经济、社会、文化密不可分，法与历史、地理也是相互纠缠的。法与其他事物的联系，同样蕴含着值得索解的道理。这样的"法外之理"，同样也属于法理学的研究范围。孟德斯鸠的《论法的精神》所阐述的法理，主要就是"法外之理"；梅因的《古代法》所阐述的法理，同样可以归属于"法外之理"。我们既不能以"法外之理"否定"法内之理"，否定分析实证主义法理学；但也不能以"法内之理"否定"法外之理"。"法内之理"与"法外之理"不能相互否定。任何完整的法理学，应当兼顾"法内之理"与"法外之理"，"一个都不能少"。

基于这样的法理观，我既研究"法内之理"，同时也研究"法外之理"。在"法内之理"这个领域，我的研究最终凝聚成了一部《论授权规则》，此书讨论了法律规则的一种类型，讨论了这种法律规则内部的逻辑与结构。在"法外之理"这个领域，我循着法所牵连的事物逐一追寻。在法政治学领域，我的研究主要体现为《法理四篇》《论中国法的精神》《权力制约的中国语境》等书。在法经济学领域，我的研究主要体现为《西方法律经济学批判》一书。在法社会学领域，我的研究主要体现为《宪法社会学》《乡土中国的司法图景》等书。在法文化学领域，主要有《法学是什么》《自由的孔子与不自由的苏格拉底》《梁启超与中国现代法学的兴起》《法律文化视野中的权力》《中国法治观念》《法家三期论》《法家的现代性》《在法律思想的密林里》等书。在法政思想史（或法历史学）领域，我主要写了《风与草：喻中读尚书》《法与术：喻中读韩非》

两部书。在法地理学领域，我有一部《法律地理学》。此外还有一部《法学方法论》，这部书既可以归属于法文化学，但也可以另辟一个"法学方法论"的领域来予以安顿。

以上就是我所理解的法理学。概括地说，这是一种关于法理学的整体研究，也许可以反映"综合法理学"之旨趣。这些研究虽然涉及"法内之理"与"法外之理"，但它们都在法理学的棋盘之内。这个棋盘很大，我只落了几棵稀疏的棋子；这几棵棋子在法理学的大棋盘中，可谓微不足道，似有还无。

（2020 年 10 月 15 日在山东师范大学作所的学术报告"法理学是什么"的部分内容）

后 记

这部文集收录的文字，很多都是我所接受的"命题作文"的产物。比较常规的情况是，某家报纸确定了某个选题，发来约稿函，同时也发来相关背景资料的链接。我首先阅读这些材料，然后根据自己的理解，写成相应的评论文字，随即发给编辑。前些年，跟《环球时报》联系较多；近几年，跟《北京日报》联系较多。相比之下，合作时间最长的报纸还是上海的《社会科学报》。我在这家报纸上初次发表文章的时间可以追溯至 2000 年，至今已逾二十年。21世纪初，代表这家报纸经常联系我的编辑是杜娟女士。我提交给她的文字，从标题到内容，很少有修改。这种彼此信任的关系，殊为难得。也许正是基于这种长期合作的关系，2015 年 12 月，《社会科学报》在创刊三十周年之际，还赠予我"荣誉作者"的称号。在报社寄来的荣誉证书上，说我"学养精深，见解超卓"，还说我"与报纸风雨同舟"，经常"慨赐鸿文"。这些客气的溢美过誉之辞，受之有愧，实不敢当。《社会科学报》对我的称许，只是我数十年来不懈努力却未曾达到的目标与境界罢了。尽管如此，作为一名作者，我还是非常珍惜这样一个荣誉。因为这个缘故，我愿把这份"荣誉证书"作为唯一的插图收入本书，以表达我对《社会科学报》以及其他报刊的谢意。必须承认，没有各位编辑的"命题"，长期深陷书斋、沉溺于故纸堆中的我，甚至都不知道那些鲜活的背景资料，更别说写出相应的评论了。

喻 中

2022 年 10 月 1 日

荣誉证书

<u>喻 中</u> 先生：

先生学养精深，见解超卓。与报纸风雨同舟，常蒙慨赐鸿文。

值此社科报创刊 30 周年之际，特评先生为荣誉作者。

谨表谢忱。

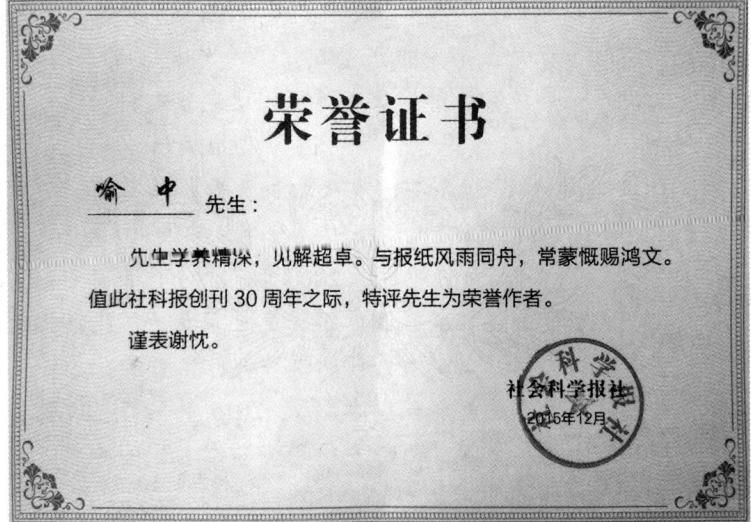

社会科学报社

2015年12月